隋初至元末阜阳历史名人辑汇

董明◎主编

阜阳市人文社会科学研究专项项目（FYSK17-18ZD11）研究成果

阜阳师范大学校级科研创新团队（XDHXTD201707）研究成果

安徽省高校优秀青年骨干人才国内访学研修项目（gxgnfx2020009）研究成果

安徽省高校人文社科重大项目（SK2020ZD30）研究成果

安徽省质量工程项目（2020mooc381）研究成果

吉林大学出版社

JILIN UNIVERSITY PRESS

·长春·

图书在版编目（CIP）数据

隋初至元末阜阳历史名人辑汇/董明主编. --长春：
吉林大学出版社，2021.3
　ISBN 978-7-5692-7920-7

　Ⅰ.①隋… Ⅱ.①董… Ⅲ.①历史人物-列传-阜阳-中古
Ⅳ.①K820.854.3

中国版本图书馆CIP数据核字（2020）第250622号

书　　名　隋初至元末阜阳历史名人辑汇
　　　　　SUICHU ZHI YUANMO FUYANG LISHIMINGREN JIHUI

作　　者　董　明　主编
策划编辑　田茂生
责任编辑　黄凤新
责任校对　云　宇
装帧设计　中尚图
出版发行　吉林大学出版社
社　　址　长春市人民大街4059号
邮政编码　130021
发行电话　0431-89580028/29/21
网　　址　http://www.jlup.com.cn
电子邮箱　jdcbs@jlu.edu.cn
印　　刷　天津中印联印务有限公司
开　　本　710mm×1000mm　1/16
印　　张　16.5
字　　数　226千字
版　　次　2021年3月　第1版
印　　次　2021年3月　第1次
书　　号　ISBN 978-7-5692-7920-7
定　　价　69.00元

凡例

一、本书所指阜阳市，包括今安徽省阜阳市区及其辖县。在隋初至元末时期称之为"颍州"，其辖县有汝阴、颍上、沈丘、下蔡（五代宋元属寿州）、太和（万寿、泰和）等五县。

二、历史名人辑汇标准。本书所辑隋初至元末时期的阜阳历史名人，主要包括两大类：一是颍州籍的历史名人，对于记载这些历史名人事迹的相关文献，本书予以抄录；二是在颍州有过相关历史活动的非颍州籍名人，对于这些历史名人，仅录其与颍州有关的事迹或活动，或抄录正史对其的整体评价。

三、对于部分历史名人，本书梳理了今人的相关研究成果，以脚注形式补充说明。

四、历史名人排列顺序。依据名人的主要活动时间，本书的时段主要划分为三个大的时段：隋、唐、五代—宋—金、元。此外，具体每个时段的历史名人，主要依据姓氏首字的字母音序顺序排列，其次考虑到人物之间的血缘或亲属关系。

目录

隋、唐、五代

宋

金、元

隋、唐、五代

⊙ 常彦能

常彦能，生卒年不详，汝阴（今安徽阜阳）人。家富饶资，好施予。朱温军攻淮南，怒颍州民不供饷，扬言屠城。彦能以家资供，乡民获免涂炭。

《乾隆颍州府志》卷八《人物志》载：

> 常彦能，汝阴人。家富好施予。朱温攻淮南，进颍，颍人畏避不敢迎。温怒曰："军回当屠城。"及至淮久雨，乏粮。彦能自以家资饷军。温喜欲赏以官，不受。为乞一城生命。温许贷其一家。彦能曰："乡人皆吾旧，众诛而独存，不如俱死。"温从之。颍遂免于难。[1]

⊙ 崔利

崔利，生卒年不详，清河东武城（今河北故城县）人，约唐文宗朝前后为颍上县令，勤于吏治，闻于一时。

《唐代墓志汇编》大和〇一三《唐故汴州雍丘县尉清河崔府君墓志铭并序》载：

> 公讳枞，字茂卿，崔姓，清河东武城人也。……烈考颍州颍上县令府君讳利，篇翰政事，闻于当年。[2]

---

① （清）王敛福纂修：《乾隆颍州府志》，《中国地方志集成·安徽府县志辑24》，南京：江苏古籍出版社，1998年，第371页。

② 周绍良主编：《唐代墓志汇编》，上海：上海古籍出版社，1992年，第2104—2105页。

⊙ 段珂

段珂，生卒年不详，陇州汧阳（今陕西千阳县）人，段秀实孙。唐僖宗广明中居颍州，迎击黄巢军，以功授任颍州司马。

《新唐书》卷一五三《段珂传》载：

> （段）珂，僖宗时居颍州，黄巢围颍，刺史欲以城降，珂募少年拒战，众裹粮请从，贼遂溃，拜州司马。[1]

⊙ 江子建（一作姜子建）

江子建，一作姜子建，生卒年不详，汝阴（今安徽阜阳）人，卫郡有功，约唐高祖武德二年（619）被授为信州（颍州）[2]刺史。

《太平寰宇记》卷一一一《河南道十一·颍州·汝阴县》"废信州城"条载：

> 废信州城，在县西北十五里。隋大业十三年郡城为贼房献伯所陷，其年郡民江子建率众于险处作栅。唐武德二年授子建信州刺史，以栅近汝南襄信县，故名信州，四年复为颍州。贞观二年移入汝阴旧城。[3]

又《道光阜阳县志》卷十《宦业》载：

> 江子建，信州人。当隋末兵起，所在残破。子建设栅御贼，乡

① （宋）欧阳修、宋祁：《新唐书》，北京：中华书局，1975年，第4853页。
② 信州为唐高祖李渊于武德四年（621）平王世充后于汝阴县西北十里置，武德六年（623）改为颍州，州治移至汝阴县。
③ （宋）乐史：《太平寰宇记》，北京：中华书局，2007年，第209页。

井获全。高祖武德初，以其有保护地方功，即命为本州刺史。[①]

⊙ 高彦昭

高彦昭，生卒里不详。战功显赫，唐德宗朝授为颍州刺史，对朝廷忠贞不二。

《太平广记》卷二七〇"高彦昭女"条引《广德神异录》载：

> 高愍女名妹妹，父彦昭，事正己。及纳拒命，质其妻子，使守濮阳。建中二年，挈城归河南都统刘玄佐，屠其家，时女七岁，母李怜其幼，请免死为婢，许之。女不肯，曰："母兄皆不免，何赖而生？"母兄将被刑，遍拜四方，女问故，答曰："神可祈也。"女曰："我家以忠义诛，神尚何知而拜之。"问父所在，西向哭，再拜就死。德宗骇叹，诏太常谥曰"愍"，诸儒争为之诔。彦昭从玄佐救宁陵，复汴州，授颍州刺史，朝廷录其忠。居州二十年不徙，卒赠陕州都督。[②]

又《册府元龟》卷七五九《总录部·忠第二》载：

> 高彦昭，不知何许人。初事李正己，子纳叛，彦昭以濮州降于河南都统刘玄佐，纳怒，杀其妻子。彦昭后从玄佐救宁陵，复汴州，累以功授颍州刺史。[③]

① （清）刘虎文、周天虎修，（清）李复庆等纂：《道光阜阳县志》，《中国地方志集成·安徽府县志辑23》，南京：江苏古籍出版社，1998年，第155页。
② （宋）李昉等编：《太平广记》，北京：中华书局，1961年，第2122页。
③ （宋）王钦若等编纂，周勋初等校订：《册府元龟》，南京：凤凰出版社，2006年，第8785页。

⊙ 郭琼

郭琼（893—964），平州卢龙（今属河北）人。少以勇闻，初事契丹，后唐天成中归来。后汉时为颍州团练使。琼出身行伍，尊崇儒士，所至有惠政。《宋史》卷二六一有传。

《宋史》卷二六一《郭琼传》载：

> 郭琼，平州卢龙人。祖海，本州两冶使。父令奇，卢台军使。琼少以勇力闻，事契丹，为蕃汉都指挥使。后唐天成中，挈其族来归，明宗以为亳州团练使，改刺商州，迁原州。……琼改颍州团练使，又加防御使。……
>
> 宋建隆三年，告老，加右领军卫上将军致仕，归洛阳。乾德二年，卒，年七十二。琼虽起卒伍，而所至有惠政，尊礼儒士，孜孜乐善，盖武臣之贤者也。①

又《乾隆颍州府志》卷六《名宦志》载：

> 郭琼，庐州人，亳州团练使。入汉改颍州团练使，又加防御使。琼起卒伍，所至有惠政，尊礼儒士，孜孜乐善，武臣之贤者。②

⊙ 李承约

李承约，生卒年不详，字德俭，蓟州（今天津市蓟县）人。约后唐明宗天成元年（926）为颍州团练使，善辞令，受到明宗赏识，加检校太保。

《册府元龟》卷六五三《奉使部·称旨》载：

---

① （元）脱脱等：《宋史》，北京：中华书局，1977年，第9032—9033页。
② （清）王敛福纂修：《乾隆颍州府志》，《中国地方志集成·安徽府县志辑24》，南京：江苏古籍出版社，1998年，第272页。

李承约，仕后唐为颍州团练使。天成中，以邠州节度使毛璋将图不轨，乃命为泾州节度副使，且承密旨往侦之。既至，以善言谕之，璋乃受代。明宗赏其能，加检校太保。[1]

⊙ 李廓

李廓（792—851）[2]，陇西成纪（今甘肃静宁县）人，宰相程之子。唐宪宗元和十三年（818）进士，以诗名闻于时，与贾岛、姚合、无可[3]、雍陶、令狐楚、顾非熊等交游。唐武宗会昌五年（845）出为颍州刺史、颍州观察使，擒贼有功。李廓有诗集一卷，今存十九首。《旧唐书》卷一六七、《唐才子传》卷六、《全唐诗话》卷五均有载。

《酉阳杂俎》前集卷九《盗侠》载：

李廓在颍州，获光火贼七人，前后杀人，必食其肉。狱具，廓问食人之故，其首言："某受教于巨盗，食人肉者夜入，人家必昏沉，或有餍不悟者，故不得不食。"两京逆旅中，多画鹦鹆及茶碗。贼谓之鹦鹆辣者，记觜所向；碗子辣者，亦示其缓急也。[4]

又《乾隆颍州府志》卷六《名宦志》载：

李廓，元和间进士，有诗名，为颍州刺史，善擒剧盗，官至观察使。[5]

---

① （宋）王钦若等编纂，周勋初等校订：《册府元龟》，南京：凤凰出版社，2006年，第7536页。

② 生卒年参见陈冠明《李廓行年稽考》（载于《烟台师范学院学报（哲社版）》1997年第2期，第38-44页）。

③ 俗名贾区，范阳涿人，贾岛从弟。

④ （唐）段成式撰，曹中孚校点：《酉阳杂俎》，上海：上海古籍出版社，2012年，第52页。

⑤ （清）王敛福纂修：《乾隆颍州府志》，《中国地方志集成·安徽府县志辑24》，南京：江苏古籍出版社，1998年，第271页。

⊙ 李谷

李谷（903—960），字惟珍，颍州汝阴（今安徽阜阳）人。年少豪侠，后发奋学习。为官尽责，作战勇猛，为五代名将，宋初卒。《宋史》卷二六二有传。

《宋史》卷二六二《李谷传》载：

李谷字惟珍，颍州汝阴人。身长八尺，容貌魁伟。少勇力善射，以任侠为事，颇为乡人所困，发愤从学，所览如宿习。年二十七，举进士，连辟华、泰二州从事。

晋天福中，擢监察御史。少帝领开封尹，以谷为太常丞，充推官。晋祖幸邺，少帝居守。加谷虞部员外郎，仍旧职。少帝为广晋尹，谷又为府推官。及即位，拜职方郎中，俄充度支判官，转吏部郎中，罢职。天福九年春，少帝亲征契丹，诏许扈从，充枢密直学士，加给事中。为冯玉、李彦韬所排。会帝再幸河北，改三司副使，权判留司三司事。

开运二年秋，出为磁州刺史、北面水陆转运使。契丹入汴，少帝蒙尘而北，旧臣无敢候谒者，谷独拜迎于路，君臣相对泣下。谷曰："臣无状，负陛下。"因倾囊以献。会契丹主发使至州，谷禽斩之，密送款于汉祖，潜遣河朔酋豪梁晖入据安阳，契丹主患之，即议北旋。

会有告契丹以城中虚弱者，契丹还攻安阳，陷其城，谷自郡候契丹，遂见获。契丹主先设刑具，谓之曰："尔何背我归太原？"谷曰："无之。"契丹主因引手车中，似取所获文字，而谷知其诈，因请曰："如实有此事，乞显示之。"契丹国制，人未伏者不即置死。自后凡诘谷者六次，谷词不屈。契丹主病，且曰："我南行时，人云尔谓我必不得北还，尔何术知之？今我疾甚，如能救我，则致尔富贵。"谷曰："实无术，盖为人所陷耳。"谷气色不挠，卒宽之。

俄而德光道殂，永康继立，署谷给事中。时契丹将麻荅守真定，而李崧、和凝与家属皆在城中。会李筠、何福进率兵逐麻荅，推护圣指挥使白再荣权知留后。再荣利崧等家财，令甲士围其居以求赂，既得之，复欲杀崧等灭口。谷遽见再荣谓之曰："今国亡主辱，公辈握劲兵，不能死节，虽逐一契丹将，城中战死者数千人，非独公之力也。一朝杀宰相，即日中原有主，责公以专杀，其将何辞以对？"再荣甚惧，崧等获免。

汉初，入拜左散骑常侍。旧制，罢外郡归本官，至是进秩，奖之也。俄权判开封府。时京畿多盗，中牟尤甚，谷诱邑人发其巢穴。有刘德舆者，梁时屡摄畿佐，居中牟，素有干材，谷即署摄本邑主簿。浃旬，谷请侍卫兵数千佐德舆，悉禽贼党，其魁一即县佐史，一御史台吏。搜其家，得金玉财货甚众，自是行者无患。俄迁工部侍郎。

周祖西征，为西南面行营水陆转运使。关右平，改陈州刺史。会有内难，急召赴关阙。周祖兵入汴，命权判三司。广顺初，加户部侍郎。未几，拜中书侍郎、平章事，仍判三司。初，汉乾佑中，周祖讨河中，谷掌转运，时周祖已有人望，属汉政紊乱，潜贮异志，屡以讽谷，谷但对以人臣当尽节奉上而已。故开国之初，倚以为相。是岁，淮阳吏民数千诣阙请立生祠，许之，谷恳让得止。

先是，禁牛革法甚峻，犯者抵死。谷乃校每岁用革之数，凡田十顷岁出一革，余听民私用。又奏罢屯田务，以民隶州县课役，尽除宿弊。谷父祖本居河南洛阳，经巢之乱，园庐荡尽，谷生于外。既贵，访得旧地，建兰若，又立垣屋，凡族人之不可仕者分田居之。诏改清风乡高阳里为贤相乡勋德里。

二年，晨起仆阶下，伤右臂，在告，旬中三上表辞相位，周祖不允，免朝参，视事本司，赐白藤肩舆，召至便殿勉谕。谷不得已，起视事。征兖州，为东京留守、判开封府事。

显德初，加右仆射、集贤殿大学士。从世宗征太原，遇贼于高平，匿山谷中，信宿而出，追及乘舆，世宗慰抚之。世宗将趋太原，命谷先调兵食，又代符彦卿判太原行府事。师还，进位司空、门下侍郎，监修国史。谷以史氏所述本于起居注，丧乱以来遂废其职，上言请令端明、枢密直学士编记言动，为内廷日历，以付史官。是岁，河大决齐、郓，发十数州丁壮塞之，命谷领护，刻期就功。

二年冬，议伐南唐，以谷为淮南道行营前军都部署，兼知庐、寿等州行府事，忠武军节度王彦副之，韩令坤以下十二将率从。谷领兵自正阳渡淮，先锋都将白延遇败吴军数千于来远，又破千余人于山口镇，进攻上窑，又败千余众，获其小校数十人，长围寿春。南唐遣大将刘彦贞来援，谷召将佐谋曰："今援军已过来远，距寿阳二百里，舟棹将及正阳。我师无水战之备，万一断桥梁，隔绝王师，则腹背受敌矣。不如退守浮梁，以待戎辂之至。"初，世宗至围镇，已闻此谋，亟走内侍乘驲止之。谷已退保正阳，仍焚刍粮，回军之际，递相掠夺，淮北役夫数百悉陷于寿春。世宗闻之怒，亟命李重进率师伐之，以谷判寿州行府。是秋，诏归阙，得风痹疾，告满百日，累表请致仕，优诏不允。每军国大事，令中使就第问之。

四年春，吴人壁紫金山，筑甬道以援寿春，不及者数里。师老无功，时请罢兵为便，世宗令范质、王溥就谷谋之。谷手疏请亲征，有必胜之利者三，世宗大悦，用其策。及淮南平，赏赐甚厚。

出谷疏，令翰林学士承旨陶谷为赞以赐之。是夏，世宗还，谷扶疾见便殿，诏令不拜，命坐御坐侧。以抱疾既久，请辞禄位。世宗怡然勉之，谓曰："譬如家有四子，一人有疾，弃而不养，非父之道也。朕君临万方，卿处辅相之位，君臣之间，分义斯在，奈何以禄奉为言。"谷愧谢而退。俄以平寿州，叙功加爵邑。是秋，谷抗表乞骸骨，罢相，守司空，加邑封，令每月肩舆一诣便殿，访以政事。

五年夏，世宗平淮南回，赐谷钱百万、米麦五百斛、刍粟薪炭等。恭帝即位，加开府仪同三司，进封赵国公。求归洛邑，赐钱三十万，从其请。太祖即位，遣使就赐器币。建隆元年，卒，年五十八。太祖闻之震悼，赠侍中。

谷为人厚重刚毅，深沉有城府，雅善谈论，议政事能近取譬，言多诣理，辞气明畅，人主为之耸听。人有难必救，有恩必报。好汲引寒士，多至显位。与韩熙载善，熙载将南渡，密告谷曰："若江东相我，我当长驱以定中原。"谷笑曰："若中原相我，下江南探囊中物耳。"谷后果如其言。李昉尝为谷记室，在淮上被病求先归。谷视之曰："子他日官禄当如我。"昉后至宰相、司空。

周显德中，扈载以文章驰名，枢密使王朴荐令知制诰。除书未下，朴诣中书言之。谷曰："斯人薄命，虑不克享耳。"朴曰："公在衡石之地，当以材进人，何得言命而遗才。"载遂知制诰，迁翰林学士，未几卒。世谓朴能荐士，谷能知人。谷归洛中，昭义李筠以谷周朝名相，遗钱五十万，他物称是，谷受之。既而筠叛，谷忧恚而终。子吉至补阙，拱至太子中允。[1]

又《乾隆颍州府志》卷八《人物志》载：

---

① （元）脱脱等：《宋史》，北京：中华书局，1977年，第9051—9056页。

李谷，字惟珍，汝阴人。少任侠，为乡人所困，发奋从学。晋天福中，擢监察御史。汉初，判开封。擒中牟剧盗。周显德间，拜司空门下侍郎。河决，齐率领丁壮塞之。平淮南，加开府仪同三司，封赵国公。宋建隆中卒，赠侍中。①

⊙ 李肇

李肇（876—945），汝阴（今安徽阜阳）人，后蜀名将。肇少年时即随父征战沙场，初仕后唐，后入蜀，有勇有谋。孟昶时，肇居功自傲，不入朝堂，被罢军权，郁郁而终。

《九国志》卷七《后蜀·李肇传》载：

肇，汝阴人。父璟，唐神策兵马使。肇少以材勇从父征伐。后隶宣武军，补左建牙都头，累迁陕虢马步军都指挥使。庄宗平梁，恢复河洛，割宣武一军隶于河东。时知祥为北京留守，待之甚厚。同光中，以所部兵从魏王继岌讨蜀。蜀平班师，康延孝至普安叛，拥众回据广汉。肇在其伍中，延孝败，肇被俘，而知祥亲释其缚，擢为衙内都指挥使。未几，奏授嘉州刺史。长兴初，我师围夏鲁奇于遂州，唐师来援，剑门不守，肇领兵赴普安以拒，唐师不得进。以功改汉州刺史，驻军绵谷。明年，董璋率兵攻成都，军势甚盛，遣使致书于肇，谕以祸福。肇素不知书，掷之于地，曰："此不过劝我叛尔！"因并其使杀之。梓州平，加昭武军节度使。昶袭位，肇以足疾，不即时来朝。昶怒，罢其军权，授太子少师致仕，于邛州安置，坎壈不得意。广正八年卒，年七十。②

① （清）王敛福纂修：《乾隆颍州府志》，《中国地方志集成·安徽府县志辑24》，南京：江苏古籍出版社，1998年，第371页。

② （宋）路振：《九国志》，《五代史书汇编6》，杭州：杭州出版社，2004年，第3305页。

⊙ 刘大师

刘大师,生卒年不详,失其名,唐代颍州(今安徽阜阳)人。

《乾隆颍州府志》卷八《人物志·仙释》"唐"条:

刘大师者,颍州人,人莫知其名,因以大师呼之。尝乘马过油店桥,见者者用药点之,立愈。一日复至,坠马,坐林下,鼾声如怒涛,即之不见。始知其非凡僧。后人即其地为寺。所过桥至今称"迎仙"云。"①

⊙ 柳宝积

柳宝积,生卒里不详。唐高宗永徽中为颍州刺史,修汝阴县椒陂塘,引水溉田,民受其利,祀名宦。

《新唐书》卷三八《地理志二·颍州汝阴郡》载:

汝阴,紧。……南三十五里有椒陂塘,引润水溉田二百顷,永徽中,刺史柳宝积修。②

又《乾隆颍州府志》卷六《名宦志》"唐"条载:

柳宝积,永徽中颍州刺史。修椒陂塘,引润水溉田三百顷。拜户部侍郎,祀名宦。③

---

① (清)王敛福纂修:《乾隆颍州府志》,《中国地方志集成·安徽府县志辑24》,南京:江苏古籍出版社,1998年,第420–421页。
② (宋)欧阳修、宋祁:《新唐书》,北京:中华书局,1975年,第987页。
③ (清)王敛福纂修:《乾隆颍州府志》,《中国地方志集成·安徽府县志辑24》,南京:江苏古籍出版社,1998年,第270页。

⊙ 论惟贞

　　论惟贞（731—781），讳瑀，字惟贞，本名仙芝，吐蕃族人，论弓仁之孙。约唐肃宗朝为颍州刺史，立下汗马功劳。惟贞志向远大，能征善战。徐浩撰有《唐故英武军使开府仪同三司试太常卿上柱国萧国公赠灵州大都督论公（惟贞）墓志铭并序》。《新唐书》卷一一〇有传。

　　《新唐书》卷一一〇《论惟贞传》载：

　　　　惟贞名瑀，以字行。志向恢大。开元末，为左武卫将军。肃宗在灵武，以卫尉少卿募兵绥、银，阅旬，众数万。……光弼讨史朝义，以惟贞守徐州。贼将谢钦让据陈，乃假惟贞颍州刺史，斩贼将，降者万人。封萧国公，实封百户。光弼病，表以自代。擢左领军卫大将军，为英武军使，卒。①

　　徐浩《唐故英武军使开府仪同三司试太常卿上柱国萧国公赠灵州大都督论公（惟贞）墓志铭并序》载：

　　　　公讳惟贞，字瑀，本名仙芝，至德元年特敕改名，今讳是也。其先西戎君赞普之密族，曾祖陵已上皆世作蕃相，国俗称宰为论，遂以氏焉。大父弓仁……寻摄颍州刺史，兼知陈州行营兵马。又以精卒破逆贼谢钦让、史忠勇等，数万众之围因而瓦解。既斩钦让，又招忠勇等以降，获其家口士马万计已上。迁副元帅都知兵马使，加实封一百廿户，封萧国公，食邑三千户。……以建中二年十月九日，薨于上都永宁里之私第，春秋五十一。②

---

① （宋）欧阳修、宋祁：《新唐书》，北京：中华书局，1975年，第4127页。
② 墓志参见李宗俊：《唐论惟贞墓志及论氏家族源流事迹再考》，《中国藏学》2017年第3期，第125-132页；沈琛：《入唐吐蕃论氏家族新探——以〈论惟贞墓志〉为中心》，《文史》2017年第3辑，第81-104页。

又《乾隆颍州府志》卷六《名宦志》载：

> 论惟贞，名瑀，以字行，本吐蕃族也。肃宗时贼将谢钦诱据陈，乃假惟贞颍州刺史，斩贼将降者万人，封萧国公。李光弼病，表以自代。[1]

⊙ 裴琨

裴琨（690—744），绛州曲沃县（今属山西）人。唐玄宗开元二十六年—天宝三载（738—744）为汝阴县令，有惠政。

《唐代墓志汇编》天宝〇八〇《大唐故汝阴郡汝阴县令裴（琨）府君之墓志》（天宝四载十月廿五日）载：

> 唐天宝三载夏六月廿日，汝阴县令公卒，公时春秋五十有五。公去开元廿六年春授汝阴宰，政声远达，使车考绩，旋已秩满，还坐洛川，终于水南从善私第。……公讳琨，字□□，是哀皇后之再从弟也。[2]

⊙ 任忠

任忠，生卒年不详，汝阴（今安徽阜阳）人。陈、隋时名将，战功显赫。

《文献通考》卷二七二《封建考十三·宋齐梁陈诸侯王列侯》"陈列侯"条载：

---

[1] （清）王敛福纂修：《乾隆颍州府志》，《中国地方志集成·安徽府县志辑24》，南京：江苏古籍出版社，1998年，第271页。

[2] 周绍良主编：《唐代墓志汇编》，上海：上海古籍出版社，1992年，第1588页。

任忠，汝阴人。以战功封安福县侯。隋师渡江，忠降隋。①

⊙ 尚君长

尚君长（？—878），籍贯不详。唐末时从王仙芝起义于濮阳，僖宗乾符四年（877）在颍州被俘，就义于狗脊岭。

《中国古代名人分类大辞典·人民起义部》载：

> 尚君长，唐末人。王仙芝部将。乾符二年五月，从仙芝起义于濮阳。参与攻占濮州、曹州，后转战于今山东、河南、安徽等地。四年仙芝遣其请降于唐招讨副使杨复光，途中，为招讨使宋威截获，诈称于颍州擒获，押至长安杀害。一说于颍州作战被俘，就义于狗脊岭。②

⊙ 孙岳

孙岳，生卒年不详，冀州（今河北衡水）人。后唐明宗天成初为颍州刺史。岳强干有才，所至有政绩，民享其利。《旧五代史》卷六九有传。

《旧五代史》卷六九《孙岳传》载：

> 孙岳，冀州人也。强干有才用，历府卫右职。天成中，为颍耀二州刺史、阆州团练使，所至称治，迁凤州节度使。受代归京，秦王从荣欲以岳为元帅府都押衙，事未行，冯赟举为三司使，时预密谋。……为骑士所害，识与不识皆痛之。③

---

① （元）马端临：《文献通考》，北京：中华书局，1986年，第2164页。
② 胡国珍主编：《中国古代名人分类大辞典》，北京：华语教学出版社，2009年，第1040页。
③ （宋）薛居正等：《旧五代史》，北京：中华书局，2016年，第1071页。

又《旧五代史》卷三七《明宗本纪第三》载：

> （天成元年十二月）壬寅，颍州刺史孙岳加检校太保，奖能
> 政也。[①]

⊙ 王重师

王重师（？—909），许州长社（今河南许昌）人。唐昭宗乾宁中为颍州刺史，作战勇猛，不畏生死。《旧五代史》卷一九、《新五代史》卷二二有传。

《旧五代史》卷一九《王重师传》载：

> 王重师，许州长社人也。材力兼人，沉嘿大度，临事有权变，剑槊之妙，冠绝于一时。……重师枕戈撅甲五六年，于齐鲁间凡经百余战，由是威震敌人。寻授检校司徒，为颍州刺史。乾宁中，太祖攻濮州，纵兵坏其墉，濮人因屯火塞其坏垒，烟焰亘空，人莫敢越。重师方苦金疮，卧于军次，诸将或勉之，乃跃起，命壮士悉取军中毡罽投水中，掷于火上，重师然后率精锐，持短兵突入，诸军蹑之，濮州乃陷。重师为剑槊所伤，身被八九创，丁壮荷之还营，且将毙矣。太祖惊惜尤甚，曰："虽得濮垒，而失重师，奈何！"亟命以奇药疗之，弥月始愈。寻知平庐军留后，加检校司徒。[②]

又《新五代史》卷二二《王重师传》载：

> 王重师，许州长社人也。为人沈嘿多智，善剑槊。秦宗权陷许州，重师脱身归梁，从太祖平蔡，攻兖、郓，为拔山军指挥使。重师苦战齐鲁间，威震邻敌。迁颍州刺史。

---

① （宋）薛居正等：《旧五代史》，北京：中华书局，2016年，第586页。
② （宋）薛居正等：《旧五代史》，北京：中华书局，2016年，第296页。

太祖攻濮州，已破，濮人积草焚之，梁兵不得入。是时，重师方病金疮，卧帐中，诸将强之，重师遽起，悉取军中毡毯沃以水，蒙之火上，率精卒以短兵突入，梁兵随之皆入，遂取濮州。重师身被八九疮，军士负之而还。太祖闻之，惊曰："奈何使我得濮州而失重师乎！"使医理之，逾月乃愈。王师范降，表重师青州留后，累迁佑国军节度使、同中书门下平章事。居数年，甚有威惠。①

⊙ 王敬荛

王敬荛（？—907），颍州汝阴（今安徽阜阳）人。唐僖宗中和四年—唐昭宗乾宁四年（884—897）为颍州刺史，孔武有力、善用铁枪，护郡有功。《旧五代史》卷二〇、《新五代史》卷四三、《武经总要》后集卷九有传。

《旧五代史》卷二〇《王敬荛传》载：

王敬荛，颍州汝阴人。世为郡武吏。唐乾符初，敬荛为本州都知兵马使。中和初，寇难益炽，郡守庸怯不能自固，敬荛遂代之监郡，俄真拜刺史，加检校右散骑常侍。时州境荒馑，大寇继至，黄巢数十万众寨于州南，敬荛极力抗御，逾旬而退。俄又秦宗权之众凌暴益甚，合围攻壁，皆力屈而去。蔡贼复遣将习君务以万众来逼，敬荛列阵当之，身先驰突，杀敌甚多，由是竟全郡垒，远近归附。

及淮人不恭，太祖屡以军南渡，路由州境，敬荛悉心供亿，太祖甚嘉之。乾宁二年，署为沿淮上下都指挥使。四年冬，庞师古败于清口，败军逃归者甚众，路出于颍。时雨雪连旬，军士冻馁，敬荛自淮燎薪，相属于道，郡中设糜糗饼饵以待之，全活者甚众，由是表知武宁军节度、徐宿观察留后。数月，真拜武宁军节度使。天

---

① （宋）欧阳修：《新五代史》，北京：中华书局，2016年，第262-263页。

复二年，入为右龙武统军。天祐三年，转左卫上将军。开平元年八月，以疾致仕，寻卒于其第。

敬荛魁杰沉勇，多力善战，所有枪矢，皆以纯铁锻就，枪重三十余斤，摧锋突阵，率以此胜。虽非太祖旧臣，而达输恳款，保境合兵，以辅兴王之运，有足称者。[①]

又《新五代史》卷四三《王敬荛传》载：

王敬荛，颍州汝阴人也。事州为牙将。唐末，王仙芝等攻劫汝颍间，刺史不能拒，敬荛遂代之，即拜刺史。敬荛为人状貌魁杰，而沉勇有力，善用铁枪，重三十斤。

颍州与淮西为邻境，数为秦宗权所攻，力战拒之，宗权悉陷河南诸州，独敬荛不可下，由是颍旁诸州民，皆保敬荛避贼。是时，所在残破，独颍州户二万。

梁太祖攻淮南，道过颍州，敬荛供馈梁兵甚厚，太祖大喜，表敬荛沿淮指挥使。其后，梁兵攻吴，庞师古死清口，败兵亡归，过颍，大雪，士卒饥冻，敬荛乃沿淮积薪为燎，作糜粥饲之，亡卒多赖以全活，太祖表敬荛武宁军留后，遂拜节度使。

天祐三年，为左卫上将军。太祖即位，敬荛以疾致仕，后卒于家。[②]

⊙ 王祚

王祚，生卒年不详，并州祁县（今属山西）人，王溥之父。后周世宗显德中为颍州刺史，为民造福，百姓爱戴之，祀名宦。《宋史》卷二四九

---

① （宋）薛居正等：《旧五代史》，北京：中华书局，2016年，第313-314页。
② （宋）欧阳修：《新五代史》，北京：中华书局，2016年，第542-543页。

有传。

《宋史》卷二四九《王祚传》载：

> 王溥字齐物，并州祁人。父祚，为郡小吏，有心计……显德初，置华州节度，以祚为刺史。未几，改镇颍州。均部内租税，补实流徙，以出旧籍。州境旧有通商渠，距淮三百里，岁久湮塞，祚疏导之，遂通舟楫，郡无水患。历郑州团练使。宋初，升宿州为防御，以祚为使。①

又《曾巩集》卷四九《本朝政要策·赋税》载：

> 周世宗尝患赋税之不均，诏长吏重定。颍州刺史王祚躬行部县，均其轻重，补流民逋赋以万数，增其旧籍，百姓诣阙称颂焉。②

⊙ 薛赞

薛赞（761—840），字佐尧，河东（今山西省）人。约唐文宗朝时为颍州下蔡县令，清正廉明，有惠于民。

《唐代墓志汇编》开成〇四八《唐故绛州翼城县令河东薛公墓铭》载：

> 唐开成五年拾壹月肆日绛州翼城县令薛公寝疾殁于寿州子阳里之私第，享年七十九。公讳赞，字佐尧。……其后自下蔡、昆山、翼城，三领大邑，金谓清俭变俗，奸滥屏迹，临财无私于己，异政著信于人。③

---

① （元）脱脱等：《宋史》，北京：中华书局，1977年，第8799页。
② （宋）曾巩：《曾巩集》，北京：中华书局，1984年，第671页。
③ 周绍良：《唐代墓志汇编》，上海：上海古籍出版社，1992年，第2203-2204页。

⊙ 杨德裔

杨德裔（599—684），弘农华阴（陕西省华阴市）人。唐初为颍州司马，有惠政，民受其利。

《全唐文》卷一九五杨炯《常州刺史伯父东平杨公墓志铭》载：

> 公讳德裔，宏（弘）农华阴人也……处治中别驾之任，方展其骥足耳，擢拜颍州幽州二司马。宽以济猛，严而不残。每行县录囚徒，其所平反者十八九。[1]

⊙ 杨师厚

杨师厚（？—915）[2]，颍州斤沟（今安徽阜阳市太和县）人。勇猛果决、尤善骑射，作战勇敢，屡立战功，受到后梁末帝赏识，首封邺王。晚年居功自傲，以权谋私，受人诟病。《旧五代史》卷二二、《新五代史》卷二三有传。

《旧五代史》卷二二《杨师厚传》载：

> 杨师厚，颍州斤沟人也。初为李罕之部将，以猛决闻，尤善骑射。及罕之败，退保泽州，师厚与李铎、何絪等来降，太祖署为忠武军牙将，继历军职，累迁检校右仆射，表授曹州刺史。
>
> 唐天复二年，从太祖迎昭宗于岐下，李茂贞以劲兵出战，为

---

[1] （清）董诰等：《全唐文》，北京：中华书局，1990年，第872页。

[2] 汪荣、荣霞在《唐末五代时期杨师厚与朱梁王朝之兴衰窥探》中指出：杨师厚是唐末五代社会巨变中，从战争中成长起来的一代枭雄，后来成为朱梁王朝的股肱之臣。杨师厚对朱梁王朝的兴衰成败和五代十国的历史进程至关重要，他在推动朱梁王朝的建立，稳定朱梁王朝的统治、平定朱梁王朝的叛乱等方面都起了举足轻重的作用（载于《北方论丛》2012年第4期，第108-112页）。

师厚所败。及王师范以青州叛，太祖遣师厚率兵东讨，时淮贼王景仁以众二万来援师范，师厚逆击，破之，追至辅唐县，斩数百级，授齐州刺史。将之任，太祖急召见于郓西境，遣师厚率步骑屯于临朐，而声言欲东援密州，留辎重于临朐。师范果出兵来击，师厚设伏于野，追击至圣王山，杀万余众，擒都将八十人。未几，莱州刺史王师诲以兵救师范，又大败之。自是师范不复敢战。师厚移军寨于城下，师范力屈，竟降。天复四年三月，加检校司徒、徐州节度使。天祐元年，加诸军行营马步都指挥使。

二年八月，太祖讨赵匡凝于襄阳，命师厚统前军以进，赵匡凝严兵以备。师厚至谷城西童山，刊材造浮桥，引军过汉水，一战，赵匡凝败散，携妻子沿汉遁去。望日，表师厚为山南东道节度留后，即令南讨荆州，留后赵匡明亦弃军上峡，不浃旬，并下两镇，乃正授襄州节度使。先是，汉南无罗城，师厚始兴板筑，周十余里，郛郭完壮。

开平元年，加检校太保、同平章事。明年，又加检校太傅。三年三月，入朝，诏兼潞州行营都招讨使。无何，刘知俊据同州叛，师厚与刘鄩率军西讨，至潼关，擒知俊弟知浣以献。知俊闻师厚至，即西走凤翔，师厚进攻，至长安。时知俊已引岐寇据其城，师厚以奇兵傍南山急行，自西门而入，贼将王建惊愕，不知所为，遽出降。制加师厚检校太尉。顷之，晋王与周德威、丁会、符存审等以大众攻晋州甚急，太祖遣师厚帅兵援之，军至绛州，晋军扼蒙坑之险，师厚整众而前，晋人乃彻围而遁。四年二月，移授陕州节度使。

五年正月，王景仁败于柏乡，晋人乘胜围邢州，掠魏博，南至黎阳。师厚受诏以兵屯卫州，晋军攻魏州，不克而退，师厚追袭，过漳河，解邢州之围，改授滑州节度使。明年，太祖北征，令师厚以大军攻枣强，逾旬不能克，太祖屡加督责，师厚昼夜奋击，乃破之，尽屠其城。车驾还，师厚屯魏州。

及庶人友珪篡位，魏州衙内都指挥使潘晏与大将臧延范、赵训谋变，有密告者，师厚布兵擒捕，斩之。越二日，又有指挥使赵宾夜率部军摞甲，俟旦为乱。师厚以衙兵围捕，宾不能起，乃越城而遁，师厚遣骑追至肥乡，擒其党百余人归，斩于府门。友珪即以师厚为魏博节度使、检校侍中。未几，镇人、晋人侵魏之北鄙，师厚率军至唐店，破之，斩首五千级，擒其都将三十余人。是时，师厚握河朔兵，威望振主，友珪患之，诏师厚赴阙。师厚乃率精甲万人至洛阳，严兵于都外，自以十余人入谒，友珪惧，厚礼而遣之。

及末帝将图友珪，遣使谋于师厚，师厚深陈款效，且驰书于侍卫军使袁象先及主军大将，又遣都指挥使朱汉宾率兵至滑州以应禁旅。友珪既诛，末帝即位于东京，首封师厚为邺王，加检校太师、中书令，每下诏不名，以官呼之，事无巨细，必先谋于师厚，师厚颇亦骄诞。先是，镇人以我柏乡不利之后，屡扰边境，师厚总大军直抵镇州城下，焚荡闾舍，移军掠藁城、束鹿，至深州而归。乾化五年三月，卒于镇。废朝三日，赠太师。

师厚纯谨敏干，深为太祖知遇，委以重兵剧镇，他莫能及。然而末年矜功恃众，骤萌不轨之意，于是专割财赋，置银枪效节军凡数千人，皆选摘骁锐，纵恣豢养，复故时牙军之态，时人病之。向时河朔之俗，上元比无夜游，及师厚作镇，乃课魏人户立灯竿，千缸万炬，洞照一城，纵士女嬉游。复彩画舟舫，令女妓棹歌于御河，纵酒弥日。又于黎阳采巨石，将纪德政，以铁车负载，驱牛数百以拽之，所至之处，丘墓庐舍悉皆毁坏，百姓望之，皆曰"碑来"。及碑石才至，而师厚卒，魏人以为"悲来"之应。末帝闻其卒也，于私庭受贺，乃议裂魏州为两镇。既而所树亲军，果为叛乱，以招外寇，致使河朔沦陷，宗社覆灭，由师厚兆之也。[①]

又《乾隆颖州府志》卷八《人物志》载：

> 杨师厚，太和人。事梁太祖。自太祖与晋战河北，尝为招讨
> 使。悉领梁之劲兵。[②]

⊙ 赵愠

赵愠，生卒年不详，五代汝阴（今安徽阜阳）人。以孝友闻，后汉隐帝时彰表。

《乾隆颖州府志》卷八《人物志》载：

> 赵愠，汝阴人。居家孝友，乾祐三年二月甲戌有诏旌表门闾。[③]

⊙ 张彪

张彪（720—778），颍州颍上（今安徽颍上县）人。排行十二。家贫，赴举未第，居颖洛间。彪性高简，善草书，与杜甫、孟云卿等交游。入《唐才子传》。

《唐才子传》卷三《张彪》载：

> 彪，颍上人。初赴举，无所遇，适遭丧乱，奉老母避地隐居嵩
> 阳，供养至谨。与孟云卿为中表，俱工古调诗。云卿有赠云：“善

① （宋）薛居正等：《旧五代史》，北京：中华书局，2016年，第339-341页。
② （清）王敛福纂修：《乾隆颖州府志》，《中国地方志集成·安徽府县志辑24》，南京：江苏古籍
出版社，1998年，第371页。
③ （清）王敛福纂修：《乾隆颖州府志》，《中国地方志集成·安徽府县志辑24》，南京：江苏古籍
出版社，1998年，第371页。

道居贫贱，洁服蒙尘埃。行行无定心，坎壈难归来。"性高简，善草书，志在轻举，《咏神仙》云："五谷非长年，四气乃灵药。列子何必待，吾心满寥廓。"时与杜甫往还，尝《寄张十二山人》诗云："静者心多妙，先生艺绝伦。草书何太古，诗兴不无神。曹植休前辈，张芝更后身。数篇吟可老，一字买堪贫。"观工部之作，可知其人矣。①

又《乾隆颍州府志》卷八《人物志》载：

> 张彪，颍上县人。工诗。为杜工部甫所推重。无以进取，以山人终。《杜集》有《寄张十二山人》诗。②

⊙ 张路斯

张路斯，生卒年不详，颍州颍上（今安徽颍上县）人，以才能著称。唐中宗景龙中为宣城令，后弃官回乡。传说与九子化为龙，人称张龙公、龙神。

《乾隆颍州府志》卷八《人物志》载：

> 张路斯，颍上人，登进士第，景龙中为宣城令，以才能著。弃官居家。后与九子皆化为龙。祷雨辄应。事见苏轼《碑记》。今祀乡贤。③

卷九《昭灵侯庙碑》又载：

---

① （元）辛文房撰，周绍良笺证：《唐才子传》，北京：中华书局，2010年，第433–434页。
② （清）王敛福纂修：《乾隆颍州府志》，《中国地方志集成·安徽府县志辑24》，南京：江苏古籍出版社，1998年，第370页。
③ （清）王敛福纂修：《乾隆颍州府志》，《中国地方志集成·安徽府县志辑24》，南京：江苏古籍出版社，1998年，第370页。

昭灵侯南阳张公讳路斯，隋之处家于颍上县百社村，年十六中明经第。唐景龙中为宣城令，以才能称。夫人石氏，生九子。自宣城罢归，常钓于焦氏台之阴。一日，顾见钓处，有宫室楼殿，遂入居之。自是，夜出旦归，辄体寒而湿。夫人惊问之。公曰："我，龙也，蓼人郑祥远，亦龙也，与我争此居。明日当战，使九子助我：领有绛绡者，我也;青绡者，郑也。"明日，九子以弓矢射青绡者，中之。怒而去。公亦逐之。所过为溪谷，以达于淮。而青绡者投于合肥之西山以死，为龙穴山，九子皆化为龙。[①]

⊙ 张万福

张万福（716—805），魏州元城（今河北大名县）人。万福不喜读书，善骑射，屡立战功，为唐代名将。唐代宗时为舒庐寿三州刺史、舒庐寿三州都团练使，在颍州境遇盗，尽杀之，归还财物、人马于居民。《旧唐书》卷一五二、《新唐书》卷一七〇有传。

《旧唐书》卷一五二《张万福传》载：

张万福，魏州元城人。自曾祖至其父皆明经，止县令州佐。万福以父祖业儒皆不达，不喜为书生，学骑射。年十七八，从军辽东有功，为将而还，累摄舒庐寿三州刺史、舒庐寿三州都团练使。州送租赋诣京师，至颍州界为盗所夺，万福领轻兵驰入颍州界讨之。贼不意万福至，忙迫不得战，万福悉聚而诛之，尽得其所亡物，并得前后所掠人妻子、财物、牛马等万计，悉还其家；不能自致者，万福给船乘以遣之。[②]

---

① （清）王敛福纂修：《乾隆颍州府志》，《中国地方志集成·安徽府县志辑24》，南京：江苏古籍出版社，1998年，第487页

② （后晋）刘昫等：《旧唐书》，北京：中华书局，1975年，第4074-4075页。

⊙ 郑诚

郑诚,生卒里不详。唐时颍州刺史,有名于时。

《乾隆颍州府志》卷六《名宦志》"唐"条载:

> 郑诚,颍州刺史,有名于时。^①

⊙ 郑恽

郑恽,生卒里不详。唐时为颍州下蔡县令,注重农耕,祀名宦。

《大明一统志》卷七《中都·凤阳府》"名宦"条载:

> 郑恽,下蔡长,至县,夺民渔猎之具,使务耕桑。^②

⊙ 甄权

甄权,生卒年不详,颍州(今安徽阜阳)人。精晓药术,为天下之最,受唐太宗青睐。

《册府元龟》卷五十五《帝王部·养老》载:

> (贞观十一年)是年,车驾在洛阳,幸甄权宅,礼高年也。权,颍州人,精晓药术,为天下之最,时年一百三岁,拜朝散大夫,赐以粟帛、被褥、几杖。因诏百岁以上者给侍五人。^③

---

① (清)王敛福纂修:《乾隆颍州府志》,《中国地方志集成·安徽府县志辑24》,南京:江苏古籍出版社,1998年,第271页。
② (明)李贤等:《大明一统志》,西安:三秦出版社,1990年,第136页。
③ (宋)王钦若等编纂,周勋初等校订:《册府元龟》,南京:凤凰出版社,2006年,第582页。

宋

⊙ 毕士安

毕士安（938—1005）①，字舜举，代州云中（今山西大同）人，后徙居郑州，为一代名相。士安在"澶渊之盟"签订中立下重要功劳，一生淡泊名利。宋太宗淳化三年（992）知颍州，关心百姓，赈济灾民，民感其情。杨亿撰有《宋故推忠协谋佐理功臣金紫光禄大夫行尚书礼部侍郎同中书门下平章事兼修国史上柱国太原郡开国公食邑二千户食实封四百户赠太傅中书令谥曰文简毕公（士安）墓志铭》、毕仲游撰有《丞相文简公（毕士安）行状》、刘挚撰有《毕文简（士安）神道碑》。《宋史》卷二八一有传。

《宋史》卷二八一《毕士安传》载：

> 毕士安字仁叟，代州云中人。……淳化二年，召入翰林为学士。……三年，与苏易简同知贡举，加主客郎中，以疾请外，改右谏议大夫、知颍州。真宗以寿王尹开封府，召为判官。②

又《西台集》卷一六《丞相文简公行状》载：

> 公讳士安，字舜举。……知颍州……会岁大饿，公发仓廪以赈济。且上言州界民转徙逃去者甚众，申诉失时，无以为赋租，故逃，不问有状无状，复额经验未经验，一切赐当年田租，以安流亡。书奏不报，而被召，乃以状上中书力言之，上始诏有司从公

① 周宝瑞《浅论"澶渊之盟"的决策人物之一毕士安》指出：澶渊之盟中，寇准的作用不可忽视，但是从订盟前后的实际步骤与最后结局上看，毕士安的意见竟占主导地位。（载于《河南大学学报（哲学社会科学版）》1988年第1期，第17–20页）；熊鸣琴《论北宋名相毕士安》指出：毕士安作为宋初的三朝老臣，于国家危难之际拜相，在促成澶渊之盟的过程中发挥了不可低估的作用；且一生淡泊清正，是宋人称道的名相。（载于《晋阳学刊》2003年第2期，第77–80页）相关毕士安的研究文章还有方建新《王禹偁同毕士安相识时间及淳化四年的任职》（载于《浙江学刊》1991年第4期，第106页）、陈景涛与田慧霞《毕士安与澶渊之盟》（载于《濮阳职业技术学院学报》2018年第5期，第17–20页）。
② （元）脱脱等：《宋史》，北京：中华书局，1977年，第9517–9519页。

请。公虽去，而所活与安存盖千万数。①

又《武夷新集》卷一一《宋故推忠协谋佐理功臣金紫光禄大夫行尚书礼部侍郎同中书门下平章事兼修国史上柱国太原郡开国公食邑二千户食实封四百户赠太傅中书令谥曰文简毕公墓志铭》载：

公讳士安，字舜举。……知颍州，属淫雨降灾，嘉禾不稔，公乞开公廪以振乏绝，望赐田租以惠疲瘵，帝俞其请，民实受赐。②

又《大明一统志》卷七《中都·凤阳府》载：

毕士安知颍州，有治政，以严正见称。③

⊙ 毕仲衍

毕仲衍（1040—1082）④，字夷仲，郑州管城县（今河南郑州）人，士安曾孙。仲衍伟姿容，有才学。宋神宗熙宁三年（1070）知颍州沈丘县，有政声，欧阳修、吕公著交相举荐。著有《中书备对》十卷，士大夫争相传阅。惜英年早逝，卒年四十三。毕仲游撰有《起居郎毕公夷仲行状》。《宋史》卷二八一有传。

《宋史》卷二八一《毕仲衍传》载：

---

① （宋）毕仲游撰，陈斌校点：《西台集》，郑州：中州古籍出版社，2005年，第257页。
② （宋）杨亿：《武夷新集》，《宋集珍本丛刊002-6》，北京：线装书局，2004年，第293-294页。
③ （明）李贤等：《大明一统志》，西安：三秦出版社，1990年，第137页。
④ 有关毕仲衍的研究论文主要集中在其所撰的《中书备对》上，主要有：李伟国《〈中书备对〉及其作者毕仲衍》（载于《上海师范大学学报（哲学社会科学版）》1981年第2期，第59-62页）、徐东升《毕仲衍〈中书备对〉户口年代考》（载于《中国社会经济史研究》2004年第2期，第102-107页）、马玉臣《毕仲衍〈中书备对〉目录的发现及其意义》（载于《史学史研究》2007年第1期，第98-109页）《北宋毕仲衍论略》（载于《华北水利水电学院学报（社科版）》2007年第5期，第98-101页）。

仲衍，字夷仲，以荫为阳翟主簿。……举进士中第，调沈丘令。欧阳修、吕公著荐之，入司农为主簿，升丞。……撰《中书备对》三十卷，士大夫家争传其书。

高丽使入贡，诏馆之。上元夕，与使者宴东阙下，作诗诵圣德，神宗次韵赐焉，当时以为宠。官制行，帝自擢起居郎，王珪留除命，谓为太峻，争于前。帝连称曰："是当得尔。"未几，暴得疾，一夕卒，年四十三。帝遣中使唁其家，赗钱五十万。①

又《西台集》卷一六《起居郎毕公夷仲行状》载：

君字夷仲，以卫尉恩补太庙斋郎，调许州阳翟主簿。……举进士就中第，补颍州沈丘县令。而故少师欧阳修以观文殿学士知蔡州，故太师申国公吕公著以翰林试读学士知颍州，皆知音，交荐之，迁著作佐郎、知蔡州遂平县事。②

⊙ 蔡齐

蔡齐（988—1039）③，字子思，先祖洛阳（今河南洛阳）人，后徙居莱州胶水（今山东平度市），遂为胶水人。宋仁宗宝元元年（1038）为颍州知州，重视教育，为民造福，受民敬仰。范仲淹撰有《蔡文忠公（齐）墓表》。《宋史》卷二八六有传。

《宋史》卷二八六《蔡齐传》载：

蔡齐字子思，其先洛阳人也。曾祖绾，为莱州胶水令，因家

---

① （元）脱脱：《宋史》，北京：中华书局，1977年，第9522-9523页。
② 毕仲游撰，陈斌校点：《西台集》，郑州：中州古籍出版社，2005年，第268-269页。
③ 刘隆有《蔡齐：表里皆英伟的北宋状元》认为蔡齐文美、貌美、行美，爱民、务实、尚宽，德化治下（载于《文史天地》2018年第3期，第33-37页）。

焉。齐少孤，依外家刘氏。举进士第一。仪状俊伟，举止端重，真宗见之，顾宰相寇准曰："得人矣。"……契丹祭天于幽州，以兵屯境上。辅臣欲调兵备边，与齐迭议帝前，齐画三策，料契丹必不叛盟。王曾与齐善，曾与夷简不相能，曾罢相，齐亦以户部侍郎归班。寻出知颍州，卒，年五十二，赠兵部尚书，谥曰文忠。颍人见其故吏朱寀会丧，犹号泣思之。

齐方重有风采，性谦退，不妄言。有善未尝自伐。丁谓秉政，欲齐附己，齐终不往。少与徐人刘颜善，颜罪废，齐上其书数十万言，得复官。颜卒，又以女妻其子庠。所荐庞籍、杨偕、刘随、段少连，后率为名臣。[1]

又《文献通考》卷六三《职官考十七·教授》载：

宝元元年，颍州守臣蔡齐请立学，时大郡始有学，而小郡犹未置也（自明道、景祐间，累诏州郡立学，赐田、给书，学校相继而兴。近制惟藩镇立学，颍为支郡，齐以为言而特许之）。[2]

又《大明一统志》》卷七《中都·凤阳府》载：

蔡齐知颍州，卒于官，故吏朱寀至颍，吏民见寀泣指所尝更历施为，曰此蔡使君之迹也。其仁恩如此。[3]

⊙ 曹成

曹成（1113—?），颍州（今安徽阜阳）人。南宋时期，助刘锜抗金，

① （元）脱脱等：《宋史》，北京：中华书局，1977年，第9636-9638页。
② （元）马端临：《文献通考》，北京：中华书局，1986年，第571页。
③ （明）李贤等：《大明一统志》，西安：三秦出版社，1990年，第137页。

有战功，受封赏，辞归乡里。事见《宋史》卷三六六《刘锜传》。

《安徽人物大辞典》"阜阳县"条载：

> 曹成，南宋顺昌人。少有大志，十五岁为铁匠。绍兴十年，金兀术自黎阳取河南，连陷汴梁以南州县，直逼顺昌，曹成为宋军刘锜部八字军铸枪锻剑，后率众参加敢死士，以一当百，屡战皆捷。金兵败退，刘锜嘉其战功，封官行赏，不受而归，乡邻称之为"义勇"。①

⊙ 曹评

曹评，生卒年不详，字公正，真定灵寿（今属河北）人，佾长子。宋哲宗元祐九年前后（1094年前后）通判颍州。评性喜文史，尤善射。

《太史范公文集》卷五一《右监门卫大将军妻仁和县君曹氏墓志铭（元祐九年二月）》载：

> 君曹氏，京师人。曾祖翊，赠比部郎中。祖同文，赠朝奉郎。父评，右奉议郎、通判颍州。②

⊙ 常秩

常秩（1019—1077）③，字夷甫，颍州汝阴（今安徽阜阳）人。秩举进士不中，屏居里巷，以经术著称。朝廷屡授官不出。王安石变法，秩称赞

① 戎毓明主编：《安徽人物大辞典》，北京：团结出版社，1992年，第1005页。
② （宋）范祖禹：《太史范公文集》，《宋集珍本丛刊024-2》，北京：线装书局，2004年，第470页。
③ 关于常秩的研究文章，主要有：袁贝贝《"汝阴处士"常秩事迹考》（载于《阜阳师范学院学报（社会科学版）》2012年第3，第30–34页）、邱丽维《宋代文官常秩死因探析》（载于《唐山师范学院学报》2016年第1期，第85–88页）、张明华《欧阳修与常秩交往考论》（载于《阜阳师范大学学报（社会科学版）》2020年第2期，第6–15页）。

之，一召遂起。历右正言、直舍人院、判太常寺、宝文阁待制兼侍读，提举中太一宫等。卒，赠右谏议大夫。常秩与王回、欧阳修等友善。子立。《宋史》卷三二九有传。

《宋史》卷三二九《常秩传》载：

常秩字夷甫，颍州汝阴人。举进士不中，屏居里巷，以经术著称。嘉祐中，赐束帛，为颍州教授，除国子直讲，又以为大理评事；治平中，授忠武军节度推官、知长葛县，皆不受。

神宗即位，三使往聘，辞。熙宁三年，诏郡"以礼敦遣，毋听秩辞"。明年，始诣阙，帝曰："先朝累命，何为不起？"对曰："先帝亮臣之愚，故得安闾巷。今陛下严诏趣迫，是以不敢不来，非有所决择去就也。"帝悦，徐问之："今何道免民于冻馁？"对曰："法制不立，庶民食侯食，服侯服，此今日大患也。臣才不适用，愿得辞归。"帝曰："既来，安得不少留？异日不能用卿，乃当去耳。"即拜右正言、直集贤院、管干国子监，俄兼直舍人院，迁天章阁侍讲、同修起居注，仍使供谏职。复乞归，改判太常寺。

七年，进宝文阁待制兼侍读，命其子立校书崇文院。九年，病不能朝，提举中太一宫、判西京留司御史台。还颍。十年，卒，年五十九，赠右谏议大夫。

秩平居为学求自得。王回，里中名士也，每见秩与语，辄歉然自以为不及。欧阳修、胡宿、吕公著、王陶、沈遘、王安石皆称荐之，翕然名重一时。

初，秩居，既不肯仕，世以为必退者也。后安石为相更法，天下沸腾，以为不便，秩在间阎，见所下令，独以为是，一召遂起。在朝廷任谏争，为侍从，低首抑气，无所建明，闻望日损，为时讥笑。秩长于《春秋》，至斥孙复所学为不近人情。著讲解数十篇，自谓"圣人之道，皆在于是"。及安石废《春秋》，遂尽讳其学。①

又《宋元学案补遗》卷四《庐陵学案补遗》"常先生秩"载：

常秩字夷甫，汝阴人。以经术著称，士论归重。熙宁初，诏郡以礼敦遣，始诣阙。神宗问曰："先朝累命，何为不起？"对曰："先帝亮臣之愚，故得安闾巷。今陛下趣迫，故不敢不来。"数求去，不许。累官至宝文阁待制、兼侍读。《姓谱》。梓材谨案：庐陵之卒也，初谥曰"文"，先生谓其有定策功，请加以"忠"，乃谥"文忠"。《纲鉴》以先生为庐陵门人故尔。

附录："刘公是《杂录》曰：秩初未为人知，欧阳永叔守颍，令吏校郡中户籍，正其等。秩资簿在第七，众人遽请曰："常秀才廉贫，愿宽其等。"永叔怪其有让，问之，皆曰："常秀才孝弟有德，非庸众人也。"永叔为除其籍，而请秩与相见，说其为人，秩由此知名。及张唐公守颍，因荐秩于朝廷，赐以粟麦束帛，固让不受，自陈方应举，无隐者之实，不敢当其赐。是时余守扬州，亦以孙侔闻朝廷，赐之如秩，侔受而不谢，两人者取舍异。或讲其意，予以谓秩尚节而侔安礼者也，所谓周之亦可受矣。尚节者洁而介，安礼者广而通。②

又《宋朝事实类苑》卷六十三《谈谐戏谑·诗嘲·二》载：

颍上常夷甫处士，以行义为士大夫所推。近臣屡荐之，朝廷命之官，不起。欧阳公晚年治第于颍，久参政柄，将乞身以去，顾未得谢，而思颍之心日切，尝自为诗云："笑杀汝阴常处士，十年骑马听朝鸡。"后公既还政，而处士被诏赴阙，为天章阁待制，日奉

---

① （元）脱脱等：《宋史》，北京：中华书局，1977年，第10595-10596页。

② （清）王梓材、冯云濠：《宋元学案补遗》，北京：人民出版社，2012年，第341页。

朝请，有轻薄子改公诗以戏之，曰："却笑汝阴常处士，几年骑马听朝鸡。"①

卷六十五《谈谐戏谑·语嘲·五》载：

常秩旧好治春秋，凡著书讲解，仅数十卷，自谓圣人之意，皆在是矣。及诏起，而王丞相介甫不好春秋，遂尽讳所学。熙宁六年，两河荒歉，有旨令所在散青苗本钱，权行倚阁。王平甫戏秩曰："公之春秋，亦权倚阁乎？"秩色颇赭。②

卷七十《诈妄谬误》"常秩"条载：

常秩以处士起为左正言，直集贤院，判国子监。不踰年，待制宝文阁，兼判太常寺。中间谒告归汝阴，主上特降诏，自秩始也。会放进士徐铎榜，秩密以太学生之薄于行者，籍名于方册，贮怀袖间，每唱名有之，则揭策指名进呈，乞赐黜落，如是者三四。上方披阅试卷，或与执政语，往往不省秩言，秩大以为沮，遂谒告不朝。一日，翰林学士杨绘方坐禁中，俄有报太常寺吏人到院者，绘昔尝判寺，立命至前，乃故吏也。询其来之故，即云："常待制以谒告月余，未有诏起，令探刺消息。"杨曰："此禁中，汝得妄入乎？我若致汝于法，则连及待制，汝速出，无取祸也。"先是，秩未谒告时，差护向经葬事，至是经葬有日，上亲奠祭，护葬官例合迎驾，秩不候朝参，而出迎驾于经门，上祭毕登辇而去，亦不顾秩，秩愈不得意。或告以不朝参而出就职，又尝私觇禁中，台官欲有言者，秩大恐，遂以病还汝阴，既而卒。或云，方卒时，狂乱若

---

① （宋）江少虞：《宋朝事实类苑》，上海：上海古籍出版社，1981年，第832页。

② （宋）江少虞：《宋朝事实类苑》，上海：上海古籍出版社，1981年，第859页。

心疾，将自杀者，然未得其详。①

又《宋诗纪事》卷二三"常秩"条载：

秩字夷甫，颍州汝阴人。屏居里巷，以经术称，屡授以官不受。神宗即位，三使往聘，始诣阙。拜右正言，斡国子监，进宝文阁待制。卒赠右谏议大夫。

《句》：冻杀汝阴常处士，也来骑马听朝鸡。②

又《东轩笔录》卷十一载：

常秩居颍州，仁宗时，近臣荐其文行，召不赴。欧阳文忠公为翰林学士，尤礼重之，尝因早朝作诗寄秩曰："笑杀汝阴常处士，十年骑马听朝鸡。"熙宁中，文忠致仕居颍州，秩被召而起，或改文忠诗曰："笑杀汝阴欧少保，新来处士听朝鸡。"③

⊙ 常立

常立，生卒年不详，常秩子，颍州汝阴（今安徽阜阳）人。始命为天平军推官，蔡卞请为谏官，入元祐党籍，后黜监永州酒税。

《宋史》卷三二九《常秩传》载：

立，始命为天平军推官，秩死，使门人赵冲状其行，云："自秩与安石去位，天下官吏阴变其法，民受涂炭，上下循默，败端内萌，莫觉莫悟。秩知其必败。"绍圣中，蔡卞荐立为秘书省正字、

---

① （宋）江少虞：《宋朝事实类苑》，上海：上海古籍出版社，1981年，第934页。

② （清）厉鹗辑撰：《宋诗纪事》，上海：上海古籍出版社，2013年，第588页。

③ （宋）魏泰：《东轩笔录》，《宋元笔记小说大观3》，上海：上海古籍出版社，2007年，第2758-2759页。

诸王府说书侍讲，请用为崇政殿说书，得召对，又请以为谏官。卞方与章惇比，曾布欲倾之，乘间为哲宗言立附两人，因暴其行状事，以为诋毁先帝。帝亟下史院取视，言其不逊，以责惇、卞，惇、卞惧，请贬立，乃黜监永州酒税。①

又《宋元学案》卷九六《元祐党案》"谏官常先生立"条载：

常立，字□□，汝阴人。秩之子。始为天平推官，校书崇文院。绍圣中，蔡卞荐为秘书正字、诸王府侍讲、崇政殿说书，召对，以为谏官。曾布欲倾卞，贬监酒税而卒。②

⊙ 陈渐

陈渐，生卒年不详，字鸿渐，阆州阆中（今属四川）人，尧佐从子，自号金龟子。宋真宗咸平中授颍州长史。渐少以文学知名于蜀。太宗淳化中，与父尧封同以进士廷试，中第而辞不就，愿擢其父。著有《演玄》十卷、《陈渐集》十五卷。《宋史》卷二八四有传。

《宋史》卷二八四《陈渐传》载：

（陈尧佐）从子渐字鸿渐，少以文学知名于蜀。淳化中，与其父尧封皆以进士试廷中，太宗擢渐第，辄辞不就，愿擢其父，许之。至咸平初，渐始仕，为天水县尉。时学者罕通扬雄《太玄经》，渐独好之，著书十五篇，号《演玄》，奏之。召试学士院，授仪州军事推官。举贤良方正科，不中，复调陇西防御推官，坐法免归，不复有仕进意，蜀中学者多从之游。尧咨不学，渐心薄之。

①（元）脱脱等：《宋史》，北京：中华书局，1977年，第10595-10596页。
②（清）黄宗羲著、（清）全祖望补修：《宋元学案》，北京：中华书局，1986年，第3181页。

尧咨后贵显，与渐益不同，因言渐罪庚之人，聚徒太盛，不宜久留
远方。即召渐至京师，授颍州长史。丁谓等知其无他，得改凤州团
练推官，迁耀州节度推官。卒，有文集十五卷，自号金龟子。①

⊙ 陈规

陈规（1072—1141）②，字元则，密州安丘（今属山东）人。宋高宗绍
兴九—十年（1139—1140）知顺昌府（颍州）。规忠义勇猛，乐善好施，为
官正直，家有祖传藏书丰富。《宋史》卷三七七有传。

《宋史》卷三七七《陈规传》载：

> 陈规字元则，密州安丘人。……金人归河南地，改知顺昌府，
> 茸城壁，招流亡，立保伍。会刘锜领兵赴京留守过郡境，规出迎，
> 坐未定，传金人已入京城，即告锜城中有粟数万斛，勉同为死守
> 计。相与登城区画，分命诸将守四门，且明斥候，募土人乡导间
> 谍。布设粗毕，金游骑已薄城矣。既至，金龙虎大王者提重兵踵
> 至，规躬擐甲胄，与锜巡城督战，用神臂弓射之，稍引退，复以步
> 兵邀击，溺于河者甚众。规曰："敌志屡挫，必思出奇困我，不若
> 潜兵斫营，使彼昼夜不得休，可养吾锐也。"锜然之，果劫中其
> 寨，歼其兵甚众。金人告急于兀术。规大飨将士，酒半问曰："兀
> 术拥精兵且至，策将安出？"诸将或谓今已累捷，宜乘势全师而

---

① （元）脱脱等：《宋史》，北京：中华书局，1977年，第9589–9590页。
② 相关陈规的研究论文不多，重点在其军事防御思想方面，代表性的有：徐新照《论陈规的
防御技术思想及其运用》（载于《安徽史学》2000年第1期，第30–32页）、裴一璞《南宋陈
规〈守城录〉军事思想探析》（载于《临沧师范高等专科学校学报》2013年第3期，第49–52
页）、张磊、赵琦《从〈守城录〉看陈规的军事防御思想》（载于《孙子研究》2018年第2期，
第49–53页）、熊帝兵《南宋初年陈规营田述论》（载于《山东农业大学学报（社会科学版）》
2019年第1期，第1–5页）。

归。规曰："朝廷养兵十五年，正欲为缓急用，况屡挫其锋，军声稍振。规已分一死，进亦死，退亦死，不如进为忠也。"锜叱诸将曰："府公文人犹誓死守，况汝曹耶！兼金营近三十里，兀术来援，我军一动，金人追及，老幼先乱，必至狼狈，不犹废前功，致两淮侵扰，江、浙震惊。平生报君，反成误国，不如背城一战，死中求生可也。"

已而兀术至，亲徇城，责诸酋用兵之失，众跪曰："南兵非昔比。"兀术下令晨饭府庭，且折箭为誓，并兵十余万攻城，自将铁浮屠军三千游击。规与锜行城，勉激诸将，流矢及衣无惧色，军殊死斗。时方剧暑，规谓锜毋多出军，第更队易器，以逸制劳，蔑不胜矣。每清晨辄坚壁不出，伺金兵暴烈日中，至未申，气力疲，则城中兵争奋，斩获无算，兀术宵遁。锜奏功，诏褒谕之，迁枢密直学士。规至顺昌，即广籴粟麦实仓廪。会计议司移粟赴河上，规请以金帛代输，至是得其用，成锜功者，食足故也……①

规端毅寡言笑，然待人和易。以忠义自许，尤好赈施，家无赢财。尝为女求从婢，得一妇甚闲雅，怪而询之，乃云梦张贡士女也，乱离夫死无所托，鬻身求活，规即辍女奁嫁之，闻者感泣。规功名与诸将等，而位不酬劳，时共惜之。乾道八年，诏刻规《德安守城录》颁天下为诸守将法。立庙德安，赐额"贤守"，追封忠利侯，后加封智敏。②

又《挥麈后录》卷七载：

建炎初……后十年，元则以阁学士来守顺昌，亦保城无虞，先

---

① （元）脱脱等：《宋史》，北京：中华书局，1977年，第11642-11644页。
② （元）脱脱等：《宋史》，北京：中华书局，1977年，第11642-11644页。

祖汝阴旧藏书犹存，又为元则所掩有。^①

又《乾隆颍州府志》卷六《名宦志》载：

> 陈规，字元则，安邱（丘）人。绍兴十年知顺昌府。初至，即籴粟麦、实仓廪。会计议司移粟赴河上，规请以金帛代。及刘锜领兵赴京留守，过郡境，规出迎，坐未定，传金人已入京城，规问计，锜曰："有粮可与共守。"规答以城中有粟数万斛，勉同为死守计。^②

⊙ 陈师道

陈师道（1053—1101或1102）^③，字履常，一字无己，别号后山居士，徐州彭城（今江苏徐州）人。师道少师于曾巩，无意仕途。宋哲宗元祐初，

---

① （宋）王明清：《挥麈录》，上海：上海书店出版社，2001年，第136页。

② （清）王敛福纂修：《乾隆颍州府志》，《中国地方志集成·安徽府县志辑24》，南京：江苏古籍出版社，1998年，第279页。

③ 陈师道生卒年尚有争议，参见宁大年《略论陈师道其人及其诗》（载于《承德师专学报》1986年第3期，第33–39页）。有关陈师道的研究文章较多，其中代表性的主要有：赵彤《略论陈师道的诗歌艺术》（载于《齐鲁学刊》1987年第5期，第136–140页）、曹凤前《陈师道是"江西诗派"诗人吗——兼谈陈师道与黄庭坚诗风之差异》（载于《徐州师范学院学报》1987年第2期，第69–72页）、汪俊《陈师道诗歌初探》（载于《西南师范大学学报（人文社会科学版）》1989年第2期，第60–65页）、曾枣庄《陈师道师承关系辨》（载于《文学遗产》1993年第3期，第69–75页）、李最欣《耿介映千秋 文学名后世——论陈师道的生活态度和人生追求》（载于《杭州教育学院学报》2000年第1期，第26–32页）、龙延《陈师道与黄庭坚》（载于《贵州社会科学》2002年第5期，第68–71页）、杨胜宽《陈师道与苏轼交谊考论》（载于《乐山师范学院学报》2004年第3期，第1–7页）、陈斌《试论陈师道述贫诗的精神旨趣》（载于《江苏社会科学》2007年第6期，第132–136页）、谷曙光《陈师道：学杜而得韩——略论陈师道对杜甫、韩愈诗歌的接受及其》（载于《杜甫研究学刊》2009年第4期，第78–87页）、张振谦《陈师道"换骨"说发微》（载于《海南大学学报（人文社会科学版）》2010年第5期，第80–85页）、邹菁《陈师道研究成果再梳理》（载于《河南科技大学学报（社会科学版）》2011年第1期，第69–72页）、梅华《从师友交游看陈师道的情感及文学》（载于《宁夏大学学报（人文社会科学版）》2013年第4期，第69–73页）、罗秀洁《论陈师道的"颍州诗"》（载于《阜阳师范大学学报（社会科学版）》2020年第1期，第28–32页）。

苏轼举荐，起为徐州教授，改颍州教授，被论其进用非由科第，罢归。师道家境困苦，但安贫乐道，不附权贵，为人有傲骨，善诗文，是江西诗派代表性诗人，与黄庭坚、苏轼、曾巩等交好。著有《后山集》二十卷、《后山居士谈丛》一卷、《后山诗话》二卷、《后山理究》一卷、《谈丛究理》一卷、《陈师道集》十四卷。《宋史》卷四四四有传。傅璇琮《宋才子传笺证》收入。

《宋史》卷四四四《陈师道传》载：

> 陈师道字履常，一字无己，彭城人。少而好学苦志，年十六，早以文谒曾巩，巩一见奇之，许其以文著，时人未之知也，留受业。熙宁中，王氏经学盛行，师道心非其说，遂绝意进取。巩典五朝史事，得自择其属，朝廷以白衣难之。元祐初，苏轼、傅尧俞、孙觉荐其文行，起为徐州教授，又用梁焘荐，为太学博士。言者谓在官尝越境出南京见轼，改教授颍州。又论其进非科第，罢归。调彭泽令，不赴。家素贫，或经日不炊，妻子愠见，弗恤也。久之，召为秘书省正字。卒，年四十九，友人邹浩买棺敛之。

> 师道高介有节，安贫乐道。于诸经尤邃《诗》、《礼》，为文精深雅奥。喜作诗，自云学黄庭坚，至其高处，或谓过之，然小不中意，辄焚去，今存者才十一。世徒喜诵其诗文，至若奥学至行，或莫之闻也。尝铭黄楼，曾子固谓如秦石。

> ……官颍时，苏轼知州事，待之绝席，欲参诸门弟子间，而师道赋诗有"向来一瓣香，敬为曾南丰"之语，其自守如是。

> 与赵挺之友婿，素恶其人，适预郊祀行礼，寒甚，衣无绵，妻就假于挺之家，问所从得，却去，不肯服，遂以寒疾死。[①]

又《宋诗纪事》卷三四"陈履常"条载：

---

① （元）脱脱等：《宋史》，北京：中华书局，1977年，第13115-13116页。

履常，颍州教授。

《纪雪中事》："掠地冲风敌万人，蔽天密雪几微尘。漫山塞壑疑无地，投隙穿惟巧致身。映积读书今已老，闭门高卧不缘贫。遥知更上湖边寺，一笑潜回万宝春。"

《侯鲭录》：元祐六年，汝阴久雪。一日，天未明，东坡来召议事曰："某一夕不寐，念颍人之饥，欲出百余石造饼救之。老妻谓某曰：子昨来陈，见傅钦之言签判在陈赈济有功，何不问其赈济之法？某遂相召。"余笑谢曰："已备之矣。今细民之困，不过食与火耳。义仓之积谷数千石，可以之散，以救下民。作院有碳数万秤，依原价卖之，二事可济下民。"坡曰："吾事济矣。"遂草《放积谷赈济奏》，檄上台寺。陈闻之有诗。[1]

又《乾隆颍州府志》卷六《名宦志》载：

陈师道，字履常，彭城人。年十六，以文谒曾巩。巩一见，奇之。元祐初，苏轼荐其文行，起为徐州教授，改颍州教授。时苏轼守颍，待之甚厚。意欲忝诸门第子列。师道赋诗曰："向来一瓣香，敬为曾南丰。"其不苟如此。[2]

⊙ **陈师锡**

陈师锡（1053—1121）[3]，字伯修，建州建阳（今属福建）人。宋神宗

① （清）厉鹗辑撰：《宋诗纪事》，北京：中华书局，2013年，第871页。
② （清）王敛福纂修：《乾隆颍州府志》，《中国地方志集成·安徽府县志辑24》，南京：江苏古籍出版社，1998年，第278页。
③ 许起山《黄裳与陈师锡生卒年新考》认为，陈师锡生于宋仁宗皇祐五年（1053），卒于徽宗宣和三年（1121），年69。（载于《文献》2018年第5期，第160—165页）。文章否定了马里扬《黄裳与陈师锡生卒年考》中所说的陈师锡生于宋仁宗嘉祐七年（1062）、卒于建炎四年（1130）的说法（《文献》2007年第3期，第32页）。本书采用许说。

元丰中出知颖州。师锡有才气，善文章，不畏权贵。著有《陈师锡奏议》一卷。《宋史》卷三四六有传。

《宋史》卷三四六《陈师锡传》载：

> 陈师锡字伯修，建州建阳人。熙宁中，游太学，有隽声。神宗知其材，及廷试，奏名在甲乙间，帝偶阅其文，屡读屡欢赏，顾侍臣曰："此必陈师锡也。"启封果然，擢为第三。调昭庆军掌书记，郡守苏轼器之，倚以为政。轼得罪，捕诣台狱，亲朋多畏避不相见，师锡独出饯之，又安辑其家。……于是出知颖、庐、滑三州。坐党论，监衡州酒；又削官置郴州。卒，年六十九。师锡始与陈瓘同论京、卞，时号"二陈"。绍圣中，赠直龙图阁。[①]

⊙ 陈旸

陈旸（1068—1128）[②]，字晋之，福州人，祥道之弟。宋哲宗绍圣元年后（1094后）授顺昌军节度推官。旸精通礼乐，著述丰富，撰有《乐书》

① （元）脱脱：《宋史》，北京：中华书局，1977年，第10971-10974页。

② 陈旸生卒年参见郑长铃《陈旸生平及其人文背景研究》（载于《中国音乐学》2001年第1期，第86-94页）。其他相关研究文章主要集中在陈旸的音乐成就方面。主要有：王凤桐、张林《陈旸错把杖鼓当羯鼓》（载于《中国音乐》1991年第1期，第2页）、苗建华《陈旸〈乐书〉成书年代考》（载于《音乐研究》1992年第3期，第2页）、郑长铃《在田野中走近陈旸——关于陈旸及其〈乐书〉研究的民族音乐学方法选择与思考》（载于《中国音乐学》2005年第4期，第51-57页）、许在扬《陈旸及其〈乐书〉研究中的一些问题》（载于《黄钟（中国武汉音乐学院学报）》2008年第2期，第102-112页）、单蕾《清代以前存见的陈旸〈乐书〉版本状况》（载于《中国音乐学》2008年第1期，第68-72页）、郭世锦《浅析〈陈旸乐书〉对古乐器研究的历史价值》（载于《音乐天地》2015年第3期，第39-41页）、孙树敏《北宋音乐理论家陈旸及其〈乐书〈的影响考究》（载于《兰台世界》2015年第6期，第134-135页）、刘勇《陈旸〈乐书〉乐器插图中的若干问题》（载于《中央音乐学院学报》2016年第3期，第122-127页）、刘振《北宋陈旸〈乐书〉关于"奚琴"记载的文献解析》（载于《大众文艺》2018年第1期，第148-149页）、陆晓彤《〈乐书·八音〉乐律学错误勘正——兼论陈旸的音乐水平及〈乐书〉文献价值》（载于《中国音乐学》2019年第1期，第77-83页）。

二百卷、《孟子解义》十四卷、《北郊祀典》三十卷、《礼记解义》十卷。《宋史》卷四三二有传。

《宋史》卷四三二《陈旸传》载：

> 陈旸字晋之，福州人。中绍圣制科，授顺昌军节度推官。徽宗
> 初，进《迓衡集》以劝导绍述，得太学博士、秘书省正字。礼部侍
> 郎赵挺之言，所著《乐书》二十卷贯穿明备，乞援其兄祥道进《礼
> 书》故事给札。既上，迁太常丞，进驾部员外郎，为讲议司参详礼
> 乐官。……
>
> 进鸿胪太常少卿、礼部侍郎，以显谟阁待制提举醴泉观，尝坐
> 事夺，已而复之。卒，年六十八。[1]

⊙ 程琳

程琳（988—1056）[2]，字天球，永宁军博野（今河北蠡县）人。宋仁宗宝元二年（1039）出知颍州，长于政事，但刚愎自用，收敛财物，遭人鄙视。《宋史》卷二八八有传。

《宋史》卷二八八《程琳传》载：

> 程琳字天球，永宁军博野人。……已而吏以赃败，御史按劾得
> 状，降光禄卿、知颍州。……琳为人敏厉深严，长于政事，辨议一
> 出，不肯下人。然性墙于财，而厚自奉养。章献太后时，尝上《武

---

① （元）脱脱等：《宋史》，北京：中华书局，1977年，第12848页。

② 廖寅、肖崇林《北宋程琳事迹辨正》认为程琳是北宋仁宗时期一位德才兼备的政治家，有
"为国伟臣"的称号。但由于为人行政过于"严深"，在饱受赞誉的同时，程琳也遭到政敌的
反感和敌视。反感和敌视者利用"莫须有"的负面传闻（主要是冯士元案和《武后临朝图》
事件）来诋毁程琳。（载于《河北大学学报（哲学额社会科学版）》2017年第1期，第33—40页）

后临朝图》，人以此薄之。①

又《乾隆颍州府志》卷六《名宦志》载：

> 程琳，字天球，永宁军博野人。举服勤词学科，景祐中以吏部侍郎参知政事。刚直无所回，群小中以事，贬光禄卿、知颍州。累官中书门下平章事。为人敏厉深严，长于政事。②

⊙ 崔公度

崔公度（？—1097），字伯易，高邮（今属江苏）人。宋哲宗元祐二年（1087）知颍州，有口吃，聪慧过人，有过目不忘之能。公度善逢迎，为时人不屑。著有《感山赋》一卷，受欧阳修赏识。《宋史》卷三五三有传。

《宋史》卷三五三《崔公度传》载：

> 崔公度字伯易，高邮人。口吃不能剧谈，而内绝敏，书一阅即不忘。刘沆荐茂才异等，辞疾不应命。用父任，补三班差使，非其好也，益闭户读书。欧阳修得其所作《感山赋》，以示韩琦，琦上之英宗，即付史馆。授和州防御推官，为国子直讲，以母老辞。……
>
> 公度起布衣，无所持守，惟知媚附安石，昼夜造请，虽踞厕见之，不屑也。尝从后执其带尾，安石反顾，公度笑曰："相公带有垢，敬以袍拭去之尔。"见者皆笑，亦恬不为耻。请知海州。元祐、绍圣之间，历兵、礼部郎中、国子司业，除秘书少监、起居

---

① （元）脱脱等：《宋史》，北京：中华书局，1977年，第9673—9675页。

② （清）王敛福纂修：《乾隆颍州府志》，《中国地方志集成·安徽府县志辑24》，南京：江苏古籍出版社，1998年，第275页。

郎，皆辞不受。知颍、润、宣、通四州，以直龙图阁卒。[1]

⊙ 丁罕

丁罕（？—999），颍州（今安徽阜阳）人，年少英勇，有韬略。应募补卫士，累迁指挥使。从刘廷翰，与契丹战于徐河，以夺桥功迁本军都虞候。淳化三年（992），为泽州团练使、知霸州，河溢坏城垒，用家财募筑，民称赞之。五年，以容州观察使、领灵环路行营都部署，击败李继迁。后徙知贝州，卒。《宋史》卷二七五有传。

《宋史》卷二七五《丁罕传》载：

> 丁罕者，颍州人。应募补卫士，累迁指挥使。从刘廷翰战徐河，以夺桥功迁本军都虞候。累迁天武指挥使，领奖州团练使。淳化三年，出为泽州团练使、知霸州。会河溢坏城垒，罕以私钱募筑，民咸德之。五年，以容州观察使领灵环路行营都部署，与李继迁战，斩首俘获以数万计。至道中，率兵从大将李继隆出青冈峡，贼闻先遁，追十日程，不见而返。三年，真拜密州观察使、知威虏军，徙贝州。咸平二年，卒。子守德，能世其家。[2]

又《乾隆颍州府志》卷八《人物志》载：

> 丁罕，颍州人。从徐廷翰战徐河，以夺桥功补本军都虞候。淳化三年，知霸州。会河溢坏城垒，罕以私钱募筑，民咸德之。与李继迁战，斩首俘获以数万计，拜密州观察使。[3]

---

[1] （元）脱脱等：《宋史》，北京：中华书局，1977年，第11152-11153页。
[2] （元）脱脱等：《宋史》，北京：中华书局，1977年，第9377页。
[3] （清）王敛福纂修：《乾隆颍州府志》，《中国地方志集成·安徽府县志辑24》，南京：江苏古籍出版社，1998年，第373页。

⊙ 范祖述

范祖述，成都华阳（今属四川）人，百禄之子。约宋神宗朝监颍州酒税、州司法参军，判案如神，民以为奇。所至有惠政，民德之。《宋史》卷三三七有传。

《宋史》卷三三七《范祖述传》载：

> （范百禄）子祖述，监颍州酒税，摄狱掾，阅具狱，活两死囚，州人以为神。知巩县，凿南山导水入洛，县无水患，文彦博称其能。以父堕党籍，监中岳庙。久之，通判泾州。知台州，奏罢黄甘、葛蕈之贡。主管西京御史台。靖康多难，避地至汝州。汝守赵子栎邀与共守，于是旁郡尽陷，汝独全。累官朝议大夫，卒。从弟祖禹。①

⊙ 丰稷

丰稷（1033—1108）②，字相之，明州鄞（今浙江宁波）人。约宋哲宗绍圣—元符中知颍州。稷为人耿直，清白为官，廉洁自律，善于举荐，所至有声。参与编纂《五臣解孟子》十四卷，著有《浑仪浮漏景表铭词》四卷。《宋史》卷三二一有传。

《宋史》卷三二一《丰稷传》载：

> 丰稷字相之，明州鄞人。登第，为谷城令，以廉明称。……以集贤院学士知颍州、江宁府，拜吏部侍郎，又出知河南府，加龙图

---

① （元）脱脱等：《宋史》，北京：中华书局，1977年，第10793页。

② 参见刘隆有《丰稷:气节高直、不忘初心的北宋名臣》（载于《文史天地》2017年第2期，第38–43页）。

阁待制。章惇欲困以道路，连岁五徙六州。徽宗立，以左谏议大夫召，道除御史中丞。……

稷尽言守正，帝待之厚，将处之尚书左丞，而积忤贵近，不得留，竟以枢密直学士守越。蔡京得政，修故怨，贬海州团练副使、道州别驾，安置台州。除名徙建州，稍复朝请郎。卒，年七十五。建炎中，追复学士，谥曰清敏。

初，文彦博尝品稷为人似赵抃，及赐谥，皆以"清"得名。稷三任言责，每草疏，必密室，子弟亦不得见。退多焚稿，未尝以时政语人。所荐士如张庭坚、马涓、陈瓘、陈师锡、邹浩、蔡肇，皆知名当世云。[①]

又《道光阜阳县志》卷十《宦业》载：

丰稷字相之，鄞人。哲宗时以集贤学士知颖州，后高宗时官承奉郎，吏历中外，所至有声。[②]

⊙ 傅瑾

傅瑾，生卒年不详，字公宝，颍州汝阴（今安徽阜阳）人。北宋朝任蔡州助教。瑾博学多才，乐善好施，著有《字林补遗》十二卷、《音韵管见》三卷、《闻见录》十卷。李端愿曾师之，瑾卒，端愿为其铭。

《宋元学案补遗》卷六《士刘诸儒学案补遗·仪同师承》"助教傅先生瑾"条引《姓谱》载：

傅瑾字公宝，汝阴人，任蔡州助教。力学强记，尤邃于字韵。

① （元）脱脱等：《宋史》，北京：中华书局，1977年，第10424-10425页。
② （清）刘虎文、周天虎修，（清）李复庆等纂：《道光阜阳县志》，《中国地方志集成·安徽府县志辑23》，南京：江苏古籍出版社，1998年，第158页。

奉先克孝，与邻喜施.尝教李端愿以尚名节、养器识为先。著有《字林补遗》十二卷、《音韵管见》三卷、《闻见录》十卷。端愿为铭其墓。①

⊙ 嵇适

嵇适，生卒年不详，字利往，睢阳（今河南商丘）人，师从戚同文。北宋朝曾任颍州参军。适性格温和，为政宽恕。

《宋元学案补遗》卷三《高平学案补遗·戚氏门人》"参军嵇先生适"条引《张乐全集》载：

> 嵇适字利往，睢阳人。戚同文讲学，先生王父以先生属焉，授经通太义，为门下高业。举进士第，历褒信尉、巩县石首主簿、流溪令、越、颍、庐三郡掾卒。性宽和寡言笑，莅官临事主于忠恕，不为虚言奇行以邀声名。②

⊙ 江楫

江楫，生卒里不详。宋仁宗庆历中为颍州团练推官，有政声，以功迁大理寺丞。

《欧阳修集》卷七九《外制集》卷一《颍州推官江楫可大理寺丞制》载：

> 敕具官江楫：朕思与多士，共宁庶邦。而贤豪材美之人，或自沉于幽远，与夫懿节茂行之韫于中而未见于事者，吾皆不得而遍观

---

① （清）王梓材、冯云濠：《宋元学案补遗》，北京：人民出版社，2012年，第428页。
② （清）王梓材、冯云濠：《宋元学案补遗》，北京：人民出版社，2012年，第170页。

焉。故以举类之科，而为官人之法。今举者言尔材行可称，命尔新恩，以期后效。可。[1]

又《乾隆颍州府志》卷六《名宦志》"宋"条载：

> 江楫，庆历初为颍州团练推官，有称于时，迁大理寺丞。[2]

⊙ 焦千之

焦千之（？—1080），字伯强，颍州焦陂（今安徽阜南县）人，寄居丹徒（今属江苏）。尝从欧阳修学，称高弟。弃科举学，专意经术。宋仁宗嘉祐六年（1061）举经义赴京，馆太学，试舍人院赐出身。为国子监直讲。英宗治平三年（1066），以殿中丞出知乐清县，莅事精明，创学校以教邑人。后移知无锡，入为大理寺丞。千之性严谨，不苟言笑，与苏轼等友善。吕希纯曾学于千之。吕希纯知颍州，筑宅于城南以居之，颍人称曰"焦馆"。

《宋元学案》卷四《庐陵学案·庐陵门人》"秘阁焦先生千之"：

> 焦千之，字伯强，颍州焦陂人也。从欧阳公学，称上弟。其时同门之士如曾南丰、王深父皆以文学名，而先生最有德于躬行。欧阳公知颍州，吕正献公为通判，正献日与公讲学，其于诸弟子中，独敬先生，延之馆，使子希哲辈师事焉。耿介不苟，终日危坐，未尝妄笑语。诸生有不至，则召之坐，而切责之，不少假借。其后希哲兄弟虽偏从安定、泰山、康节、伊川诸公游，然其学所以成者，内则正献及其夫人督课甚严，外则先生之力。正献归京师，以先生偕，欧阳尝赠之诗，所云"有能掇之行，可谓仁者勇"是也。后以

---

[1] （宋）欧阳修：《欧阳修全集》，北京：中华书局，2001年，第1146页。
[2] （清）王敛福纂修：《乾隆颍州府志》，《中国地方志集成·安徽府县志辑24》，南京：江苏古籍出版社，1998年，第274页。

遗逸荐，为秘阁校理、知无锡。吕待制希纯知颍州，筑宅于城南以居先生，颍人称曰"焦馆"。①

又《苏轼文集》卷六九《跋焦千之帖后》载：

欧阳文忠公言"焦子皎洁寒泉水"者，吾友伯强也。泰民徐君，济南之老先生也。钱昆仲盖尝师之，以伯强与泰民往还书疏相示。伯强之没，盖十年矣，览之怅然。元祐五年二月十五日书。②

又《齐东野语》卷一三《韩通立传》载：

旧传焦千之学于欧阳公，一日，造刘贡父，刘问："《五代史》成邪？焦对"将脱藁"，刘问："为韩瞠眼立传乎？"焦默然。刘笑曰："如此，亦是第二等文字耳。"③

又《居士集》卷四《送焦千之秀才（皇祐元年）》载：

焦生独立士，势利不可恐。谁言一身穷，自待九鼎重。有能揭之行，可谓仁者勇。吕侯相家子，德义胜华宠。焦生得其随，道合若胶巩。始生及吾门，徐子喜惊踊。日此难致宝，一失何由踵。自吾得二生，粲粲获双珙。奈何夺其一，使我意纷□。吾尝爱生材，抽擢方郁葐。犹须老霜雪，然后见森竦。况从主人贤，高行可倾竦。读书趋简要，言说去杂冗。新文时我寄，庶可蠲烦壅。④

又《乾隆颍州府志》卷八《人物志》"宋"条载：

焦千之，字伯强，汝阴人。屡举进士，以文学受知欧阳公。

① （清）黄宗羲著、（清）全祖望补修：《宋元学案》，北京：中华书局，1986年，第205-207页。

② （宋）苏轼：《苏轼文集》，北京：中华书局，1986年，第2197页。

③ （宋）周密：《齐东野语》，《宋元笔记小说大观5》，上海：上海古籍出版社，2007年，第4488页。

④ （宋）欧阳修：《欧阳修全集》，北京：中华书局，2001年。

适吕申公通判颍州，延伯强教诸子，希纯辈严毅方正。熙宁中举遗逸授集贤校礼知无锡州。后吕希纯守颍，为建第南城乡，人呼"焦馆"云。①

⊙ 韩宗道

韩宗道（1027—1097），字持正，其先真定灵寿（今属河北）人，徙雍丘（今河南杞县）。韩亿孙、韩综子。宋仁宗嘉佑四年（1059）进士。知汝阴县，为官清廉，民受其惠。曾肇撰有《宋故通议大夫充宝文阁待制上柱国南阳郡开国侯食邑一千三百户致仕韩公墓志铭并序（元符二年七月）》。

《全宋文》卷二三八四曾肇《宋故通议大夫充宝文阁待制上柱国南阳郡开国侯食邑一千三百户致仕韩公墓志铭并序（元符二年七月）》载：

> 大中大夫、宝文阁待制、知杭州、两浙路兵马钤辖、上柱国、南阳郡开国侯、食邑一千三百户韩公，讳宗道，字持正，年七十有一，上书谢事，优诏许之。迁通议大夫，命未至，公卒于位。……初，公以忠宪公恩补将作监主簿，三迁大理评事，监颍州商税务。会汝阴缺县令，号多职田，前摄事者得所入，而州俾公代。公辞不得，则过职田期而后往代。时公年尚少，众伏其廉。嘉祐四年，镵其厅，中进士第，知越州余姚县。②

---

① （清）王敛福纂修：《乾隆颍州府志》，《中国地方志集成·安徽府县志辑24》，南京：江苏古籍出版社，1998年，第374页。
② 曾枣庄、刘琳：《全宋文》，上海：上海辞书出版社，2006年，第110册，第136–137页。

⊙ 洪皓

洪皓（1087—1155）[①]，字光弼，饶州鄱阳（今江西波阳）人。适、遵、迈之父。皓少有奇节，胸怀大志。宋徽宗政和五年（1115）进士。建炎初出使金国，路经颍州，遇贼，巧化之。留金十五年始还，忤秦桧坐贬，卒谥号"忠宣"。皓博学多才，善诗文，著有《春秋纪咏》三十卷、《松漠纪闻》二卷、《洪皓集》十卷、《帝王通要》《姓氏指南》《金国文具录》等书，参与编纂《轩唱和集》三卷。《宋史》卷三七三有传。傅璇琮《宋才子传笺证》收入。

《宋史》卷三七三《洪皓传》载：

> 洪皓字光弼，鄱阳人。少有奇节，慷慨有经略四方志。登政和五年进士第。王黼、朱勔皆欲婚之，力辞。……皓遂请出滁阳路，自寿春由东京以行。至顺昌，闻群盗李阆罗、小张俊者梗颍上道。皓与其党遇，譬晓之曰："自古无白头贼。"其党悔悟，皓使持书至贼巢，二渠魁听命，领兵入宿卫。……年六十八。死后一日，桧亦死。帝闻皓卒，嗟惜之，复敷文阁学士，赠四官。久之，复徽猷

[①] 有关洪皓研究的代表性文章主要有：赵鸣歧《宋金之间的友好使者——洪皓》（载于《中国民族》1979年第6期，第46页）、王全兴《洪皓与〈松漠纪闻〉》（载于《黑龙江文物丛刊》1982年第1期，第76-77页）、李艳《洪皓的籍贯及诗文》（载于《上饶师专学报（社会科学版）》1985年第3期，第24-27页）、赵永春《洪皓使金及其对文化交流的贡献》（载于《松辽学刊（社会科学版）》1997年第1期，第9-14页）、蔡晓凤《洪皓曾祖洪士良始居鄱阳瀹港考——兼对洪皓籍贯辨析》（载于《南方文物》1999年第2期，第3-5页）、宋建昃《洪皓〈鄱阳集〉及其版本浅探》（载于《中国典籍与文化》2001年第4期，第43-47页）、霍明琨《洪皓流放东北时期的诗词作品》（载于《北方文物》2007年第2期，第61-66页）、李静《洪皓使金与词的创作、传播》（载于《北京大学学报（哲学社会科学版）》2008年第4期，第96-102页）、晏建怀《南宋外交使节洪皓的坎坷人生》（载于《文史天地》2016年第12期，第48-51页）、许净瞳《洪皓使金携归文献考述》（载于《陕西理工学院学报（社会科学版）》2016年第4期，第68-72页）、闫雪莹《南宋洪皓使金诗文研究》（载于《齐鲁学刊》2018年第5期，第122-127页），等等。

阁学士，谥忠宣。

皓虽久在北廷，不堪其苦，然为金人所敬，所著诗文，争钞诵求镂梓。既归，逡使者至，必问皓为何官、居何地。性急义，当艰危中不少变。懿节后之戚赵伯璘隶悟室戏下，贫甚，皓之。范镇之孙祖平为佣奴，皓言于金人而释之。刘光世庶女为人蓁豕，赎而嫁之。他贵族流落贱微者，皆力拔以出。惟为桧所嫉，不死于敌国，乃死于谗愬。

皓博学强记，有文集五十卷及《帝王通要》、《姓氏指南》、《松漠纪闻》、《金国文具录》等书。子适、遵、迈。[1]

又《道光阜阳县志》卷一三《人物三·寓贤》载：

洪皓，字光弼，鄱阳人。少负奇节，慷慨有经略四方志。登政和五年进士第。建炎初，以通问使出滁阳，路行至顺昌，闻群盗李阎罗、小张俊者梗颍上道。皓与其党遇，譬晓之曰："自古无白头贼。"其党悔悟。皓使持书至贼巢二渠，魁听命，遂领兵入宿卫。皓留金十五年始还，又以忤秦桧坐贬，卒，复徽猷阁学士，谥号"忠宣"。[2]

⊙ **胡伸**

胡伸[3]，生卒年不详，字彦时，徽州婺源（今属江西）人。年十四，随兄伟、汲游学杭州，与汪藻被称为"江左二宝"，有文名。哲宗绍圣四年

① （元）脱脱等：《宋史》，北京：中华书局，1977年，第11557–11562页。
② （清）刘虎文、周天虎修，（清）李复庆等纂：《道光阜阳县志》，《中国地方志集成·安徽府县志辑23》，南京：江苏古籍出版社，1998年，第217页。
③ 相关文章仅见：朱玉霞《胡伸〈尚书解义〉研究》（载于《新世纪图书馆》2020年第6期，第79–84页）。

（1097）进士，授颍州教授。徽宗崇宁初，召为大学正，进博士。迁秘书丞、著作佐郎，预修《神宗日历》及《礼书》。除右正言，数月，改符宝郎，迁辟雍司业。后知无为军。胡伸著有《尚书解义》《四书增释》，与从弟侃合编《胡氏棣华稿》。

《新安志》卷七《先达》"胡司业"载：

> 胡司业伸，字彦时，幼颖悟，七岁父课二兄伟、偃，为庄周梦蝶诗，伸亦随作，末云："谁能分梦觉，真妄两悠悠。"绍异之。年十四随兄游学杭州，月试辄先出，又数为之首，教官命移案就察之，问所用事，对如响。苏文忠公为太守，闻之，遣鞍马召与语，甚见叹异。登第，试学官，授颍州教授，部使者列荐。[①]

⊙ 胡士彦

胡士彦，生卒年不详，汝阴（今安徽阜阳）人。士彦博学多才，有宿儒之称。陈师道有《胡士彦挽词二首》。

《乾隆颍州府志》卷八《人物志》载：

> 胡士彦，汝阴人，宋人称为宿儒。[②]

⊙ 皇甫某

皇甫某，失其名，生卒里不详。约宋徽宗建中靖国元年前后（1101前后）知颍州万寿县，勤于吏治，重视教育，兴筑校舍，民感其恩。张耒有

---

① （宋）罗愿著，肖建新、杨国宜校著：《〈新安志〉整理与研究》，合肥：黄山书社，2008年，第214页。

② （清）王敛福纂修：《乾隆颍州府志》，《中国地方志集成·安徽府县志辑24》，南京：江苏古籍出版社，1998年，第375页。

宋 |

《万寿县学记》载其事。

《柯山集》卷四二《万寿县学记》载:

> 万寿令皇甫君,治县有余力,吏之常职无不举矣。……县故有
> 孔子祠,前令尝增为学舍,而不果成,废且二十年矣。君于是相地
> 赋工兴役,四旬而学成,自孔子之堂与夫门庑斋序,凡学之百须皆
> 具。而邑之士买田十有二顷以献。君又辟学之四隅,得地六十亩,
> 植杂果千本。凡此十二顷六十亩之地,取其毛足以给养士。而又为
> 之延师儒以教之,而邑之子弟来学者日加多。余守颍时,则闻君之
> 兴学。辛巳之冬,予移官临汝,道邑中,君馆我于新学,而属予记
> 之。予谓之曰:今州县之吏,取办目前,责以教民则不受,而上之
> 人亦不复责之者,而君乃引以自任如此,古循吏之用心也。虽然,
> 为政易,教民难。教民者始于至诚,终于不倦,二者皆本于治吾
> 心,一不至焉,则不能以有成,盖未易也。君勉之哉! ①

⊙ 黄任荣

黄任荣,生卒年不详,字择之,建州蒲城(今属福建)人。宋高宗绍
兴中为太和县主簿、颍上县尉。年少有为,为官恪守职责,严格执法,有威
名。韩元吉撰有《中奉大夫直敷文阁黄公(任荣)墓志铭》。

《南涧甲乙稿》卷二〇《中奉大夫直敷文阁黄公墓志铭》载:

> 建宁衣冠士族,惟蒲城之邑最盛,卿相待定,蝉联大家,郡
> 人类其子孙为《爵里记》,而黄姓其一也。……公讳任荣,字择
> 之。……以大父恩,补假承务郎。蔡安持知顺昌府,公始为太和县
> 主簿,甚器之,俾摄府掾,平决咸尽理。既还,邑有戍卒过县,凌

---

① (宋)张耒:《张耒集》,北京:中华书局,1998年,第778-779页。

— 059 —

夺市民，哗甚。令捕而欲治，则併令詈辱，令退缩不敢问。公召而诘曰："军侵平民，既犯法，复詈吾长官，奈何？"皆惧失色，曰惟公命。公徐曰："吾不汝穷也，宜避罪亟去。"取券米糜与之。众谓公少年有立。移颍上尉，太和乡胥裹白金以赆，公笑而斥之。[①]

⊙ 黄子游

黄子游（1080—1167），字叔言，一作叔偃，其先建州浦城（今属福建）人，后徙奉化（今浙江金华）。宋高宗建炎中出知汝阴县，为民谋利，民感其恩。周必大撰有《朝请大夫致仕赐紫金鱼袋黄公子游墓志铭（淳熙五年）》。

《庐陵周益国文忠公集》卷三三《朝请大夫致仕赐紫金鱼袋黄公子游墓志铭（淳熙五年）》载：

公讳子游，字叔言，系出浦城黄氏，号闽中著姓。……建炎初客南京……未几版授颍州汝阴令。时军需繁挈，虽许预借夏税，而岁迫暮不能办，县帑贮和买钱数万缗，公欲发之，郡守不可。公乃召民谕之曰："某户当受钱买绢若干，今计汝所输夏税，留钱而给钞，汝归徐以绢来。"公私大以为便，守下其法于诸邑。四年避地归闽，道由严州之朱村，土豪守险者临公以兵，老幼骇窜，尽掠其资。[②]

⊙ 黄宗旦

黄宗旦，生卒年不详，字叔才，泉州惠安（今属福建）人，黄禹锡孙。宋真宗咸平元年（998）进士，六年（1003）通判颍州，募民开荒垦田，免租

---

① （宋）韩元吉：《南涧甲乙稿》，北京：中华书局，1985年，第392-393页。
② （宋）周必大：《庐陵周益国文忠公集》，《宋集珍本丛刊051-2》，北京：线装书局，2004年，第390-391页。

减赋，民感其恩。

《续资治通鉴长编》卷五四宋真宗咸平六年三月条载：

> 初，大理寺丞黄宗旦言颍州陂塘、荒地凡千五百顷，可募民耕殖，即命宗旦往经度之。部民应募者三百余户，诏令未出租赋，免其徭役，且欲宗旦终其事，甲午，以宗旦通判颍州。[①]

⊙ 匡果禅师

匡果禅师，姓名、生卒里不详。颍州（今安徽阜阳）罗汉寺得道高僧。

《乾隆颍州府志》卷八《人物志·仙释》"宋"条载：

> 颍州罗汉寺匡果禅师、忝云门文偃禅师，悟心地法门，于乾□（道）七年趺坐逝。[②]

⊙ 葛长庚

葛长庚[③]，生卒年不详，字白叟，又字如晦，号海琼子，又号海蟾。世为闽人（今福建），初至雷州（今属广东），继为白氏子，自名白玉蟾。葛长庚博览群书，善篆隶，著有《海琼集》《道德宝章》《罗浮山志》《顺昌即事》及《忆西湖》诗。傅璇琮《宋才子传笺证》收入。

《道光阜阳县志》卷一三《人物三·寓贤》"宋"条载：

> 白玉蟾，本葛长庚也，世为闽人，自号海琼子。博洽群书，

---

① （宋）李焘：《续资治通鉴长编》，北京：中华书局，2004年，第1184页。
② （清）王敛福纂修：《乾隆颍州府志》，《中国地方志集成·安徽府县志辑24》，南京：江苏古籍出版社，1998年，第421页。
③ 相关文章仅见：许蔚《〈全宋词〉葛长庚部分订补》（载于《文学与文化》2014年第4期，第84–93页）。

作文未尝起草，善篆隶，写梅竹入神，能饮酒，不见其醉。尝游于颍，有《顺昌即事》及《忆西湖》诗。①

⊙ 顾临

顾临，生卒年不详，字子敦，会稽（今浙江绍兴）人。宋神宗朝知颍州。临通经学，长于训诂，参著有《尚书集解》十四卷、《经武要略》、《总戎集》十卷。《宋史》卷三四四有传。

《宋史》卷三四四《顾临传》载：

> 顾临字子敦，会稽人。……通经学，长于训诂。皇祐中，举说书科，为国子监直讲，迁馆阁校勘、同知礼院。……初命都副承旨提举，神宗谓临馆职，改提举曰馆干。……出权湖南转运判官，提举常平。议事忤执政意，罢归。改同判武学，进集贤校理、开封会推官，请知颍州。……卒，年七十二。徽宗立，追复之。②

⊙ 李建中

李建中（945—1013）③，字得中，祖籍京兆（今陕西西安）人，后徙居

---

① （清）刘虎文、周天虎修，（清）李复庆等纂：《道光阜阳县志》，《中国地方志集成·安徽府县志辑23》，南京：江苏古籍出版社，1998年，第217页。
② （元）脱脱等：《宋史》，北京：中华书局，1977年，第10939页。
③ 相关李建中的研究文章主要集中在他的书法艺术成就上，代表性的有：陈志平《李建中研究札记二则》（载于《书法》2003年第2期，第19-21页）《林逋与李建中交游考》（载于《中国书画》2005年第12期，第167-168页）、李思航《宋初书家"第一手"李建中书法研究》（载于《理论界》2013年第6期，第135-139页）、钱建状《北宋书画家郭忠恕、李建中、黄伯思生平仕履订补》（载于《新美术》2013年第3期，第73-76页）、曹佳林《李建中书法艺术摭谈》（载于《中国书法》2017年第4期，第189-191页）、李徽《李建中书法风格成因探析》（载于《中国书法》2019年第24期，第113-115页）、张世虎《丰肌神秀贵险绝——宋初李建中书法研究》（载于《书法》2020年第3期，第147-151页）。

洛阳（今属河南）。宋真宗咸平中知颍州。建中酷爱书法，好古勤学，精通养生，奉命参与校定《道藏》，著有文集三十卷。《宋史》卷四四一有传。

《宋史》卷四四一《李建中传》载：

> 李建中字得中，其先京兆人。……建中幼好学，十四丁外艰。会蜀平，侍母居洛阳，聚学以自给。携文游京师，为王祐所延誉，馆于石熙载之第，熙载厚待之。……历通判河南府，知曹、解、颍、蔡四州。景德中，以久次进金部员外郎。
>
> 建中性简静，风神雅秀，恬于荣利，前后三求掌西京留司御史台，尤爱洛中风土，就构园池，号曰"静居"。好吟咏，每游山水，多留题，自称岩夫民伯。加司封员外郎、工部郎中。建中善修养之术，会命官校定《道藏》，建中预焉。又判太府寺。大中祥符五年冬，命使泗州，奉御制《汴水发愿文》，就致设醮。使还得疾，明年卒，年六十九。
>
> 建中善书札，行笔尤工，多构新体，草、隶、篆、籀、八分亦妙，人多摹习，争取以为楷法。尝手写郭忠恕《汗简集》以献，皆科斗文字，有诏嘉奖。好古勤学，多藏古器名画。有集三十卷。[①]

⊙ 李暇年

李暇年，生卒年不详，汝阴（今安徽阜阳）人。主要活动于南宋高宗绍兴中，精通诗赋，时人推崇之。

《清波杂志》卷十《梅苑》载：

> 绍兴庚辰，在江东得蜀人黄大舆《梅苑》四百余阕，辉续以百余阕。复谓昔人谱竹及牡丹、芍药之属，皆有成咏，何独于梅阕

---

① （元）脱脱等：《宋史》，北京：中华书局，1977年，第13055–13057页。

之？乃采掇晋宋暨国朝骚人才士凡为梅赋者，第而录之，成三十卷。谋于东州王锡老："词以苑名矣，诗以史目，可乎？"王曰："近时安定王德麟诗云：'自古无人作花史，官梅须向纪中书。'盖已命之矣。"辉复考少陵诗史，专赋梅才二篇，因他泛及者固多。取专赋，略泛及，则所得甚鲜；若并取之，又有疑焉。叩于汝阴李遌年，李曰："诗史犹国史也，《春秋》之法，褒贬于一字，则少陵一联一语及梅，正《春秋》法也。如'巡檐索笑''满枝断肠''健步移远梅'之句，至今宗之以为故事，其可遌遗？非少陵，则取专赋可也。"后在上饶，《梅苑》为汤平甫借去。汤时以寓客假居王显道侍郎宅，不戒于火，厦屋百间一夕煨烬，尚何有于《梅苑》哉！《梅史》随亦散佚，虽尝补亡，而非元本。岁当花开时，未尝不哦其诗，歌其曲，神交扬州法曹、西湖处士，怀旧编而诉遗恨焉。①

⊙ 李孝基

李孝基，生卒年不详，字伯始，濮州鄄城（今属山东）人，李迪之孙。宋仁宗朝知颍州汝阴县。孝基为人清高，善养生，做事果决，效率高。《宋史》卷三一〇有传，但不载汝阴令一事。

《宋史》卷三一〇《李孝基传》载：

孝基字伯始。进士高第，唱名至墀下，仁宗顾侍臣曰："此李迪孙邪？能世其家，可尚也。"晏殊、富弼荐其材任馆阁，欲一见之。孝基曰："名器可私谒邪？"竟不往。

知汝阴、雍丘县，通判阆州、舒州，知随州。所治虽剧，然事

---

① （宋）周辉著，刘永翔校注：《清波杂志校注》，北京：中华书局，1994年，第455-456页。

来亟断，不为登左回枉，甫日中，庭已空矣。或问其术，曰："无他，省事耳。"……

孝基为人冲澹，善养生，平居轻安。弟孝称进对，帝问起居状，叹曰："度越常人远矣。"后十一年，无疾卒。[1]

又《乾隆颍州府志》卷六《名宦志》载：

李孝基，字伯始，濮人。仁宗朝登进士第，出为汝阴令。事来亟断，甫日中庭已空矣。或问其故，曰："无他，省事耳。"[2]

⊙ 李虚己

李虚己，生卒年不详，字公受，建安（今福建建瓯）人。宋太宗太平兴国二年（977）进士。雍熙二年（985）为颍州沈丘县尉。虚己勤于政事，以能称。善诗文，精于格律，与曾致尧、晏殊唱和。著有《明良集》五百卷、《雅正集》十卷。《宋史》卷三〇〇有传。

《宋史》卷三〇〇《李虚己传》载：

李虚己字公受，五世祖盈，自光州从王潮徙闽，遂家建安。……虚己亦中进士第，历沈丘县尉，知城固县，改大理评事，累迁殿中丞，提举淮南茶场。召知荣州，未行，改遂州。……

虚己喜为诗，数与同年进士曾致尧及其婿晏殊唱和。初，致尧谓曰："子之词诗虽工，而音韵犹哑。"虚己未悟。后得沈休文所谓"前有浮声，则后须切响"，遂精于格律。有《雅正集》十卷。[3]

---

① （元）脱脱等：《宋史》，北京：中华书局，1977年，第10179页。

② （清）王敛福纂修：《乾隆颍州府志》，《中国地方志集成·安徽府县志辑24》，南京：江苏古籍出版社，1998年，第274页。

③ （元）脱脱等：《宋史》，北京：中华书局，1977年，第9973页。

⊙ 李直方

李直方，生卒年不详，字德方，婺州东阳（今浙江金华）人。约宋哲宗元祐六年（1091）前后为汝阴县尉，擒贼有功，不获赏。直方与苏轼有渊源。著有《正性论》一卷。

《宋史》卷三三八《苏轼传》载：

> 郡有宿贼尹遇等，数劫杀人，又杀捕盗吏兵。朝廷以名捕不获，被杀家复惧其害，匿不敢言。（苏）轼召汝阴尉李直方曰："君能禽此，当力言于朝，乞行优赏；不获，亦以不职奏免君矣。"直方有母且老，与母诀而后行。乃缉知盗所，分捕其党与，手戟刺遇，获之。朝廷以小不应格，推赏不及。轼请以己之年劳，当改朝散郎阶，为直方赏，不从。其后吏部为轼当迁，以符会其考，轼谓已许直方，又不报。[①]

⊙ 刘攽

刘攽（1023—1089）[②]，字贡父，一作赣父、赣父，号公非。北宋临江军新喻（今江西新余）人，刘敞之弟。仁宗庆历六年（1046）进士。历州县官二十年，入为国子监直讲，迁馆阁校勘。神宗熙宁初同知太常礼院，以

---

① （元）脱脱等：《宋史》，北京：中华书局，1977年，第10814—10815页。

② 有关刘攽的研究文章主要有：宋衍申《刘攽与〈东汉刊误〉》（载于《古籍整理研究学刊》1988年第4期，第14—17页）、杨晨波《论刘攽的戏谑与幽默》（载于《语文学刊》2000年第3期，第8—11页）、李腊梅《别样诗风——试析刘攽清新诗境》（载于《安徽文学（下半月）》2009年第1期，第105页）、陈小辉《〈全宋诗〉之刘敞、刘攽诗重出考辨》（载于《中国石油大学学报（社会科学版）》2018年第2期，第93—97页）、杨胜宽《苏轼与刘攽交谊考述》（载于《乐山师范学院学报》2018年第6期，1—11页第）、陈莲香《论〈中山诗话〉中刘攽的诗学思想》（载于《新余学院学报》2020年第3期，第66—70页），等等。

反对新法出知曹州。哲宗元祐中召拜中书舍人。欧阳修知颍州时，刘攽前往依之，多有唱和。攽博学多才，爱戏谑，精于史学，助司马光修《资治通鉴》。著有《刘攽集》六十卷、《中山诗话》三卷、《内传国语》十卷、《东汉刊误》一卷、《芍药谱》一卷、《三异记》一卷、《五代春秋》一部、《经史新义》一部等。《宋史》卷三一九有传。傅璇琮《宋才子传笺证》收入。

《宋史》卷三一九《刘攽传》载：

> 攽字贡父，与敞同登科，仕州县二十年，始为国子监直讲。欧阳修、赵概荐试馆职，御史中丞王陶有凤憾，率侍御史苏寀共排之，攽官已员外郎，才得馆阁校勘。……
>
> 攽所著书百卷，尤邃史学。作《东汉刊误》，为人所称。预司马光脩《资治通鉴》，专职汉史。为人疏俊，不修威仪，喜谐谑，数用以招怨悔，终不能改。①

又《道光阜阳县志》卷一三《人物志三·寓贤》载：

> 刘攽，字贡父，临江人。欧阳修守颍，攽往依之，相与赛咏。刘元城尝云贡父好戏，然立朝立身皆有可观。②

———————

① （元）脱脱等：《宋史》，北京：中华书局，1977年，第10387–10388页。

② （清）刘虎文、周天虎修，（清）李复庆等纂：《道光阜阳县志》，《中国地方志集成·安徽府县志辑23》，南京：江苏古籍出版社，1998年，第216页。

⊙ 刘锜

刘锜（1098—1162）[①]，字信叔，德顺军（今甘肃静宁）人。宋高宗绍兴十年（1140）守顺昌府。锜勇猛善战，以一万八千人击败金兵十余万众，创造了古代战争史上的一个奇迹。顺昌之战，金人惧刘锜，颍人德刘锜。《宋史》卷三六六有传。

《宋史》卷三六六《刘锜传》载：

> 刘锜字信叔，德顺军人，泸州军节度使仲武第九子也。……
> 十年，金人归三京，充东京副留守，节制军马。所部八字军才
> 三万七千人，将发，益殿司三千人，皆携其孥，将驻于汴，家留顺
> 昌。锜自临安泝江绝淮，凡二千二百里。至涡口，方食，暴风拔坐
> 帐，锜曰："此贼兆也，主暴兵。"即下令兼程而进，未至，五

① 相关刘锜的研究文章主要有：苏凤捷《刘锜与顺昌之战述评》（载于《阜阳师范学院学报（社会科学版）》1982年第2期，第76–81页）、奕云、兆玺《阜阳名胜古迹——刘锜祠》（载于《阜阳师范学院学报（社会科学版）》1982年第2期，第96页）、李华瑞《南宋抗金名将刘锜》（载于《西北师大学报（社会科学版）》1987年第2期，第110–112页）、张家铎《刘锜事略》（载于《固原师专学报》1990年第3期，第94–95页）、王云裳《南宋抗金名将刘锜家世考述》（载于《文献》1992年第4期，第86–95页）《西北边陲的骁将刘锜》（载于《杭州师范学院学报》1993年第4期，第45–46页）《刘锜与富平之战》（载于《浙江学刊》1993年第2期，第117–118页）《〈宋史·刘锜传〉补正》（载于《浙江学刊》1995年第5期，第3页）《"精于吏事"的父母官——抗金名将刘锜政绩及宋金"和议"后行述考》（载于《台州师专学报》1995年第4期，第31–33页）《刘锜与绍兴末年的宋金战争》（载于《杭州大学学报（哲学社会科学版）》1997年第2期，第78–82页）《〈宋史·刘锜传〉订补》（载于《徐州师范大学学报（哲学社会科学版）》2008年第3期，第59–62页）《刘锜军事思想与军事实践述论》（载于《浙江师范大学学报（社会科学版）》2008年第3期，第30–34页）、王志强《评刘锜与顺昌保卫战》（载于《泉州师专学报》1995年第3期，第41–45页）、陈桂炳《浅论刘锜被罢兵权》（载于《泉州师专学报》1995年第3期，第37–40页）、郑金顺《刘锜战绩之我见》（载于《泉州师专学报》1995年第3期，第33–36页）、陈培坤《试论刘锜抗金斗争的意义及历史功绩》（载于《福建师范大学学报（哲学社会科学版）》1998年第2期，第3–5页）、李兴武《刘锜与岳飞:顺昌府最后的守臣》（载于《阜阳师范学院学报（社会科学版）》2016年第6期，第19–25页）。

月，抵顺昌三百里，金人果败盟来侵。

锜与将佐舍舟陆行，先趋城中。庚寅，谍报金人入东京。知府事陈规见锜问计，锜曰："城中有粮，则能与君共守。"规曰："有米数万斛。"锜曰："可矣。"时所部选锋、游奕两军及老稚辎重，相去尚远，遣骑趣之，四鼓乃至。及旦得报，金骑已入陈。

锜与规议敛兵入城，为守御计，人心乃安。召诸将计事，皆曰："金兵不可敌也，请以精锐为殿，步骑遮老小顺流还江南。"锜曰："吾本赴官留司，今东京虽失，幸全军至此，有城可守，奈何弃之？吾意已决，敢言去者斩！"惟部将许清号"夜叉"者奋曰："太尉奉命副守汴京，军士扶携老幼而来，今避而走，易耳。然欲弃父母妻子则不忍；欲与偕行，则敌翼而攻，何所逃之？不如相与努力一战，于死中求生也。"议与锜合。锜大喜，凿舟沉之，示无去意。置家寺中，积薪于门，戒守者曰："脱有不利，即焚吾家，毋辱敌手也。"分命诸将守诸门，明斥堠，募土人为间探。于是军士皆奋，男子备战守，妇人砺刀剑，争呼跃曰："平时人欺我八字军，今日当为国家破贼立功。"

时守备一无可恃，锜于城上躬自督厉，取伪齐所造痴车，以轮辕埋城上；又撤民户扉，周匝蔽之；城外有民居数千家，悉焚之。凡六日粗毕，而游骑已涉颍河至城下。壬寅，金人围顺昌，锜豫于城下设伏，擒千户阿黑等二人，诘之，云："韩将军营白沙涡，距城三十里。"锜夜遣千余人击之，连战，杀虏颇众。既而三路都统葛王褒以兵三万，与龙虎大王合兵薄城。锜令开诸门，金人疑不敢近。

初，锜傅城筑羊马垣，穴垣为门。至是，与清等蔽垣为阵，金人纵矢，皆自垣端轶著于城，或止中垣上。锜用破敌弓翼以神臂、强弩，自城上或垣门射敌，无不中，敌稍却。复以步兵邀击，溺河死者不可胜计，破其铁骑数千。特授鼎州观察使、枢密副都承旨、沿淮制置使。

时顺昌受围已四日，金兵益盛，乃移寨于东村，距城二十里。锜遣骁将阎充募壮士五百人，夜斫其营。是夕，天欲雨，电光四起，见辫发者辄歼之。金兵退十五里。锜复募百人以往，或请衔枚，锜笑曰："无以枚也。"命折竹为器，如市井儿以为戏者，人持一以为号，直犯金营。电所烛则皆奋击，电止则匿不动，敌众大乱。百人者闻吹声即聚，金人益不能测，终夜自战，积尸盈野，退军老婆湾。

兀术在汴闻之，即索靴上马，过淮宁留一宿，治战具，备糗粮，不七日至顺昌。锜闻兀术至，会诸将于城上问策，或谓今已屡捷，宜乘此势，具舟全军而归。锜曰："朝廷养兵十五年，正为缓急之用，况已挫贼锋，军声稍振，虽众寡不侔，然有进无退。且敌营甚迩，而兀术又来，吾军一动，彼蹑其后，则前功俱废。使敌侵轶两淮，震惊江、浙，则平生报国之志，反成误国之罪。"众皆感动思奋，曰："惟太尉命。"

锜募得曹成等二人，谕之曰："遣汝作间，事捷重赏，第如我言，敌必不汝杀。今置汝绰路骑中，汝遇敌则佯坠马，为敌所得。敌帅问我何如人，则曰：'太平边帅子，喜声伎，朝廷以两国讲好，使守东京图逸乐耳。'"已而二人果遇敌被执，兀术问之，对如前。兀术喜曰："此城易破耳。"即置鹅车炮具不用。翌日，锜登城，望见二人远来，缒而上之，乃敌械成等归，以文书一卷击于械，锜惧惑军心，立焚之。

兀术至城下，责诸将丧师，众皆曰："南朝用兵，非昔之比，元帅临城自见。"锜遣耿训以书约战，兀术怒曰："刘锜何敢与我战，以吾力破尔城，直用靴尖趯倒耳。"训曰："太尉非但请与太子战，且谓太子必不敢济河，愿献浮桥五所，济而大战。"兀术曰："诺。"乃下令明日府治会食。迟明，锜果为五浮桥于颍河上，敌由之以济。

锜遣人毒颍上流及草中，戒军士虽渴死，毋得饮于河者；饮，夷其族。敌用长胜军严阵以待，诸酋各居一部。众请先击韩将军，锜曰："击韩虽退，兀术精兵尚不可当，法当先击兀术。兀术一动，则余无能为矣。"

时天大暑，敌远来疲敝，锜士气闲暇，故昼夜不解甲，锜军皆番休更食羊马垣下。敌人马饥渴，食水草者辄病，往往困乏。方晨气清凉，锜按兵不动，逮未、申间，敌力疲气索，忽遣数百人出西门接战。俄以数千人出南门，戒令勿喊，但以锐斧犯之。统制官赵撙、韩直身中数矢，战不肯已，士殊死斗，入其阵，刀斧乱下，敌大败。是夕大雨，平地水深尺余。乙卯，兀术拔营北去，锜遣兵追之，死者万数。

方大战时，兀术被白袍，乘甲马，以牙兵三千督战，兵皆重铁甲，号"铁浮图"；戴铁兜牟，周匝缀长檐。三人为伍，贯以韦索，每进一步，即用拒马拥之，人进一步，拒马亦进，退不可却。官军以枪标去其兜牟，大斧断其臂，碎其首。敌又以铁骑分左右翼，号"拐子马"，皆女真为之，号"长胜军"，专以攻坚，战酣然后用之。自用兵以来，所向无前；至是，亦为锜军所杀。战自辰至申，敌败，遽以拒马木障之，少休。城上鼓声不绝，乃出饭羹，坐饷战士如平时，敌披靡不敢近。食已，撤拒马木，深入斫敌，又大破之。弃尸毙马，血肉枕藉，车旗器甲，积如山阜。

初，有河北军告官军曰："我辈元是左护军，本无斗志，所可杀者两翼拐子马尔。"故锜兵力击之。兀术平日恃以为强者，什损七八，至陈州，数诸将之罪，韩常以下皆鞭之，乃自拥众还汴。捷闻，帝喜甚，授锜武泰军节度使、侍卫马军都虞侯、知顺昌府、沿淮制置使。

是役也，锜兵不盈二万，出战仅五千人。金兵数十万营西北，亘十五里，每暮，鼓声震山谷，然营中欢哗，终夜有声。金遣人近城窃听，城中肃然，无鸡犬声。兀术帐前甲兵环列，持烛照夜，其众分番假寐马上。锜以逸待劳，以故辄胜。时洪皓在燕密奏："顺昌之捷，金人震恐丧魄，燕之重宝珍器，悉徙而北，意欲捐燕以南弃之。"故议者谓是时诸将协心，分路追讨，则兀术可擒，汴京可复；而王师亟还，自失机会，良可惜也。

七月，命为淮北宣抚判官，副杨沂中，破敌兵于太康县。未几，秦桧请令沂中还师镇江，锜还太平州，岳飞以兵赴行在，出师之谋寝矣。

十一年，兀术复签两河兵，谋再举。帝亦测知敌情，必不一挫遂已，乃诏大合兵于淮西以待之。金人攻庐、和二州，锜自太平渡江，抵庐州，与张俊、杨沂中会。而敌已大入，锜据东关之险以遏其冲，引兵出清溪，两战皆胜。行至柘皋，与金人夹石梁河而阵。河通巢湖，广二丈，锜命曳薪垒桥，须臾而成，遣甲士数队路桥卧枪而坐。会沂中、王德、田师中、张子盖之军俱至。

望日，兀术以铁骑十万分为两隅，夹道而阵。德薄其右隅，引弓射一酋毙之，因大呼驰击，诸军鼓噪。金人以拐子马两翼而进。德率众鏖战，沂中以万兵各持长斧奋击之，敌大败；锜与德等追之，又败于东山。故望见曰："此顺昌旗帜也。"即退走。

三十二年闰二月，锜发怒，呕血数升而卒。赠开府仪同三司，赐其家银三百两，帛三百匹。后谥武穆。

锜慷慨深毅，有儒将风。金主亮之南也，下令有敢言锜姓名者，罪不赦。杖举南朝诸将，问其下孰敢当者，皆随姓名其答如响，至锜，莫有应者。金主曰："吾自当之。"然锜卒以病不能成功。世传锜通阴阳家行师所避就，锜在扬州，命尽焚城外居屋，用石灰尽白城壁，书曰："完颜亮死于此。"金主多忌，见而恶之，遂居龟山，人众不可容，以致是变云。①

又《鹤林玉露》甲编卷一《守城》载：

> 守城必劫寨。刘信叔守顺昌，以数千人摧兀术数十万众，是劫寨之力也。②

又《郡斋读书志校正》卷六《杂史类·顺昌录（一卷）》载：

> 绍兴十年刘锜破女真于顺昌城下，其徒纪其功云。③

⊙ 刘筠

刘筠（970—1030）④，字子仪，大名（今属河北）人，宋仁宗天圣二年（1024）知颍州，为人刚正、学问精深，文章与杨亿齐名，号为"杨、刘"，著有《册府应言》《荣遇》《禁林》《肥川》《中司》《汝阴》《三人玉堂》凡七集。《宋史》卷三〇五有传。傅璇琮《宋才子传笺证》收入。

《宋史》卷三〇五《刘筠传》载：

> 刘筠字子仪，大名人。……知天圣二年贡举，数以疾告，进尚

---

① （元）脱脱等：《宋史》，北京：中华书局，1977年，第11399-11404页。
② （宋）罗大经：《鹤林玉露》，《宋元笔记小说大观5》，上海：上海古籍出版社，2007年，第5162页。
③ （宋）晁公武撰，孙猛校正：《郡斋读书志校正》，上海：上海古籍出版社，2011年，第274页。
④ 谢宇秋《刘筠生卒年考》认为刘筠生于宋太祖开宝三年（970），卒于仁宗天圣八年（1030）（载于《东北师大学报》1985年第4期，第75页）。有关刘筠的研究文章还有夏令伟《刘筠"以策论升降天下士"发覆》（载于《广东第二师范学院学报》2014年第4期，第37-40页）。

书礼部侍郎、枢密直学士、知颍州。召还，复知贡举，进翰林学士承旨兼龙图阁直学士、同修国史、判尚书都省。①

又《乾隆颍州府志》卷六《名宦志》"宋"条载：

> 刘筠，字子仪，大名人……天圣中以礼部侍郎知颍州，遇事明达而治尚简，严诗文，与杨亿齐名宦。②

又《文献通考》卷二三四《经籍考六十一·集（别集）》"刘中山《刀笔》二卷《泚川集》四卷"载：

> 晁氏曰：宋朝刘筠字子仪，大名人。咸平元年进士。三迁右正言、直史馆，以司谏、知制诰出知邓、陈两州，召入翰林为学士。尝草丁谓、李迪罢相制，既而又命草制，复留丁谓，筠不奉诏，遂出知庐州。再召为学士，月余，以疾知颍州。三召入翰林，加承旨。未几，进户部、龙图阁学士，再知庐州。为人不苟合，学问闳博，文章以理为宗，辞尚缜密，尤工篇咏，能侔揣情状，音调凄丽，自景德以来，与杨亿以文章齐名，号为杨、刘，天下宗之。《刀笔集》有黄鉴序。

> 陈氏曰：《刀笔》皆四六应用之文。筠与杨大年同时，号杨、刘，诗号"西昆体"。有《册府应言集》十卷，《荣遇集》十二卷，《表奏》六卷，《泚川集》四卷，见《馆阁书目》。③

---

① （元）脱脱等：《宋史》，北京：中华书局，1977年，第10088—10089页。
② （清）王敛福纂修：《乾隆颍州府志》，《中国地方志集成·安徽府县志辑24》，南京：江苏古籍出版社，1998年，第274页。
③ （元）马端临：《文献通考》，北京：中华书局，1986年，第1864页。

⊙ 刘涣

刘涣（1000—1080），字凝之，筠州（今江西高安）人，号西涧居士，刘恕之父。年少成名，宋仁宗天圣八年（1030）进士，为颍上县令，刚正不阿，耻于逢迎，弃官隐居庐山三十余年，寿终。欧阳修作《庐山高》诗赞美其节。李常撰有《尚书屯田员外郎致仕刘凝之（涣）府君墓志铭并序（元丰三年十二月）》。

《宋史》卷四四四《刘恕传》载：

> 刘恕字道原，筠州人。父涣字凝之，为颍上令，以刚直不能事上官，弃去。家于庐山之阳，时年五十。欧阳修与涣，同年进士也，高其节，作《庐山高》诗以美之。涣居庐山三十余年，环堵萧然，饘粥以为食，而游心尘垢之外，超然无戚戚意，以寿终。①

又《全宋文》卷一五七六李常《尚书屯田员外郎致仕刘凝之府君墓志铭并序（元丰三年十二月）》载：

> 皇祐之庚寅，有洁身不辱之士，姓刘氏，讳涣，字凝之，行年五十，致其仕而归。……少举进士第，历官至颍上县令。②

⊙ 刘平

刘平，生卒年不详，字士衡，开封祥符（今河南开封）人。宋真宗大中祥符中通判颍州，真宗赞其廉。《宋史》卷三二五有传。

《淮海集》卷三四《录壮愍刘公遗事》载：

---

① （元）脱脱等：《宋史》，北京：中华书局，1977年，第13118页。
② 曾枣庄、刘琳：《全宋文》，上海：上海辞书出版社，2006年，第72册，第258-259页。

壮愍刘公未显时，凡三与贼遇。始为常州无锡县尉，有枭贼刘铁枪者……雍帅寇莱公表其事，诏迁官知泸川，后移倅汝阴。过安陆，遇故人留饮，家属先行，复遇盗劫。倒囊，得一银钿剑，泊一碯石腰带，持去。后贼败于齐安，狱具，法归赃于主，有司以闻。使陕西转运使员缺，执政方以公进拟，真宗曰："是人为郡守，而止有一碯石带，廉可知也。"遂除公。行状、墓志及国史本传皆再无锡及兴州事，独安陆一节，遗而不书。元祐壬申岁，公之子熙州使君某，与余会于京师，尝道公之遗事，具以天禧中劄示余。因论次之，附于中劄之后，以补史氏之缺云。①

⊙ **刘彝**

刘彝，生卒里不详。约北宋中期为颍州司法参军，德才兼备，学政俱佳。

《古灵先生文集》卷七《与两浙安抚陈舍人书》载：

今年过六十而进德未已有舒州通判王安石者，才性贤明，笃于古学，文辞政事已著闻于时。有颍州司法参军刘彝者，其人长于才而笃于义，其政与学皆通达于体要。②

《宋元学案》卷五《古灵先生学案》"与陈安抚荐士书（九人）"载：

颍州司法刘彝，其政与学，通达体要。③

---

① （宋）秦观：《淮海集》，《宋集珍本丛刊027-2》，北京：线装书局，2004年，第382-383页。
② （宋）陈襄：《古灵先生文集》，《宋集珍本丛刊008-4》，北京：线装书局，2004年，第702页。
③ （清）黄宗义著、（清）全祖望补修：《宋元学案》，北京：中华书局，1986年，第236页。

⊙ 柳植

柳植，生卒年不详，字子春，真州（今江苏仪征）人。约宋仁宗庆历四年前（1044前）知颍州，廉洁自律，为官清正。《宋史》卷二九四有传。

《宋史》卷二九四《柳植传》载：

> 柳植字子春，真州人。少贫，自奋为学，从祖开颇器之。举进士甲科，为大理评事、通判滁州。……迁给事中、移颍州。……植平居畏慎，寡言笑，所至官舍，蔬果不辄采，家无长物，时称其廉。①

⊙ 陆佃

陆佃（1042—1102）②，字农师，越州山阴（今浙江绍兴）人。宋哲宗元祐五年（1090）知颍州，注重农桑，发展生产，受民爱戴。佃家贫好学，借月光读书。于礼家、名数之说尤精，奉命修《神宗实录》《哲宗实录》，参与祥定《郊庙礼文》三十一卷，撰有《埤雅》二十卷、《礼记解》四十卷、《大裘议》一卷、《春秋传》二十卷、《国子监敕令格式》十九卷。

---

① （元）脱脱等：《宋史》，北京：中华书局，1977年，第9819页。

② 有关陆佃的研究文章主要有：陆茂清《陆佃尊师无向背》（载于《道德与文明》1991年第2期，第39页）、夏广兴《陆佃和他的〈埤雅〉》（载于《辞书研究》1992年第6期，第121-129页）《陆佃的〈埤雅〉及其学术价值》（载于《上海师范大学学报（哲学社会科学版）》1994年第1期，第62-67页）、赵诚与康素娟《陆佃与〈埤雅〉》（载于《陕西教育学院学报》1999年第4期，第3-5页）、孙福喜《陆佃〈鹖冠子解〉研究》（载于《齐鲁学刊》2000年第3期，第75-79页）、俞兆鹏《评陆佃对王安石新法的态度》（载于《抚州师专学报》2001年第2期，第7-11页）、范春媛《陆佃〈埤雅〉评述》（载于《宁夏大学学报（人文社会科学版）》2005年第3期，第62-66页）、李冬英《陆佃〈尔雅新义〉管窥》（载于《信阳师范学院学报（哲学社会科学版）》2009年第4期，第104-107页）、杜晓《陆佃〈鹖冠子〉注道法政治之价值研究》（载于《当代中国价值观研究》2019年第1期，第47-53页），等等。

《宋史》卷三四三有传。傅璇琮《宋才子传笺证》收入。

《宋史》卷三四三《陆佃传》载：

> 陆佃字农师，越州山阴人。居贫苦学，夜无灯，映月光读书。蹑屩从师，不远千里。过金陵，受经于王安石。……
>
> 进权礼部尚书。郑雍论其穿凿附会，改龙图阁待制、知颍州。佃以欧阳修守颍有遗爱，为建祠宇。《实录》成，加直学士，又为韩川、朱光庭所议，诏止增秩，徙知邓州。……
>
> 佃著书二百四十二卷，于礼家、名数之说尤精，如《埤雅》、《礼象》、《春秋后传》皆传于世。[1]

⊙ 陆经

陆经（约1015—1078）[2]，一作陈经，字子履，自号嵩山老人，祖籍越州（今浙江绍兴），寓居洛阳（今河南洛阳）。宋仁宗宝元间知颍州，与欧阳修、苏舜钦辈交游甚密，善真行书，著有《寓山集》十二卷、《静照堂诗》一卷、《祖宗独断》一卷。

《避暑录话》卷一载：

> 欧阳文忠公平生诋佛老，少作《本论》三篇，于二氏盖未尝有别。晚罢政事，守亳，将老矣，更罹忧患，遂有超然物外之志。在郡不复事事，每以闲适饮酒为乐。时陆子履知颍州，公，客也，颍且其所卜居。尝以诗寄之，颇道其意。末云："寄语瀛州未归客，

---

① （元）脱脱等：《宋史》，北京：中华书局，1977年，第10917—10920页。

② 陈志平《陆经生平新考》认为陆经约生于宋真宗大中祥符八年（1015），卒于神宗元丰元年（1078），约64岁左右（载于《大学书法》2019年第1期，第94—99页）。刘德清《陆经诗文酬唱及其对宋代文学的贡献》认为陆经是北宋中期的政治家、文学家、书法艺术家，对开拓宋代诗文新格调有着重要的贡献（载于《江西社会科学》2007年第1期，第219—224页）。

醉翁今已作仙翁。"此虽戏言，然神仙非老氏说乎？世多言公为
西京留守推官时，尝与尹师鲁诸人游嵩山，见薜书成文，有若"神
清之洞"四字者，他人莫见。然苟无神仙则已，果有，非公等为之
而谁？其言未足病也。公既登政路，法当得坟寺，极难之，久不敢
请。已乃乞为道宫，凡执政以道宫守坟墓惟公一人。韩魏公初见奏
牍，戏公曰："道家以超升不死为贵，公乃使在丘垅之侧，老君无
乃却辞行乎？"公不觉失声大笑。①

⊙ 罗拯

罗拯，生卒年不详，字道济，祥符（今河南开封）人。宋神宗元丰二年
（1079）知颍州，为人温和，不与人结怨。《宋史》卷三三一有传。

《宋史》卷三三一《罗拯传》：

> 罗拯字道济，祥符人。……居职七年，徙知永兴军、青颍秦三
> 州，卒，年六十五。
>
> 拯性和柔，不与人校曲直。为发运使时，与副皮公弼不协。公
> 弼徙他道，御史劾其贷官钱，拯力为辩理。钱公辅为谏官，尝论拯
> 短，而公辅姻党多在拯部内，往往荐进之。或讥以德报怨，拯曰：
> "同僚不协，所见异也；谏官所言，职也。又何怨乎？"时论服其
> 长者。②

---

① （宋）叶梦得：《避暑录话》，《宋元笔记小说大观3》，上海：上海古籍出版社，2007年，第
2586页。

② （元）脱脱等：《宋史》，北京：中华书局，1977年，第10645-10646页。

⊙ 吕夏卿

吕夏卿（1018—1070）[1]，字缙叔，泉州晋江（今福建泉州）人，吕造长子。宋仁宗庆历二年（1042）进士。宋神宗熙宁二—三年（1069—1070）知颍州，有史才，尤精谱谍之学，著有《兵志》三卷、《唐书直笔》四卷（又作一卷），参与编纂《新唐书》。《宋史》卷三三一有传。

《宋史》卷三三一《吕夏卿传》载：

> 吕夏卿字缙叔，泉州晋江人。……出知颍州，得奇疾，身体日缩，卒时才如小儿，年五十三。
>
> 夏卿学长于史，贯穿唐事，博采传记杂说数百家，折衷整比。又通谱学，创为世系诸表，于《新唐书》最有功云。[2]

---

[1] 陈光崇《吕夏卿事录》认为吕夏卿生于宋真宗天禧六年（1018），卒于神宗熙宁三年（1070），年53（载于《史学史研究》1985年第4期，第61–64页）。其他有关吕夏卿的研究文章还有：郭锋《吕夏卿与〈新唐书·宰相世系表〉》（载于《史学史研究》1996年第3期，第31–37页）、刘丽《吕夏卿与〈新唐书〉的编纂》（载于《江苏技术师范学院学报》2010年第10期，第52–57页）《领悟与实践:欧阳修、吕夏卿"春秋笔法"异同研究》（载于《史林》2010年第5期，第75–83页）。

[2]（元）脱脱等：《宋史》，北京：中华书局，1977年，第10658页。

⊙ 吕夷简

吕夷简（978—1043）[①]，字坦夫，寿州（今安徽凤台县）人，蒙正侄。宋真宗咸平三年（1000）进士。约咸平三年—大中祥符元年（1000—1008）为颍州推官，此事本传不载。夷简有治国才能，仁宗朝担任宰相达二十余年，出力甚多，为国家安全与稳定做出较大贡献。著有《三朝宝训》三十卷、《一司一务敕》三十卷、《天圣编敕》十二卷、《景祐宝录》二十一卷，参编《宋三朝国史》一百五十五卷。有子公绰、公弼、公著、公孺，均为大宋名臣。《宋史》卷三一一有传。

《宋史》卷二六五《吕蒙正传》载：

> 大中祥符而后，上朝永熙陵，封泰山，祠后土，过洛，两幸其第，锡赉有加。上谓蒙正曰："卿诸子孰可用？"对曰："诸子皆不足用。有侄夷简，任颍州推官，宰相才也。"夷简由是见知于上。[②]

《宋史》卷三一一《吕夷简传》载：

[①] 有关吕夷简的研究文章主要有：陈峰《试论北宋名相吕夷简的政治"操术"》（载于《中州学刊》1998年第6期，第3—5页）、陈峰、张瑾《吕夷简与北宋中叶的政风》（载于《西北大学学报（哲学社会科学版）》2001年第1期，第87—92页）、王志双《北宋仁宗朝吕夷简集团的组成及其性质》（载于《邢台学院学报》2003年第3期，第40—44页）、陈开勇《吕夷简与婺州吕氏的家族佛学传统》（载于《浙江师范大学学报（社会科学版）》2007年第4期，第8—11页）、雷池月《封建政治家的宿命——从吕夷简看官僚体制的"内耗"》（载于《书屋》2008年第1期，第64—69页）、姚红《北宋宰相吕夷简奸臣说献疑》（载于《人文杂志》2008年第3期，第188—192页）、李成学《吕夷简任西溪盐官小考》（载于《黑龙江史志》2009年第9期，第24、26页）、姚治中《评吕夷简》（载于《皖西学院学报》2009年第3期，第84—88页）、姚思宇《吕夷简与宋仁宗之关系》（载于《南都学坛》2014年第4期，第29—32页）、李云根《以姻亲关系为纽带的吕夷简同僚集团探析》（载于《新余学院学报》2015年第6期，第73—76页）、仝相卿《北宋吕夷简与范仲淹结仇问题再思考》（载于《中原文化研究》2017年第6期，第61—66页）、刘立祥《吕夷简：毁誉参半的北宋名臣》（载于《文史天地》2018年第4期，第46—51页），等等。

[②] （元）脱脱等：《宋史》，北京：中华书局，1977年，第9148页。

吕夷简字坦夫，先世莱州人。祖龟祥知寿州，子孙遂为寿州人。夷简进士及第，补绛州军事推官，稍迁大理寺丞。……

自仁宗初立，太后临朝十余年，天下晏然，夷简之力为多。其后元昊反，四方久不用兵，师出数败；契丹乘之，遣使求关南地。颇赖夷简计画，选一时名臣报使契丹、经略西夏，二边以宁。然建幕万胜军，杂市井小人，浮脆不任战斗。用宗室补环卫官，骤增奉赐，又加遗契丹岁缯金二十万，当时不深计之，其后费大而不可止。郭后废，孔道辅等伏阁进谏，而夷简谓伏阁非太平事，且逐道辅。其后范仲淹屡言事，献《百官图》论迁除之敝，夷简指为狂肆，斥于外。时论以此少之。

夷简当国柄最久，虽数为言者所诋，帝眷倚不衰。然所斥士，旋复收用，亦不终废。其于天下事，屈伸舒卷，动有操术。后配食仁宗庙，为世名相。始，王旦奇夷简，谓王曾曰："君其善交之。"卒与曾并相。后曾家请御篆墓碑，帝因惨然思夷简，书"怀忠之碑"四字以赐之。有集二十卷。子公绰、公弼、公著、公孺。公著自有传。[1]

⊙ 吕公著

吕公著（1018—1089）[2]，字晦叔，寿州（今安徽凤台县）人，吕夷简之子。宋仁宗皇祐中通判颍州，后于宋神宗熙宁三—八年（1070—1075）知

---

[1] （元）脱脱等：《宋史》，北京：中华书局，1977年，第10206-10210页。

[2] 相关研究文章主要有：刘丽丽、宋凯果《司马光与吕公著交游考述》（载于《武警工程学院学报》2007年第3期，第55-57页）、方亚兰《论吕公著的谏诤思想及其成因》（载于《沧桑》2010年第10期，第104-105页）、姚红《吕公著著述考》（载于《杭州师范大学学报（社会科学版）》2010年第6期，第91-96页）、肖红兵《吕公著居洛考》（载于《新乡学院学报（社会科学版）》2010年第6期，第80-82页）、李震《〈全宋诗〉所收吕公著诗辨疑》（载于《中华文史论丛》2016年第4期，第214、306页）。

颍州，为民着想，民爱戴之。著有《吕申公掌记》一卷、《仁宗御集》一百卷、《英宗实录》三十卷、《神宗实录》二百卷、《吕正献公集》二十卷、《太常因革礼》一百卷、《吕氏孝经要语》一卷、《编定六家谥法》二十卷、《葵亭集》《五州录》。《宋史》卷三三六有传。

《宋史》卷三三六《吕公著传》载：

> 吕公著字晦叔，幼嗜学，至忘寝食。父夷简器异之，曰："他日必为公辅。"恩补奉礼郎，登进士第，召试馆职，不就。通判颍州，郡守欧阳修与为讲学之友。……帝以语安石，安石益怒，诬以恶语，出知颍州。……
>
> 公著自少讲学，即以治心养性为本，平居无疾言遽色，于声利纷华，泊然无所好。暑不挥扇，寒不亲火，简重清静，盖天禀然。其识虑深敏，量闳而学粹，遇事善决，敬便于国，不以私利害动其心。与人交，出于至诚，好德乐善，见士大夫以人物为意者，必问其所知与其所闻，参互考实，以达于上。每议政事，博取众善，至所当守，则毅然不回夺。神宗尝言其于人材不欺，如权衡之称物。尤能避远声迹，不以知人自处。
>
> 始与王安石善，安石兄事之，安石博辩骋辞，人莫敢与亢，公著独以精识约言服之。安石尝曰："疵吝每不自胜，一诣长者，即废然而反，所谓使人之意消者，于晦叔见之。"又谓人曰："晦叔为相，吾辈可以言仁矣。"后安石得志，意其必助己，而数用公议，列其过失，以故交情不终。于讲说尤精，语约而理尽。司马光曰："每闻晦叔讲，便觉己语为烦。"其为名流所敬如此。"①

又《宋人轶事汇编》卷八《欧阳修》载：

---

① （元）脱脱等：《宋史》，北京：中华书局，1977年，第10772–10774页。

公知颍州时，吕公著为通判，为人有贤行，而深自晦默，时人未甚知，公后还朝力荐之，由是渐见进用。[1]

又《大明一统志》卷7《中都·凤阳府》载：

吕公著通判颍州，郡守欧阳修与为讲学之友，后知是州，民爱戴之。子希纯亦尝知是州。[2]

⊙ 吕公孺

吕公孺，生卒年不详，字稚卿，寿州（今安徽凤台县）人，吕夷简第四子、吕公著之弟。宋仁宗朝知颍州，为人不善逢迎，廉洁自律。《宋史》卷三一一有传。

《宋史》卷三一一《吕公孺传》载：

公孺字稚卿。任为奉礼郎，赐进士出身，判吏部南曹。占对详敏，仁宗以为可用。知泽、颍、庐、常四州，提点福建、河北路刑狱，入为开封府推官。……卒，年七十，赠右光禄大夫。……公孺廉俭，与人寡合。尝护曹修丧，得厚饷，辞不受，谈者清其节焉。[3]

又《宋元学案补遗》卷十九《范吕诸儒学案补遗·吕氏家学》"尚书吕先生公孺"条载：

吕公孺字雅卿，文靖季子。任为奉礼郎，赐进士，判吏部南曹。占对详敏，仁宗以为可用。知泽、颍、庐、常四州，提点福建河北路刑狱。……卒，年七十。赠右光禄大夫。先生廉俭，与人寡

① 丁傅靖辑：《宋人轶事汇编》，北京：中华书局，1981年，第383页。
② （明）李贤等：《大明一统志》，西安：三秦出版社，1990年，第138页。
③ （元）脱脱等：《宋史》，北京：中华书局，1977年，第10215页。

合。常护曹俏丧，得厚饷，辞不受，谈者清其节焉。①

⊙ 吕希绩

吕希绩（1042—1099），字纪常，寿州（今安徽凤台县）人，吕夷简孙、吕公著次子、吕希哲弟，师邵雍。宋神宗元丰八年（1085）知颍州，为官有操守，祀名宦。

《乾隆颍州府志》卷六《名宦志》载：

> 吕希绩，公著次子，字季常，历宦有坚操，由少府监知颍州。②

又载：

> 希绩、希纯俱公著子，能推广父政，教化大行，祀名宦。③

⊙ 吕希纯

吕希纯，生卒年不详，字子进，寿州（今安徽凤台县）人，夷简孙、公著子、希绩弟。宋徽宗建中靖国元年（1101）知颍州。希纯为官公正，济世救人。《宋史》卷三三六有传。

《宋史》卷三三六《吕希纯传》载：

> 希纯字子进，登第，为太常博士。……曾布忌希纯，因其请
> 觐，未及见，巫以边，遽趣遣之。俄改颍州，入崇宁党籍。卒，年

---

① （清）王梓材、冯云濠：《宋元学案补遗》，北京：人民出版社，2012年，第904页。
② （清）王敛福纂修：《乾隆颍州府志》，《中国地方志集成·安徽府县志辑24》，南京：江苏古籍出版社，1998年，第279页。
③ （清）王敛福纂修：《乾隆颍州府志》，《中国地方志集成·安徽府县志辑24》，南京：江苏古籍出版社，1998年，第279页。

六十。……

　　……希哲、希纯世济其美，然皆陷于崇宁党祸，何君子之不幸欤！①

又《道光阜阳县志》卷一〇《宦业》载：

　　吕希纯，字子进，官起居舍人……建中靖国元年以待制出知瀛洲，改颍州，与希绩俱公著子，能推广父政，教化大行。②

⊙ 满执中

满执中，生卒年不详，字子权，扬州（今属江苏）人，性向学。宋英宗治平中知颍州万寿县，廉洁自律，恤孤扶弱，打击豪强，深得民心。王安石曾为其母撰有《扬州进士满夫人杨氏墓志铭》。

《民国太和县志》卷七《秩官·名宦》载：

　　满执中，扬州人，治平中除万寿令，英敏特达，廉静寡欲，虽平居，衣冠容貌肃然，立言必信。其惠民也，恤孤寡，均赋役，抑豪强。③

---

① （元）脱脱等：《宋史》，北京：中华书局，1977年，第10779–10780页。
② （清）刘虎文、周天虎修，（清）李复庆等纂：《道光阜阳县志》，《中国地方志集成·安徽府县志辑23》，南京：江苏古籍出版社，1998年，第158页。
③ 丁炳烺修，吴承志纂：《民国太和县志》，《中国地方志集成·安徽府县志辑27》，南京：江苏古籍出版社，第435–436页。

⊙ 梅尧臣

　　梅尧臣（1002—1060）[①]，字圣俞，宣州宣城（今属安徽）人，世称宛陵先生。梅询从子。初以荫补桐城主簿，历镇安军节度判官。仁宗皇祐三年召试，赐进士出身。授国子监直讲，累迁都官员外郎，预修《唐书》。圣俞少即能诗，与苏舜钦齐名，时号"苏梅"。晏殊守颍州时，梅尧臣曾载船而至，有唱和。其诗主张平淡、含蓄、写实，反对西昆体。著有《梅圣俞宛陵集》六十（一作"四十"）卷、《续金针诗格》一卷、《唐载记》二十六卷、《毛诗小传》二十卷、《碧云騢》一卷、《梅圣俞注孙子》三卷等。梅尧臣与欧阳修、晏殊、宋庠、钱惟演等交游密切。《宋史》卷四四三有传。傅璇琮《宋才子传笺证》收入。

　　《宋史》卷四四三《梅尧臣传》载：

　　　　梅尧臣字圣俞，宣州宣城人，侍读学士询从子也。工为诗，以深远古淡为意，间出奇巧，初未为人所知。用询荫为河南主簿，钱惟演留守西京，特嗟赏之，为忘年交，引与酬唱，一府尽倾。欧

[①] 有关梅尧臣的研究文章较多，其中有代表性的文章主要有：吴孟复《宋诗革新倡导者梅尧臣及其诗》（载于《江淮学刊》1963年第4期，第62-66页）《梅尧臣事迹考略》（载于《安徽大学学报》1988年第2期，第53-61页）、陈光明《论梅尧臣诗歌的平淡风格》（载于《湘潭大学社会科学学报》1984年第2期，第66-72页）、秦寰明《论梅尧臣诗歌的艺术风格》（载于《南京师大学报（社会科学版）》1986年第2期，第65-70页）《梅尧臣著述杂考》（载于《南京师大学报（社会科学版）》1987年第4期，第58-62页）、吕美生《梅尧臣"平淡"诗论再探》（载于《学术界》1987年第5期，第55-59页）《梅尧臣诗歌理论的历史贡献》（载于《安徽大学学报》1988年第2期，第62-67页）、李之亮《梅尧臣交游考略》（载于《文献》2001年第4期，第109-117页）《关于梅尧臣交游的几个问题》（载于《中州学刊》2001年第6期，第59-60页）、李一飞《梅尧臣早期事迹考》（载于《文学遗产》2002年第2期，第73=81页）、刘蔚《论梅尧臣田园诗的集成与开山意义》（载于《宁夏社会科学》2012年第6期，第133-137页）、郑斌《新世纪梅尧臣研究综述》（载于《景德镇学院学报》2016年第4期，第57-61页）、邱美琼、向玲《二十世纪以来日本学者对梅尧臣诗歌的研究》（载于《西北民族大学学报（哲学社会科学版）》2018年第5期，第152-160页），等等。

阳修与为诗友,自以为不及。尧臣益刻厉,精思苦学,由是知名于时。宋兴,以诗名家为世所传如尧臣者,盖少也。尝语人曰:"凡诗,意新语工,得前人所未道者,斯为善矣;必能状难写之景如在目前,含不尽之意见于言外,然后为至也。"世以为知言。历德兴县令,知建德、襄城县,监湖州税,签书忠武、镇安判官,监永丰仓。大臣屡荐宜在馆阁,召试,赐进士出身,为国子监直讲,累迁尚书都官员外郎。预修《唐书》,成,未奏而卒,录其子一人。

宝元、嘉祐中,仁宗有事郊庙,尧臣预祭,辄献歌诗,又尝上书言兵。注《孙子》十三篇,撰《唐载记》二十六卷、《毛诗小传》二十卷、《宛陵集》四十卷。

尧臣家贫,喜饮酒,贤士大夫多从之游,时载酒过门。善谈笑,与物无忤,恢嘲刺讥托于诗,晚益工。有人得西南夷布弓衣,其织文乃尧臣诗也,名重于时如此。①

《乾隆颍州府志》卷八《人物志·流寓》载:

梅尧臣,字圣俞,宣城人。晏公殊守颍,尧臣扁舟载妇而至,时从湖上,晏会。唱和诗见《艺文》。②

---

① (元)脱脱等:《宋史》,北京:中华书局,1977年,第13091–13092页。
② (清)王敛福纂修:《乾隆颍州府志》,《中国地方志集成·安徽府县志辑24》,南京:江苏古籍出版社,1998年,第423页。

⊙ 穆修

穆修（979—1032）[①]，字伯长，郓州（今山东东平县）人，后徙居蔡州（今河南汝南县）。宋真宗大中祥符二年（1009）进士，补颍州文学参军。修性刚毅，喜论时弊，讥诮权贵，反对五代以来颓靡文风，继柳开后，主张恢复韩愈、柳宗元散文传统，多与苏舜钦、苏舜元游，为祖无择、李之才等师。著有《穆参军集》（又名《河南穆公集》）三卷。《宋史》卷四四二有传。傅璇琮《宋才子传笺证》收入。

《宋史》卷四四二《穆修传》载：

> 穆修字伯长，郓州人。幼嗜学，不事章句。……久之，补颍州文学参军，徙蔡州。明道中，卒。
>
> 修性刚介，好论斥时病，诋诮权贵，人欲与交结，往往拒之。张知白守亳，亳有豪士作佛庙成，知白使人召修作记，记成，不书士名。士以白金五百遗修为寿，且求载名于记，修投金庭下，傲装去郡。士谢之，终不受，且曰："吾宁糊口为旅人，终不以匪人污吾文也。"宰相欲识修，且将用为学官，修终不往见。母死，自负櫬以葬，日诵《孝经》、《丧记》，不饭浮屠为佛事。
>
> 自五代文敝，国初，柳开始为古文。其后，杨亿、刘筠尚声偶之辞，天下学者靡然从之；修于是时独以古文称，苏舜钦兄弟多从之游。修虽穷死，然一时士大夫称能文者必曰穆参军。
>
> 庆历中，祖无择访得所著诗、书、序、记、志等数十首，集为

---

① 有关穆修的主要研究文章有：赵耀堂《论宋初作家穆修》（载于《山东师大学报（哲学社会科学版）》1984年第6期，第81–86页）、文维丞《论穆修的文论观及散文创作特色》（载于《鸡西大学学报》2016年第10期，第109–111页）、张鹏飞《论穆修之诗》（载于《潍坊工程职业学院学报》2017年第5期，第88–92页）、秦玮《穆修赠序文研究》（载于《安徽农业大学学报（社会科学版）》2018年第3期，第98–101页），等等。

三卷。①

☉ 欧阳修

欧阳修（1007—1072）②，字永叔，号醉翁，晚号六一居士，吉州庐陵（今江西吉安永丰县）人。宋仁宗天圣八年（1030）进士。约宋仁宗皇佑元年—二年（1049—1050）知颍州，为政宽简，修筑西湖，为民谋利，受人爱戴敬仰。欧阳修为一代文豪，著述丰富，代表性的有《新五代史》《新唐书》二二五卷、《集古录》一千卷、《欧阳文忠公文集》一百五十三卷

① （元）脱脱等：《宋史》，北京：中华书局，1977年，第13069—13070页。

② 学术界有关欧阳修的研究成果颇多，涉及诸多方面，仅知网收录的相关文章就有1390余篇。有史学思想的代表性文章有：赵吕甫《欧阳修史学初探》（载于《历史教学》1963年第1期，第2-13页）、姚瀛艇《欧阳修的史论》（载于《河南师大学报（社会科学版）》1980年第2期，第26-32页）、陈光崇《欧阳修金石学述略》（载于《辽宁大学学报（哲学社会科学版）》1981年第6期，第54-57页）《欧阳修的史学成就》（载于《社会科学辑刊》1982年第1期，第81-88页）、陶懋炳《评欧阳修的史学》（载于《湖南师院学报（哲学社会科学版）》1982年第1期，第33-38页）、王天顺《欧阳修〈五代史记〉的修撰与〈史通〉理论》（载于《宁夏大学学报（社会科学版）》1986年第3期，第31-37页）、裴汉康《试论欧阳修〈新五代史〉的写作特色》（载于《中山大学学报（哲学社会科学版）》1986年第2期，第89-92页）、安广成《论古文运动对欧阳修史学的影响》（载于《淮阴师专学报》1988年第1期，第82-87页）、林家骊《试论欧阳修〈新五代史〉序和论的写作技巧》（载于《殷都学刊》1989年第1期，第80-85页）、吴怀祺《对欧阳修史学的再认识》（载于《史学史研究》1991年第4期，第55-62页）韩兆琦与吴莺《欧阳修〈新五代史〉简论》（载于《北京师范大学学报》1992年第3期，第68-77页）、余汉康《欧阳修的历史际遇和文史成就》（载于《社会科学动态》1998年第10期，第3-5页）、顾永新《欧阳修编纂史书之义例及其史料学意义》（载于《文史哲》2003年第5期，第20-25页）、盛险峰《道与道统：〈新五代史〉的双重关照——〈新五代史〉史论与欧阳修的"三论"》（载于《北方论丛》2013年第2期，第76-81页）、秦文《欧阳修历史学说研究》（载于《社科纵横》2015年第7期，第124-127页）、王通《欧阳修史学思想在碑志创作中的表现及其影响》（载于《辽东学院学报（社会科学版）》2015年第3期，第32-37页）、王莹《欧阳修自传的史学价值与叙事策略》（载于《中州学刊》2016年第10期，第141-144页）、卓希惠《欧阳修散文对〈史记〉的传承探究》（载于《福建论坛（人文社会科学版）》2017年第11期，第168-173页）、杨孟哲《法律的文学叙事与历史叙事——从欧阳修的〈纵囚论〉说起》（载于《天府新纶》2017年第3期，第83-92页），等等。

附录五卷、《醉翁琴趣外篇》六卷、《六一词》一卷、《平山集》等。《宋史》卷三一九有传。傅璇琮《宋才子传笺证》收入。其中，在颍州期间，欧阳修与梅尧臣、常秩、刘敞等交游唱和，同时也创作了许多"知颍诗"，代表性的有《初至颍州西湖种瑞莲黄杨寄淮南转运吕度支发运许主客（皇祐元年）》《会老堂（熙宁五年）》《叔平少师去后会老堂独坐偶成》《西湖》等。

《宋史》卷三一九《欧阳修传》载：

> 欧阳修字永叔，庐陵人。……于是邪党益忌修，因其孤甥张氏狱傅致以罪，左迁知制诰、知滁州。居二年，徙扬州、颍州。复学士，留守南京，以母忧去。服除，召判流内铨，时在外十一年矣。……修亦力求退，罢为观文殿学士、刑部尚书、知亳州。明年，迁兵部尚书、知青州，改宣徽南院使、判太原府。辞不拜，徙蔡州。……凡历数郡，不见治迹，不求声誉，宽简而不扰，故所至民便之。或问："为政宽简，而事不弛废，何也？"曰："以纵为宽，以略为简，则政事弛废，而民受其弊。吾所谓宽者，不为苛急；简者，不为繁碎耳。"①

又《嘉庆重修一统志》卷一二九《颍州府二》载：

> 欧阳修，庐陵人，皇祐元年知颍州。因灾伤，奏免黄河夫万余人。筑塞白龙沟，注水西湖，灌溉腴田，大为农民利。建书院，教民子弟。由是颍人咸知向学，修乐志。故卒归老于颍云。②

又《文献通考》卷二四九《经籍考七六·集（总集　文史）》"《诗话》一卷"载：

---

① （元）脱脱等：《宋史》，北京：中华书局，1977年，第10375–10381页。
② （清）穆彰阿、潘锡恩等纂修：《嘉庆重修一统志》，北京：中华书局，1986年，第352页。

　　晁氏曰：欧阳修永叔撰。修退居汝阴，戏作此，以资谈笑。[①]

⊙ 欧阳发

　　欧阳发（1040—1085），字伯和，北宋吉州庐陵（今江西吉安永丰县）人，欧阳修长子。少好学，师事胡瑗。无意科举文词，钻研古代制度文物，兼及天文地理、古乐钟律。以父恩补将作监主簿，赐进士出身，累迁大理丞、殿中丞。苏轼赞其学。著有《古今系谱图》《宋朝二府年表》《年号录》。欧阳修退居颍州，伯和时常赴颍陪伴左右。

　　《道光阜阳县志》卷一三《人物三·寓贤》载：

　　　　欧阳发，字伯和，修长子。少师安定胡瑗。得古乐钟律之说，不治科举，文词独探古，始立论议。自书契以来，君臣世系制度、文物、旁及天文地理，靡不悉究。以父恩补将作监主簿，累迁殿中丞。奕，字仲□，官光禄寺丞。[②]

⊙ 欧阳棐

　　欧阳棐（1047—1113），字叔弼，北宋吉州庐陵（今江西吉安永丰县）人。欧阳修第三子，欧阳发、欧阳奕弟。以荫补秘书省正字，后登进士乙科。服除始仕，为审官院主簿，累迁职方、礼部员外郎，知襄州。以忤曾布妇弟魏泰，徙知潞州，旋又罢去。哲宗元符末，还朝，历吏部、右司郎中，以直秘阁知蔡州。未几，坐党籍废。政和三年（1113）卒于颍州，年六十七。叔弼博学多才，其文如父。著有《尧历》《合朔图》《历代年表》

---

① （元）马端临：《文献通考》，北京：中华书局，1986年，第1966页。

② （清）刘虎文、周天虎修，（清）李复庆等纂：《道光阜阳县志》，《中国地方志集成·安徽府县志辑23》，南京：江苏古籍出版社，1998年，第216页。

《三十国年纪》《九朝史略》《集古总目》及文集等。毕仲游撰有《欧阳叔弼传》。

《全宋文》二四○二毕仲游《欧阳叔弼传》载：

> 文忠公之文须人代者，多出叔弼甫之手。……叔弼甫字也，名棐。其先庐陵永丰人也，初以文忠公荫策守秘书省正字。……叔弼甫常著《尧历》三卷、《合朔图》一卷、《历代年表》十卷、《三十国年纪》七卷、《九朝史略》三卷、《食货策》五卷、《集古总目》二十卷、《襄录》二卷。叔弼甫亡后，其家集所自为之文亦二十卷。盖虽不表见于当世，而犹足以遗后人也。叔弼自去蔡后，系元祐籍，复镌职降官，守义宫庙，居颍州里第，间游吴中。俄出籍，乃以两恩当任子孙者力请于朝三四，以官其兄之子，曰：'先公之长孙不可以无官，吾子之子无官可也。'政和三年卒于颍州，年六十七。一子曰愿，宣义郎。三孙，其二官，一无官。"①

又《道光阜阳县志》卷一三《人物三·寓贤》载：

> 欧阳发……次弟棐，字叔弼，年十三，见修著《鸣蝉赋》，侍侧不去。修抚之曰："儿异日能为此赋否？"因书以遗之。荫秘书省正字，调陈州判官，以亲老不仕。修卒，代草遗表，神宗读而爱之，意修自述也。服阕，为审官主簿，累迁职方员外郎、知襄州。忤曾布，徙知潞州，旋罢去。元符末，还朝。历吏部右司二郎中，以直秘阁知蔡州，未及，坐党籍，废。②

---

① 曾枣庄、刘琳：《全宋文》，上海：上海辞书出版社，2006年，第Ⅲ册，第99-103页。
② （清）刘虎文、周天虎修，（清）李复庆等纂：《道光阜阳县志》，《中国地方志集成·安徽府县志辑23》，南京：江苏古籍出版社，1998年，第216页。

⊙ 欧阳辩

欧阳辩（1049—1102），字季默，乳名和尚，北宋吉州庐陵（今江西吉安永丰县）人，欧阳修第四子，欧阳发、欧阳奕、欧阳棐之弟。季默于皇祐元年生于颍州，与苏轼、苏辙兄弟交游甚密，崇宁元年卒，年五十三。官至承议郎、宝德所监澶州河北酒税。

《道光阜阳县志》卷一三《人物三·寓贤》载：

> 欧阳发……季弟辩，字季默，与兄俱家于颍。而叔弼、季默屡见苏轼唱和诗。①

⊙ 裴德舆

裴德舆（988—1054），字载之，开封府（今河南开封市）人。约宋仁宗朝前期为颍州知州，亲民廉洁，受民爱戴。沈构撰有《洛苑使英州刺史裴公（德舆）墓志铭（嘉祐二年十月）》。

《全宋文》卷一六二七沈构《洛苑使英州刺史裴公墓志铭（嘉祐二年十月）》载：

> 至和元年秋七月乙亥，洛苑使、英州刺史裴公卒于晋州。……公讳德舆，字载之。……迁国子监博士、虞部员外郎，入权开封府推官，出知颍州。民有少孤而畜于舅氏者，舅死，随其妻适某氏。某其又死，乃告某氏曰："昔我孤，舅氏夫妇育我，甚恩。今又不幸，愿得其丧以归，合葬于舅。"某氏不与。乃间使人盗其骨去。某氏怒，执以告，法当坐死。公呼某氏前，曰："若知彼盗若妻墓

---

① （清）刘虎文、周天虎修，（清）李复庆等纂：《道光阜阳县志》，《中国地方志集成·安徽府县志辑23》，南京：江苏古籍出版社，1998年，第216页。

何也？"曰："是尝欲求吾妻之丧，将以合葬于其舅尔。"公曰：
"是故可嘉者也。"笞而遣之。①

⊙ 彭诉

彭诉，生卒年不详，字乐道，庐陵（今江西吉安）人。宋徽宗政和中知
颍州，有惠政。

《乾隆颍州府志》卷六《名宦志》载：

> 彭诉，字乐道，江西庐陵人。政和中知顺昌府，有惠政。②

⊙ 钱象先

钱象先（996—1076）③，字资元，苏州（今属江苏）人。宋真宗天禧二
年（1018）进士。仁宗庆历中通判颍州（《宋史》不载），又于嘉祐中出知
颍州。象先长于经术、精通法律，为政宽仁平恕。张方平撰有《宋故朝散大
夫守尚书吏部侍郎致仕上柱国彭城郡开国公食邑三千一百户实封四百户赐紫
金鱼袋钱公（象先）墓志铭并序》。《宋史》卷三三〇有传。

《宋史》卷三三〇《钱象先传》载：

> 钱象先字资元，苏州人。进士高第，吕夷简荐为国子监直讲，
> 历权大理少卿、度支判官、河北江东转运使，召兼天章阁侍讲。详
> 定一路敕成，当进勋爵，仁宗以象先母老，欲慰之，独赐紫章服。

---

① 曾枣庄、刘琳：《全宋文》，上海：上海辞书出版社，2006年，第74册，第340–343页。

② （清）王敛福纂修：《乾隆颍州府志》，《中国地方志集成·安徽府县志辑24》，南京：江苏古籍
出版社，1998年，第279页。

③ 关于钱象先的研究文章，成果极少，知网可见一篇，为孟永亮、梁永宣的《提举校正医书三
长官——韩琦、范镇、钱象先考释》（载于《中华医史杂志》2013年第4期，第238–241页）。

进待制、知审刑院，加龙图阁直学士，出知蔡州。

象先长于经术，侍迩英十余年，有所顾问，必依经以对，反复讽谕，逮及当世之务，帝礼遇甚渥。故事，讲读官分日迭进，象先已得蔡，帝犹谕之曰："大夫行有日矣，宜讲彻一编。"于是同列罢进者浃日。徙知河南府、陈州，复兼侍讲、知审刑院。

象先旁通法家说，故屡为刑官，条令多所裁定。尝以为犯敕者重，犯令者轻，请移敕文入令者甚众。又议告捕法，以为罪有可去，有可捕，苟皆许捕，则奸人将倚法以害善良，因削去许捕百余事。其持心平恕类此。复知许、颍、陈三州，以吏部侍郎致仕。卒，年八十一。①

又《乐全先生文集》卷四〇《宋故朝散大夫守尚书吏部侍郎致仕上柱国彭城郡开国公食邑三千一百户实封四百户赐紫金鱼袋钱公墓志铭并序》载：

公讳某，字资元，世家吴郡。……晏丞相为言其亲老，愿得近陈一官，徙通判颍州。……阅岁徙知河南府兼西京留守司。就徙亳州，又改陈州。至未周月，召还，复兼侍讲、知审刑院。屡请补外，得许州，兼京西北路安抚使。就徙颍州，再改陈州。②

又《乾隆颍州府志》卷六《名宦志》载：

钱象先，苏州人。知颍州。通法家说，多所裁定。尝谓："犯敕者重，犯令者轻。移敕入令者甚众。"又议告捕法，以为罪有可法，有可捕。一概许捕，奸人将倚法以害善良。尝持心平恕类如

---

① （元）脱脱等：《宋史》，北京：中华书局，1977年，第10630页。
② （宋）张方平：《乐全先生文集》；《宋集珍本丛刊006-1》，北京：线装书局，2004年，第256-257页。

此。历官吏部侍郎。①

⊙ 善本大通禅师

善本大通禅师，生卒年不详，俗姓董，大父及父皆官于颍州（今安徽阜阳）。禅师博览群书，嘉佑中与弟往京师地藏院选经得度。

《乾隆颍州府志》卷八《人物志·仙释》"宋"条载：

> 善本大通禅师姓董氏，大父琪，父温，皆官颍。师博极群书，然清修无婚宦意。嘉祐八年与弟善思往京师地藏院选经得度。习毗尼，东游至姑苏礼图照，于瑞光寺益臻微□。②

⊙ 邵亢

邵亢（1014—1074）③，字兴宗，润州丹阳（今属江苏）人，少年早慧，文章过人。宋仁宗庆历四年（1044）授颍州团练推官，郡守晏殊委事与其。亢清正为官，替民着想，颍人德之。著有《体论》十卷。王珪撰有《邵安简公亢墓志铭》。《宋史》卷三一七有传，但不载颍州推官一事。

《宋史》卷三一七《邵亢传》载：

> 邵亢字兴宗，丹阳人。幼聪发过人，方十岁，日诵书五千言。

---

① （清）王敛福纂修：《乾隆颍州府志》，《中国地方志集成·安徽府县志辑24》，南京：江苏古籍出版社，1998年，第276页。

② （清）王敛福纂修：《乾隆颍州府志》，《中国地方志集成·安徽府县志辑24》，南京：江苏古籍出版社，1998年，第421页。

③ 邵亢生卒年参见连小刚、庞艳霞《邵亢相关问题考述》（载于《镇江高专学报》2017年第3期，第6-9页）。相关邵亢研究论文主要有：霍强、连小刚《江苏丹阳北宋邵亢夫妻合葬墓发掘报告》（载于《东南文化》2018年第4期，第12-17页）、孙瑞隆《江苏丹阳出土邵亢夫人强氏墓志校释——与邵亢墓志的比照研究》（载于《昆明学院学报》2019年第5期，第106-117页）。

赋诗豪纵，乡先生见者皆惊伟之。再试开封，当第一，以赋失韵弗取。……因献《兵说》十篇。

召试秘阁，授颍州团练推官。晏殊为首，一以事诿之。民税旧输陈、蔡，转运使又欲覆折缗钱，且多取之。亢言："民之移输，劳费已甚。方仍岁水旱，又从而加取，无乃不可乎？"遂止。……历郑、郓、亳三州。薨，年六十一。赠吏部尚书，即其乡赐以居宅，谥曰安简。"①

又《华阳集》卷三七《邵安简公亢墓志铭》载：

公讳亢，字兴宗，丹阳人。……授颍州团练推官。晏元宪公出守，事一以属公。民税旧移输于陈、蔡，转运使欲覆折缗钱而加取之。公言民之移输，劳费已甚，今仍岁水旱而加取于民，不亦重困乎？事乃止。②

又《大明一统志》卷七《中都·凤阳府》载：

晏殊知颍州，以政事闻于一时。公余手不释卷。时邵亢为推官，殊诿之以事。③

⊙ 沈士龙

沈士龙（1016—1083），字景之，其先开封太康（今属河南）人，后徙颍州汝阴县（今安徽阜阳），遂占籍汝阴。士龙幼喜学，尤工诗。二十三岁时调颍州颍上县尉，后监颍州酒税。士龙为官清简，以民利为先。后弃官回

---

① （元）脱脱等：《宋史》，北京：中华书局，1977年，第10335-10336页。
② （宋）王珪：《华阳集》，北京：中华书局，1985年，第489页。
③ （明）李贤等：《大明一统志》，西安：三秦出版社，1990年，第137页。

乡，王安石撰有《追官人著作佐郎沈士龙秘书丞制》，复官。元丰中终卒于颍。王固撰有《奉议郎致仕沈公（士龙）墓志铭》。

《全宋文》卷二二七〇王固《奉议郎致仕沈公墓志铭》载：

奉议郎致仕沈公，其先开封太康人。四世祖□□国初当□□□□□□太祖□□有名于时，自公皇考以游宦居于颍州之万寿，而公于嘉祐□始以皇祖而下葬颍上县，又徙其居家于州之城南，今为颍州汝□（阴）人也。曾祖讳廷，隐德不仕。祖讳令从，寿州节度判官致仕、国子博士。考讳□，□州上高县尉。娶王氏夫人，生□子：长曰士元，季曰士先，公即□次子也。讳士□，字景之，幼而喜学，不□□□诵五经，贯□□□诸子百家，□□□通初，举进士，至殿试下。年二十三以同出身调颍州颍上县尉，移同州白水主簿。是时，□□□兵西边，孙沔为庆□□略，以□材学奏举军事推官、知□州通□县事，召置幕中，权掌机宜。丁上高尉忧，服除，为江宁府观察推官。居职清简，临事不□侵夺。知者交章荐□，□相韩□安抚江东，嘉□□，为言之朝廷，□终改秩，拜著作左郎、签书郓州防御判官公事。以祖考未葬，□监颍州清酒。葬毕，不愿赴任，请以本资入□。嘉祐元年，转□（秘）书丞，□通宜县，差知益州□事。参军府之公帑输发贡币纲笼违法，前守以求□悦人，得纲者常过其数，附益私畜，至于什物常用皆实笼中。□次不得休息，递卒劳□，力不能胜，自经者或相望于道。衙前吏破荡其产。公恻然叹曰："安有居其职而坐视其□，使人无告乃如此乎？"乞罢纲笼，官以高下量制其数。复□□通□□□之州院税案，用兴国年例，苗钱三百折绢一足。公以是年时估证，以一绢乃□□尔，今市所直则又数倍也，乞依天圣所令，以纳月上旬量用市□准折。具状其事，言之府中。府将怒，乃以便宜所行凡十数事牒公局中，公曰："吾奉诏条，岂敢违法害民，反以从便宜耶？"收其牓缴还府中，乞以前状附递□□。府将益不悦，与二监司更相沮之，竟匿其状。公彷徨不安，一日白其母王夫人曰："不得其官，奈何？"母夫人曰："民不可下，职不可废，汝欲去，吾从汝。"明日，封□□□以□□置厅案上，奉母夫人挈其妻奴，弃官而归。始至剑门，守吏以益州牒留之，使不得度。公曰："夺我职事，使我不得其守，□又留我关下，宁有不□□死尔？"母夫人泣见关使，关使曰："夫人有贤子如此，宁忍使之失其所耶？关禁虽严，苟获罪，不吾愧也。"纵之，得入关去。朝廷治公以止坐擅离任，夺□（秘）书丞，停其官，又劾私度关，听以铜赎其罪。时天下闻者竦然争为公雪，至有推让己官欲以赎公过者。其后三司□包拯、御史中丞□□、知杂唐介奏，□□公起请特下宽恤民力，议之不报。嘉祐五年，翰林学士欧阳修、知制诰刘敞、天章阁待制何郯论奏者九人，谓公非罪不宜久废。朝廷除以著作佐郎、监陈州盐税，公以母疾辞之。嘉祐七年，用明堂恩复秘书丞。治平二年，授太常博士，加骑都尉。熙宁四年，再复秘书丞，□皆还其诰敕，辞以母老，□□□不授官以□侍养。公既居田里，家贫无以为资，时时假丐于人以养其母，而处之怡然，未尝辄自怨愤。初欲卜居城东，得乡人所与田地于城南之郊外，因置为园宅。□□咸集，俄而成居。又即其旁买田三顷，躬率耕稼，欲以致养。而母夫人性喜饮酒，家酿每熟，公不敢尝，捧盏献之，拜于堂下。夫人乐其□之忠，孝，□不知贫窭□为厌也。公尝侍疾，能为人之所难。夫人之亡也，水浆不入于口者五日，杖而后起。既葬，庐于墓侧，啜菽饮水，朝暮哭之，三年而归。或以谓□可以仕乎，公曰："向者，吾母老，益州论奏未直，惟恐禄食尸素为吾羞尔。今既老母终其天年，昔所争者朝廷行之，既已合吾言矣。方今皇朝仕，乃吾所愿也。"于是太守、枢密直学士孙永言之朝廷，乞以一官禄之。熙宁八年，复秘书丞、守本官分司西京。许君子□以再期赴阙，公不得□□□效官。有司用叙法常例，当得远小监当，今仆射蔡丞相为御史中丞，荐公执节清贫，向之弃官，本缘公事，其过□除，乞与优便差遣。天子纳其言，除陈州西华县监盐酒税。公既多病，到官逾年，遂求解去。元丰三年以奉议郎、守本官致仕，朝廷恤公，特以俸钱全给其半，许州韩丞相为太一宫，□□公之□，月剖其俸以助之。公为人严毅自敕，果于所为，虽气直不可以屈，而待□以忠厚，均贵贱皆礼下之。居常燕安，无所他好，独喜收书文籍。虽□□□□褛线穿非□整则不畜，然其所御衣服袍弊履穿，趋揖进退之际，众人指之或以为笑，而公容止益恭，常若不及。尝慕唐郭尚父，爱其勋业忠□行□□画像传之，岁时以瞻礼焉，率其传并表奏类之为一十五卷。公于仕宦虽不至达，然其官守尽公，安贫苦节，声誉常以过人。在成都时，尚书宋□为郡太守，□以严明御下。一日出米□南仓中，亡失交子万纸。主者以闻太守，骇之，立捕本仓吏卒并摄事者及百人，付公推劾。公曰："贼岂在此？□欲以无罪□□之。"因以白太守，曰："宜缓此狱，必非仓中人也，缉之期以一月可获。"太守怒，移送他司急治其事。被系者诬服，将具案，果以一月获贼，仓中方得释。□□□□曰："微公之明，几为误死囚耳。"公之东归也，蜀人爱恋其德，皆相视涕泣，往往采络为像，藏之其家以奉祀焉。其在颍上，不置市贾而与民贸易，其物□价不售，则增直与之。县人不忍收其余钱，相率敛藏，而为公建立生词，至今人皆指以为少府庙也。后十五年，公始葬其先于县之北。又于五年，母□（王）夫人卒，公虽假丐乡人以为葬具，而县民怜公之贫，欲为赗者甚众。公以昔尝守官，终有部内之嫌，谢而却之，毫氂无所收。公之从祖□□真宗时尝□□遇，仁宗以先皇帝旧嫔进封德妃，礼既尊，奉求其祖属欲荣显之。使者累至公家，公每辞以族远难记，不敢冒居其官，德妃竟以□□□□□。为文章，尤工于诗，所作虽不多，而其语出必惊人，学诗者以为终不可及。有《阳夏杂蒉》五卷，即其所著撰也。元丰六年十二月二十六日，以□□于□□，春秋六十有八。夫人清河张氏，水部郎中格之女，嘉祐七年先以疾卒。公以升朝恩，考赠光禄寺丞，母封永安县太君，妻封崇德县君。子五人：□□□□□于许昌，次曰怀英，次曰敦厚，次曰敦固，次曰敦书，皆举进士。女二人：长适吴革，为朝奉郎，今知吉州；次早卒。公之亡也，家无余资，绞衾裳衣棺□□，具假于乡人，然后乃集。七年二月二十八日归其柩于颍上县来暮乡慎城村先君之兆，以夫人张氏祔焉。长乐王固常喜称道公之行义，又爱其试为不可以学，于交游中知公之最深者也。葬有日，其子敦固果以状来乞铭，顾予鄙文，何以堪之，然其义不可辞，乃为之铭曰：

童稚而悟，学□□明。仕□所否，公忠之称。缊袍弊衣，环堵荒径。季路弗耻，原思非病。直无苟得，和不尽同。黔娄之节，下惠之风。滔滔长淮，耿耿清颍。声名不磨，万世之永。[1]

《默记》载：

颍人沈士龙字景通（之？）。高节独行，过于古人，尤工于诗。庆历登科，既改官，以秘书丞为益州司录。会宋子京为帅，惟事宴饮，沉湎日夜，衙前陪费多自经。景通上书子京，力言差役之害，请减饮宴。子京不听。又于本路转运使赵抃阅道，不行。乞解官寻医，又不许。遂挂衣冠置本厅，载其母，去官。子京遣人追之，不回。过关无以为验，景通言其情于关吏，怜而义之，听其过

---

① 曾枣庄、刘琳主编：《全宋文》，上海：上海辞书出版社，2006年，第104册，第53-57页。

关。坐是勒停，关吏亦得罪。久之，御史中丞韩绛言其非辜，复官。王荆公行复官词，略曰："况尔之去官，志于善乎！"后居颍，元丰中卒。①

⊙ 盛陶

盛陶，生卒年不详，字仲叔，郑州（今属河南）人。宋哲宗绍圣末知颍州。陶有风骨，不畏权臣。《宋史》卷三四七有传。

《宋史》卷三四七《盛陶传》载：

> 盛陶字仲叔，郑州人。……进权礼部侍郎、中书舍人，以龙图阁待制知应天府、顺昌府、瀛州。元符中，例夺职，卒，年六十七。
>
> 论曰：……而盛陶不屈于安石：其大节皆可取。……故君子贵乎知几。②

⊙ 舒元

舒元（923—977），颍州沈丘（今安徽临泉县）人。少倜傥好学，通《春秋》三传。初馆于李守贞门下，守贞谋叛，遣元乞师江南。守贞败，元遂留江南，改姓朱。尝事李璟，为淮南北面招讨使。后归周世宗，历蔡州、濠州防御使。入宋后复姓舒。从平李重进，累官白波兵马都监。史载元辩捷强记，或奏其治郡不亲狱讼，太祖面诘之，元具诵辞牒，指述曲直。元有三子：知白、知雄、知崇，均名宦。知白子昭远，亦有名。《宋史》卷四七八

---

① （宋）王铚：《默记》，《宋元笔记小说大观5》，上海：上海古籍出版社，2007年，第4571页。
② （元）脱脱等：《宋史》，北京：中华书局，1977年，第11006-11007页。

有传。

《宋史》卷四七八《南唐李氏·舒元传》载:

舒元,颍州沈丘人。少倜傥好学,与道士杨讷讲习于嵩阳,通《左氏》及《公》、《谷》二传。与讷同诣河中李守贞,与语奇之,俱馆于门下。守贞谋叛,遣元与纳间道乞师江南。江南遣大将军皇甫晖等率众数万次沭阳,为之声援。会守贞败,元与讷留江南。元易姓朱,杨讷更姓名为李平。

元事李景,历江宁令、驾部员外郎、文理院待诏,尝坐事左迁。世宗征淮南,诸郡多下,元求见言兵事,景大悦,遣率兵攻舒州,复之,即以为团练使。又平历阳,景以元为淮南北面招讨使。

周师围寿春,景以其弟齐王景达为元帅,率兵来救,以陈觉为监军,总军政。元素与觉有隙,觉密表谮元于景,信之,立遣大将杨守忠代元。元愤怒,自以战功高,又不忍负景,欲自杀,门下客宋泪谏曰:"大丈夫何往不取富贵,岂必为妻子死哉!"元听之,将其众归世宗,景尽诛其妻子。世宗素知元骁果,得之甚喜,以为检校太保、蔡州防御使。淮南平,改濠州防御使。

宋初,从平李重进,改沂州防御使。为滑州巡检使,与节帅不协,诬奏元为同产妹婿宋玘请求。事得释,诏元复姓舒氏。开宝五年,为白波兵马都监。太平兴国二年,卒,年五十五,特赠武泰军节度。

元辩捷强记,治郡日,或奏其不亲狱讼,事多冤滞。太祖面诘问之,凡所诘,元必具诵款占,指述曲直,太祖甚嘉叹之。子知白、知雄、知崇。

知白至作坊使,知雄初补殿直,雷有终荐授供奉官、鄜延路驻泊都监,后辞疾居嵩山。知白尝奏事太宗,语及之,即召出,授西京作坊副使、泉福都巡检使。真宗初，恳请入道，归嵩阳旧隐。复为王嗣宗、李元则所荐，授供备库使，历知棣州、麟府鄜延钤辖，又知虔州。复求入道，面赐紫冠服，号崇玄大师。尝献《字母图》，有诏褒奖。乾兴元年，卒，年八十一。知崇累历内职，至供备库使。尝为广州钤辖、河北安抚副使，卒。

知白子昭远，大中祥府五年，任大理评事，因对自陈，改大理寺丞，赐进士第。至太常博士。"[1]

⊙ 舒知白

舒元子，见"舒元"条。

⊙ 舒知雄

舒元子，见"舒元"条。

⊙ 舒知崇

舒元子，见"舒元"条。

⊙ 舒昭远

舒元孙、舒知白子，见"舒元"条。

---

[1] （元）脱脱等：《宋史》，北京：中华书局，1977年，第13864–13865页。

⊙ 宋敏求

宋敏求（1019—1079）^①，字次道，赵州平棘（今河北赵县）人，宋绶子。宋神宗熙宁六年前（1073前）出知颍州。敏求熟于典故、藏书三万卷，著述丰硕，著有《春明退朝录》三卷、《东京记》三卷、《长安志》十卷、《河南志》二十卷、《唐百家诗选》二十卷、补《宣宗实录》三十卷、《懿宗实录》三十卷、《僖宗实录》三十卷、《昭宗实录》三十卷、《哀宗实录》八卷等。据考证，宋敏求与王安石、司马光、范镇、欧阳修、苏颂、曾巩、梅尧臣等都有交游。《宋史》卷二九一有传。傅璇琮《宋才子传笺证》收入。

《宋史》卷二九一《宋敏求传》载：

> 敏求字次道，赐进士及第，为馆阁校勘。……徐国公主以夫兄为侄奏官，敏求疏其乱天伦，执正之。王安石恶吕公著，诬其言韩琦欲因人心，如赵鞅兴晋阳之甲，以逐君侧之恶，出之颍州。敏求当草制，安石谕旨使明著罪状，敏求但言敷陈失实。安石怒白于帝，命陈升之改其语，敏求请解职，未听。……元丰二年，卒，年六十一。特赠礼部侍郎。

---

① 有关宋敏求的研究文章主要有：江向东《宋代藏书家宋敏求》（载于《图书与情报》1986年第3期，第87-88页）、袁春慧《宋敏求以档明典故》（载于《档案工作》1991年第5期，第31页）、张保见《宋敏求〈河南志〉考——兼与高敏、党宝海先生商榷》（载于《河南图书馆学刊》2003年第5期，第79-82页）、田青刚《宋敏求与〈河南志〉》（载于《信阳师范学院学报（哲学社会科学版）》2009年第4期，第145-148页）、尉艳芝《宋敏求交游圈考》（载于《沧州师范专科学校学报》2010年第4期，第47-49页）、田青刚《宋敏求与宋代方志编纂》（载于《焦作师范高等专科学校学报》2010年第3期，第45-48页）、张佳等《宋敏求编校整理唐人别集考论》（载于《唐都学刊》2011年第1期，第5-9页）、《〈唐百家诗选〉著作权争议的祛蔽与坐实——〈唐百家诗选〉的编选者"非为王安石而是宋敏求"考辨》（载于《江南大学学报（人文社会科学版）》2011年第2期，第99-104页）、曹玉兰《宋绶、宋敏求父子档案文献编纂之功》（载于《兰台世界》2012年第29期，第45-46页）、靳亚娟《〈资治通鉴〉唐宣宗时期的史源——兼论宋敏求及其〈宣宗实录〉》（载于《文史》2019年第4期，第119-153页）、李慧《宋敏求〈春明退朝录〉研究》（载于《闽西职业技术学院学报》2020年第1期，第49-52页），等等。

敏求家藏书三万卷，皆略诵习，熟于朝廷典故，士大夫疑议，
必就正焉。补唐武宗以下六世实录百四十八卷，它所著书甚多，学
者多咨之。尝建言："河北、陕西、河东举子，性朴茂，而辞藻不
工，故登第者少。请令转运使择荐有行艺材武者，特官之，使人材
参用，而士有可进之路。又州郡有学舍而无学官，故士轻去乡里以
求师，请置学官。"后颇施行之。①

⊙ 苏轼

苏轼（1037—1101）②，字子瞻，号东坡居士，眉州眉山（今属四川）
人。宋哲宗元祐六—七年（1091—1092）知颍州，治水患、捕盗贼、开西
湖，深受颍民爱戴。苏轼才华出众，文采斐然，是为北宋一大文豪，著有
《东坡易传》十一卷、《东坡论语解》十卷、《东坡广成子解》一卷、《东
坡诗话》二卷、《书传》十三卷、《苏子瞻东坡前集》四十卷、《后集》
二十卷、《奏议》十五卷、《内制》十卷、《外制》三卷、《和陶集》四
卷、《应诏集》十卷，详定《礼部韵略》五卷，与沈括合编《苏沈良方》
十五卷、苏洵等合编《三苏翰墨》一卷等。《宋史》卷三三八有传。傅璇琮
《宋才子传笺证》收入。

《宋史》卷三三八《苏轼传》载：

苏轼字子瞻，眉州眉山人。生十年，父洵游学四方，母程氏亲

① （元）脱脱等：《宋史》，北京：中华书局，1977年，第9736页。
② 苏轼一直是学术界研究的热门人物，除了大量的研究著作外，其研究文章也是极其丰硕。据
不完全统计，仅知网就收录有关苏轼的研究文章达6000余篇。文章涉及苏轼的各个领域。其
中有关苏轼与颍州的研究文章主要有：刘奕云《苏轼知颍州主要政绩考评》（载于《阜阳师
范学院学报（哲学社会科学版）》1986年第3期，第135—140页）、张朝阳《观妙各有得 共赋
泛颍诗——苏轼知颍州时书迹考》（载于《书法》2014年第10期，第58-63页）、张鹤《欧阳修
与苏轼的"颍州情结"兼论苏轼的〈祷雨帖〉》（载于《书法》2017年第7期，第152-157页）。

授以书，闻古今成败，辄能语其要。……

（元祐）六年，召为吏部尚书，未至。以弟辙除右丞，改翰林承旨。辙辞右丞，欲与兄同备从官，不听，轼在翰林数月，复以谗请外，乃以龙图阁学士出颍州。先是，开封诸县多水患，吏不究本末，决其陂泽，注之惠民河，河不能胜，致陈亦多水。又将凿邓艾沟与颍河并，且凿黄堆欲注之于淮。轼始至颍，遣吏以水平准之，淮之涨水高于新沟几一丈，若凿黄堆，淮水顾流颍地为患。轼言于朝，从之。

郡有宿贼尹遇等，数劫杀人，又杀捕盗吏兵。朝廷以名捕不获，被杀家复惧其害，匿不敢言。轼召汝阴尉李直方曰：'君能禽此，当力言于朝，乞行优赏；不获，亦以不职奏免君矣。'直方有母且老，与母诀而后行。乃绯知盗所，分捕其党与，手戟刺遇，获之。朝廷以小不应格，推赏不及。轼请以己之年劳，当改朝散郎阶，为直方赏，不从。其后吏部为轼当迁，以符会其考，轼谓已许直方，又不报。

七年，徙扬州。……建中靖国元年，卒于常州，年六十六。

轼与弟辙，父洵为文，既而得之于天。尝自谓："作文如行云流水，初无定质，但常行于所当行，止于所不可不止。"虽嬉笑怒骂之辞，皆可书而诵之。其体浑涵光芒，雄视百代，有文章以来，盖亦鲜矣。洵晚读《易》，作《易传》未究，命轼述其志。轼成《易传》，复作《论语说》；后居海南，作《书传》；又有《东坡集》四十卷、《后集》二十卷、《奏议》十五卷、《内制》十卷、《外制》三卷、《和陶诗》四卷。一时文人如黄庭坚、晁补之、秦观、张耒、陈师道，举世未之识，轼等之如朋俦，未尝以师资自予也。

自为举子至出入侍从，必以爱君为本，忠规谠论，挺挺大节，群臣无出其右。但为小人忌恶挤排，不使安于朝廷之上。

高宗即位，赠资政殿学士，以其孙符为礼部尚书。又以其文置左右，读之终日忘倦，谓为文章之宗，亲制集赞，赐其曾孙峤。遂崇赠太师，谥文忠。[1]

又《升庵全集》卷七八《苏堤始末》载：

东坡先生在杭州、颍州、许州，皆开西湖，而杭湖之功尤伟。[2]

又《文献通考》卷二四八《经籍考七五·集（总集各门总·总集）》"《汝阴唱和集》一卷"载：

陈氏曰：元祐中，苏轼子瞻守颍，与签判赵令畤德麟、教授陈师道无已唱和。晁说之以道为之序，李僖方叔后序，二序皆为德麟作。[3]

⊙ 苏颂

苏颂（1020—1101）[4]，字子容，泉州南安（今厦门市同安区）人，宋

① （元）脱脱等：《宋史》，北京：中华书局，1977年，第10814-10815页。

② （明）杨慎：《升庵全集》，上海：商务印书馆，1937年，第1034页。

③ （元）马端临：《文献通考》，北京：中华书局，1986年，第1958页。

④ 有关苏颂的研究成果颇多，其中代表性的著作有：管成学等著《苏颂与〈新仪象法要〉研究》（吉林文史出版社1991年版）、颜中其等编撰《苏颂年谱》（北方妇女儿童出版社1993年版）、管成学与王学文合著《苏颂评传》（吉林文史出版社2006年版）、胡彦与丁治民合著《苏颂与苏颂诗歌研究》（吉林文史出版社2012年版）、管成学与邹彦群合著《苏颂水运仪象台复制与研究》（吉林文史出版社2012年版）、王兴文著《苏颂遗文研究》（吉林文史出版社2012年版）、王兴文等著《苏颂与魏公谭训研究》（吉林文史出版社2015年版）、管成学与孙德华合著《世界钟表鼻祖苏颂与水运仪象台研究》（吉林文史出版社2016年版）、刘青泉与苏和盛合著《苏颂研究》（厦门市同安县科协1988年版）；代表性论文有：王瑞来《苏颂论》（《浙江学刊》1988年第4期，第118-123页）、金秋鹏《略论苏颂的政治生涯》（《自然科学史研究》1991年第1期，第1-7页）、管成学与王兴文《苏颂与苏轼交谊考述》（《清华大学学报（哲学社会科学版）》2002年第2期，第85-89页）、苏颖与刘宏岩《苏颂〈本草图经〉之特色探析》（《中国中医基础医学杂志》2012年第7期，第719-720页），等等。

仁宗嘉祐六—八年（1061—1063）知颍州，十一世纪中国伟大的科学家、医学家、天文学家、机械制造家，著有《图经本草》《新仪象法要》《苏魏公文集》等。曾肇撰有《赠苏司空（颂）墓志铭（崇年元年十一月）》、邹浩撰有《故观文殿大学士苏公（颂）行状》。《宋史》卷三四〇有传。傅璇琮《宋才子传笺证》收入。

《宋史》卷三四〇《苏颂传》载：

> 富弼尝称颂为古君子，及与韩琦为相，同表其廉退，以知颍州。通判赵至忠本边徼降者，所至与守竞，颂待之以礼，具尽诚意。至忠感泣曰："身虽夷人，然见义则服，平生诚服者，唯公与韩魏公耳。"①

又《曾文昭公集》卷三《赠苏司空墓志铭（崇年元年十一月）》载：

> 公讳颂，字子容，性警敏，甫能言，应对不类常儿。……皇祐五年……迁大理寺丞。历集贤校理、同知太常礼院，编定集贤院书籍。在馆九年，廉静自守，宰相富郑公、韩魏公贤之。问所欲，恳求补外，二公益称叹，乃以知颍州。仁宗山陵调发仓卒，公为度土产有无，高估缓期，官自为市，民不知扰，而课最他郡，颍人德之。还，为提点开封府界县镇公事。②

《道乡先生邹忠公文集》卷三九《故观文殿大学士苏公行状》载：

> 公机警夙成，性知礼义。……惟力求外，以便亲养，遂除知颍州。后富公遗公书曰："若吾子出处，可谓真古之君子矣。"考课，进祠部员外郎。英宗即位，迁度支员外郎。……在颍州日，通

---

① （元）脱脱等：《宋史》，北京：中华书局，1977年，第10860页。

② （宋）曾肇：《曾文昭公集》，《宋集珍本丛刊026-5》，北京：线装书局，2004年，第716-717页。

判赵至忠本归明人，所至辄与守竞。公待之以礼，具尽诚意。他日，至忠泣曰："某虏人也，然见义则服。平生诚服者，唯今韩魏公与公耳。"①

《言行龟鉴》卷二《德行门》载：

苏丞相颂字子容，在颍州日，通判赵至忠本归明人，所至辄与守竞。公待之以礼，具尽诚意。他日至忠泣曰："至忠北人也，然见义则服。平生诚服者，唯今韩魏公与公耳！"苏丞相平生未尝问家人有无，及为相，所得俸赐，随即散用。其自奉养薄，每食不过一肉。始薨之日，吊哭者造其寝堂，见其居处服用，无不叹愕咨嗟，以为素不若也。苏丞相之孙曰舒，信道，元丰中为御史中丞，锐于进取，言事多涉刻薄，为王和甫所绳，除名。绍圣复通直郎，知无为州。或言其得罪深重，不当复叙，改监中岳庙祖。父闻之，曰："士大夫立朝当路，一涉非义，失人心，则终身遂废。如王君贶未三十为御史丞，缘进奏院事，终身撼轲，不复大用，陷于刻薄，可不谨哉！"②

⊙ 孙永

孙永（1019—1086），字曼叔，祖先赵（今河北邯郸）人，徙许州长社（今河南许昌）。宋神宗熙宁七—八年（1074—1075）为颍州知州，为人有操守，不畏权势，范纯仁、苏颂称之为国器。著有《康简公崇终集》一卷。苏颂撰有《资政殿学士通议大夫孙公（永）神道碑铭》。《宋史》卷三四二

① （宋）邹浩：《道乡先生邹忠公文集》，《宋集珍本丛刊031-1》，北京：线装书局，2004年，第292-303页。
② （元）张光祖：《言行龟鉴》，沈阳：辽宁教育出版社，2001年，第22页。

有传。

《宋史》卷三四二《孙永传》载：

> 孙永字曼叔，世为赵人，徙长社。……元祐元年，迁吏部，又属疾，改资政殿学士兼侍读，提举中太一宫，未拜而卒，年六十八。赠银青光禄大夫，赙金帛二千，谥曰康简。
>
> 永外和内劲，论议常持平，不求诡异。事或悖于理，虽逼以势，亦不为屈。未尝以矫亢形于色辞，与人交，终身无怨仇。范纯仁、苏颂皆称之为国器。[1]

又《苏魏公文集》卷五三苏颂《资政殿学士通议大夫孙公神道碑铭》载：

> 公讳永，字曼叔。……（熙宁）七年春，降授龙图阁直学士，提举中太一宫兼集禧观公事。再以亲疾求外补，出知颍州。[2]

⊙ 田钦祚

田钦祚，生卒年不详，颍州汝阴（今安徽阜阳）人。从后周世宗征淮南，为前军都监。宋初，迁阁门通事舍人。开宝二年（969），领贺州刺史，判四方馆使。三年（970），以钦祚为定州路兵马都部署。江南平，以功加领汾州防御使。太平兴国初，迁引进使，为晋州都钤辖。四年（979），从征太原，屯石岭关以扞契丹。史载钦祚作战勇猛，屡立战功，但性刚戾负气，尤不喜儒士，好狎侮同列，人多恶之。《宋史》卷二七四有传。

《宋史》卷二七四《田钦祚传》载：

> 田钦祚，颍州汝阴人。父令方，汉虢州团练使。帐下伶人靖

---

① （元）脱脱等：《宋史》，北京：中华书局，1977年，第10902—10903页。
② （宋）苏颂：《苏魏公文集》，北京：中华书局，1988年，第798—801页。

边庭妻有美色，令方私之，边庭不胜忿。会陕西三叛连衡，关辅间人情大扰。边庭率其徒数人夜缒入州廨，害令方，因掠郡民投赵思绾，至潼关，与守关使者战，遂败散。朝廷录钦祚为殿直，改供奉官。

周世宗征淮南，为前军都监。从征关南还，会塞澶渊决河，命钦祚领禁兵护役，因令督治澶州城。淮人寇高密，刺史王万威求济师，命钦祚领州兵援之，既至，围解。

宋初，迁阁门通事舍人。乾德二年冬，讨蜀，为北路先锋都监，令乘传往来宣达机事。孟昶降，奉捷书驰奏，迁西上阁门副使。蜀土寇乱，又遣钦祚率师讨平之。四年春，并人寇乐平，从罗彦环拒之，独以所部三千人破寇，擒副将一人，俘获甚众，以功迁西上阁门使。开宝二年，又与何继筠破贼兵于石岭关，领贺州刺史，判四方馆使。

三年，契丹寇中山，以钦祚为定州路兵马都部署。与战遂城，自旦及晡，杀伤甚众。钦祚马中流矢踣，骑士王超授钦祚以马，军复振，敌解去。朝廷将议讨江表，遣钦祚觇之，还奏合旨。江南所得宝货直三千万，悉以赐钦祚。会兴师，首命钦祚与曹彬、李汉琼率骑军先赴江陵，就命为升州西南路行营马军兼左厢战棹都监。领兵败吴军万余于溧水，斩其主帅李雄等五人，擒裨将二人。进围金陵，为南面攻城部署。既平，以功加领汾州防御使。

太平兴国初，迁引进使，为晋州都钤辖。太原骁将杨业率众寇洪洞县，钦祚击败之，斩首千余级，获马数百。太宗赐钦祚白金五千两，令市宅。四年，从征太原，护前锋骑兵，屯石岭关以扞契丹。

钦祚性刚戾负气，多所忤犯，与主帅郭进不协。进战功高，屡为钦祚所陵，心不能甘，遂自缢死。初，贼兵奋至进出战，钦祚但闭壁自守，既去，又不追。所受月奉刍粟，多贩鬻规利，为部下所诉，责授睦州团练使。车驾北巡，以为幽州西路行营壕砦都监。六年秋，改房州团练使，逾年，又改柳州。岭外多瘴气，因遘疾，累表乞生还阙下。上怜之，迁郓州团练使。在郡二年，入觐，钦祚见上，涕泣不已。以为银、夏、绥、宥都巡检使，俄召还。会征幽州，命钦祚与宣徽南院使郭守文为排阵使。时钦祚已被病，受诏不胜喜。一夕，卒。

钦祚性阴狡，尤不喜儒士，好狎侮同列，人多恶之。子承诲，仕至供奉官、阁门祗候；承说至崇仪副使。[①]

⊙ 万适

万适，生卒年不详，字纵之，陈州宛丘（今河南淮阳）人，自号遣玄子。适少年聪慧，六七岁能诗，精于《道德经》。约宋太宗朝为颍上主簿。适好著述，有《狂简集》百卷、《雅书》三卷、《志苑》三卷、《雍熙诗》二百首、《经籍摘科讨论》四十卷。《宋史》卷四五七有传，但不载颍上主簿一事。

《宋史》卷四五七《万适传》载：

> 万适字纵之，陈州宛丘人，自号遣玄子。六七岁即为诗。及长，喜学问，精于《道德经》。与高锡族子冕及韩伾交游，酬唱多有警句。不求仕进，专以著述为务，有《狂简集》百卷、《雅书》三卷、《志苑》三卷、《雍熙诗》二百首，《经籍摘科讨论》计四十卷。
>
> 淳化中，佇任翰林学士，因召对，上问曰："卿早在嵩阳，

---

① （元）脱脱等：《宋史》，北京：中华书局，1977年，第9359-9360页。

当时辈流颇有遗逸否？"俀以适及杨璞、田诰为对，上悉令召至阙下。诏书下而诰卒。璞既至，对于便殿，不愿仕进，上赐以束帛，与一子出身，遣还故郡。适最后至，特授慎县主簿。适素康强无疾，诏下日已病，犹勉强赴朝谢，举止山野，人皆笑之，后数日卒。①

又《乾隆颍州府志》卷六《名宦志》载：

> 万适，颍上簿，有惠政，祀名宦。②

⊙ 汪齐

汪齐，生卒年不详，字子思，宣州泾县（今属安徽）人。宋仁宗庆历六年（1046）进士，后知颍州沈丘县。齐沉笃好学，所至有惠爱。与王安石意见左，出通判池州。致仕后徜徉山水，自得其乐。

《嘉庆宁国府志》卷二七《人物志·宦跡》载：

> 汪齐，字子思，庆历丙戌进士，初任岳州平江簿，历洪州靖安、颍州沈邱令，所至有惠政。陈述右孙沔荐其才，累迁至太常博士、骑车都尉、守尚书都官员外郎。行青苗免役之法，齐诣朝堂力言其不便。宰相王安石曰此法便天下，独公兼并之心未厌，故不便尔。齐家饶于财，故安石以此折之，遂出判池州。久之，改朝散大夫致仕。家居二十年，徜徉山水，以诗酒自娱，与野老往还，人忘

---

① （元）脱脱等：《宋史》，北京：中华书局，1977年，第13427–13428页。

② （清）王敛福纂修：（清）王敛福纂修：《乾隆颍州府志》，《中国地方志集成·安徽府县志辑24》，南京：江苏古籍出版社，1998年，第272页。

其为显者，卒年九十二，累赠大中大夫。①

⊙ 汪若海

汪若海（1101—1161），字东叟，新安歙（今黄山歙县）人，汪叔詹子。未冠入太学。宋高宗绍兴九年（1139）通判顺昌府。若海豁达高亮，深沉有度，不喜文章辞句，做事雷厉风行，果断立决。著有《中山麟书》一卷。汪若容撰有《朝请大夫直秘阁汪公若海行状》。《宋史》卷四〇四有传。

《宋史》卷四〇四《汪若海传》载：

> 汪若海字东叟，歙人。未弱冠，游京师，入太学。……
>
> 绍兴九年，复三京，祗谒陵寝，事还，以前功，旬月四迁至承议郎、通判顺昌府。金人奄至，太尉刘锜甫至，众不满三万，遣人丐援于朝，无敢往者。若海毅然请行，具述锜明方略，善用兵，以偏师济之，必有成功，朝廷从之，金兵果败去。……
>
> 若海豁达高亮，深沉有度，耻为世俗章句学，为文操纸笔立就，蹈厉风发。高宗尝以片纸书若海名谕张浚曰："似此人材，卿宜收拾。"会浚去国，不果召。②

《全宋文》卷四四二七汪若容《朝请大夫直秘阁汪公若海行状》载：

> 公讳若海，字东叟，新安歙人。……绍兴九年复三京，预祗谒陵寝事，还以前功旬月四迁至承议郎，通判顺昌府。江淮失守，兵集城下，结垒满野。时太尉刘公锜甫至，众不满三万，遣人丐援

---

① （清）鲁铨、锺英修，（清）洪亮吉、施晋纂：《嘉庆宁国府志（二）》，《中国地方志集成·安徽府县志辑44》，南京：江苏古籍出版社，1998年，第245页。
② （元）脱脱等：《宋史》，北京：中华书局，1977年，第12217-12219页。

于朝，无敢往者。公毅然首途，竟达在所，具述刘公明方略、善用兵，以偏师济之，必有成功。朝廷从之，故果败去。[1]

⊙ 王代恕

王代恕，生卒年不详，开封咸平（今河南通许县）人。性格温和沉静，为政宽简，遵从法令，深达民意。宋仁宗景祐中为颍州司法参军。欧阳修撰有《江宁府句容县令赠尚书兵部员外郎王公代恕墓志铭（庆历四年）》。

《居士集》卷二八《江宁府句容县令赠尚书兵部员外郎王公代恕墓志铭（庆历四年）》载：

> 公讳某，字某。……改颍州司法参军，州民药氏为盗，会赦，出入里闾，操弓矢，为民害。有朱氏者，募客二人谋杀之，法当死。公曰："为法所以辅善而禁恶也，今杀良民为恶盗报仇，岂法意邪？"乃状列之，朱氏得减死。改华州司法，迁苏州之吴江、江宁之句容二县令，遂老于京师。以某年某月某日卒于家，享年六十有九。

> 公好学善书，喜宾客，务赒人缓急。而为性宽静沈默，左右丞史有不如意，未尝笞责，诸子问之，则曰："刑法岂为喜怒设邪？"[2]

⊙ 王涣之

王涣之（1060—1124），字彦舟，衢州常山（今属浙江）人，汉之弟。宋神宗元丰二年（1079）进士。元丰八年（1085）知颍上县。涣之淡

---

① 曾枣庄、刘琳：《全宋文》，上海：上海辞书出版社，2006年，第200册，第296-299页。

② （宋）欧阳修：《欧阳修全集》，北京：中华书局，2001年，第425-426页。

泊名利，不求显宦。程俱撰有《宝文阁直学士中大夫致仕太原郡开国侯食邑一千四百户食实封一百户赠正议大夫王公（涣之）墓志铭（宣和七年）》。《宋史》卷三四七有传。

《宋史》卷三四七《王涣之传》载：

> 涣之字彦舟。未冠，擢上第……以为杭州教授，知颍上县。元祐中，为太学博士，校对黄本秘书。……朝廷议北伐，涣之以疾提举明道宫。又四年卒，年四十五。
>
> 涣之性淡泊，恬于仕进，每云："乘车常以颠坠处之，乘舟常以覆溺处之，仕宦常以不遇处之，则无事矣。"其时趣如此。①

又《北山小集》卷三〇《宝文阁直学士中大夫致仕太原郡开国侯食邑一千四百户食实封一百户赠正议大夫王公墓志铭（宣和七年）》载：

> 公讳涣之，字彦舟，姓王氏……元丰八年，迁宣议郎、知颍州颍上县事。改越州教授，再移杭州教授。②

⊙ 王拱辰

王拱辰（1012—1085）③，字君贶，元名拱寿，开封咸平（今河南通许县）人。宋仁宗天圣八年（1030）登进士第一。拱辰才能过人，仁宗赐名拱辰。天圣九或十年（1031或1032）通判颍州。著有《平蛮杂议》十卷。安焘撰有《宋故彰德军节度相州管内观察处置等使检校太师持节姆州诸军事相州

---

① （元）脱脱等：《宋史》，北京：中华书局，1977年，第11001页。

② （宋）程俱：《北山小集》，《宋集珍本丛刊033-4》，北京：线装书局，2004年，第564页。

③ 墓志参见洛阳地区文物工作队《北宋王拱辰墓及墓志》（载于《中原文物》1985年第4期，第16-23页）。相关研究论文主要有：仝建平《王拱辰任"安武军节度使"考》（载于《山西师大学报（社会科学版）》2006年第6期，第58页）、李合群《〈宋史·王拱辰传〉勘误》（载于《中国史研究》2011年第2期，第128页）。

刺史充大名府路安抚使马步军都总管知大名府兼北京留守司公事畿内劝农使上柱国原郡开国公食邑九千三百户实封叁千肆佰户赠开府仪同三司谥懿恪王公（拱辰）墓志铭并序》、刘挚撰有《王开府（拱辰）行状》。《宋史》卷三一八有传。

《宋史》卷三一八《王拱辰传》载：

> 王拱辰字君贶，开封咸平人。元名拱寿，年十九，举进士第一，仁宗赐以今名。……

> 哲宗立，徙节彰德，加检校太师。是年，薨，年七十四。赠开府仪同三司，谥懿恪。

> 论曰：方平、拱辰之才，皆较然有过人者，而不免司马光、赵抃之论，岂其英发之气，勇于见得，一时趋乡未能尽适于正与？及新法行，方平痛陈其弊，拱辰争保甲，言尤剀切，皆谔谔不少贬，为国老成，望始重矣。若方平识王安石于辟校贡举之时，而知其后必乱政，其先见之明，无忝吕诲云。①

《全宋文》卷一六七八刘挚《王开府行状》载：

> 今为开封咸平人者，公之高祖也，世以资雄。……公吴兴出也。少奇警力学，能文词。天圣八年举进士，仁宗廷试，以为天下第一，时年十九。拜将作监丞、同判怀州、改颍州，以吴兴忧去官。继丁韩国公忧，居丧摧棘，杖乃能起。景祐二年，服除，改秘书省著作郎、直集贤院。……公初名拱寿，唱第日，仁宗面赐今名。②

---

① （元）脱脱等：《宋史》，北京：中华书局，1977年，第10359-10361页。
② 曾枣庄、刘琳：《全宋文》，上海：上海辞书出版社，2006年，第77册，第107-114页。

⊙ 王素

王素（1007—1073），字仲仪，大名莘县（今属山东）人，宰相王旦次子，赐进士出身。约宋仁宗天圣中通判颍州，所至称为能吏。著有《王旦遗事》一卷、《经验方》三卷。张方平撰有《宋故端明殿学士金紫光禄大夫行工部尚书致仕上柱国太原郡开国公食邑三千八百户实封一千二百户谥懿敏王公（素）神道碑铭并序》、王珪撰有《王懿敏公素墓志铭》。《宋史》卷三二〇有传。

《宋朝事实类苑》卷四十六《王素》载：

> 王素待制，大丞相旦之子，自筮仕，所至称为能吏。既升台宪，风力愈劲，尝与同列奏事上前，事有不合，众皆引去，公方论列是非，俟得旨乃退。帝曰："真御史也。"议者目公为独击鹘。……后出镇定武，亦以惠政称。晚岁思玉京之梦，乃为诗曰："虚碧中藏白玉京，梦魂飞入黄金城。何时再步烟霞外？皓齿青童已扫厅。"[1]

又《宋史》卷卷三二〇《王素传》载：

> 王素字仲仪，太尉旦季子也。赐进士出身，至屯田员外郎。御史中丞孔道辅荐为侍御史。道辅贬，出知鄂州。仁宗思其贤，擢知谏院。素方壮年，遇事感发。……卒，年六十七，谥曰懿敏。[2]

又《乐全先生文集》卷三七《宋故端明殿学士金紫光禄大夫行工部尚书致仕上柱国太原郡开国公食邑三千八百户实封一千二百户谥懿敏王公神道碑铭并序》载：

---

① （宋）江少虞：《宋朝事实类苑》，上海：上海古籍出版社，1981年，第609页。
② （元）脱脱等：《宋史》，北京：中华书局，1977年，第10402-10404页。

公讳素，字某。……章圣问诸孤，公犹未官，更以嗟恻，始授太常寺太祝。……复召试，擢通判颍州，更怀州、许州。①

⊙ 王巩

王巩（1048—1117）②，字定国，大名莘县（今属山东）人，自号清虚，王素第四子、张安道之婿。宋仁宗庆历中通判颍州。巩练达世务，好臧否人物，议论时政，屡遭贬逐。巩诗文出众，受苏轼、苏辙兄弟推重，与秦观等都有交游。著有《论语》十卷、《王定国诗集》、《甲申杂记》一卷、《闻见近录》一卷、《清虚居士随手杂录》一卷。

《道光阜阳县志》卷八《职官》载：

王定国，庆历年任颍州通判。③

---

① （宋）张方平：《乐全先生文集》,《宋集珍本丛刊006-1》，北京：线装书局，2004年，第189页。

② 王巩其生卒年参见李贵录《宋代王巩略论》（载于《贵州大学学报（社会科学版）》2003年第1期，第77-82页）。相关王巩的研究文章主要有：阎增山《略论王巩及其杂著》（载于《聊城师范学院学报（哲学社会科学版）》1987年第1期，第50-57页）、杨国兴《"孙觉、苏轼、王巩、秦观同登文游台饮酒论文"考》（载于《扬州师院学报（社会科学版）》1988年第4期，第165-168页）、喻世华、朱广宇《休戚相关　荣辱与共——论苏轼与王巩的交谊》（载于《江苏科技大学学报（社会科学版）》2013年第2期，第50-58页）、杨胜宽《王巩与苏轼交谊考论》（载于《地方文化研究辑刊》2014年第00期，第111-122页）、张彦《王巩谪居广西与作品考述》（载于《广西师范大学学报（哲学社会科学版）》2014年第4期，第91-95页）《北宋王巩笔记考论》（《新疆职业大学学报》2014年第5期，第43-47页）《论北宋王巩笔记的党争叙事》（载于《黄河科技大学学报》2015年第1期，第76-79页）、王雅琦《北宋党争背景下的士人生活--以王巩为中心》（辽宁大学硕士学位论文，2019年）、刘宇飞《苏辙与王巩关系探讨——以存世书信为例》（载于《乐山师范学院学报》2020年第6期，第1-6页），等等。

③ （清）刘虎文、周天虎修，（清）李复庆等纂：《道光阜阳县志》,《中国地方志集成·安徽府县志辑23》，南京：江苏古籍出版社，1998年，第101页。

⊙ 王山民

　　王山民（1003-1071），字隐甫，其先临汾（今属山西）人，后徙居许州长社（今河南许昌），乐颍州风土，卒葬颍州，子孙遂为颍州人。山民始监荆南、越州、江阴军酒税，徙知宾州，通判寿、密、泉、安四州，最后知江州，所至有政声。山民爱风雅，与王回、辛有终、苏颂等交游。苏颂撰有《少府监致仕王君（山民）墓志铭》。

　　《苏魏公文集》卷六一《少府监致仕王君墓志铭》载：

　　　由京师舟行东南五百里而近郡曰汝阴，地濒淮颍，厥土良沃，水泉鱼稻之美甲于近甸，言卜居者莫不先之。故自庆历以来，贤士大夫往往经营其处，以为闲燕之地。嘉祐中，予忝麾守。时长乐王深甫徙闽籍占著郡内。未及，颍川辛成之罢郡鄂渚，过境留居。而同郡王君隐甫来自寿阳，治第中郭，常与二人者游，皆以乔寄，遂为乡党邻里焉。深甫，予友也；成之，亦予从外舅，在郡过从最数，因而接君甚款，每燕游告适，而三君未尝不同之。既而成之调官而还，未遑卜筑。君独遗远宦情，乐此胜概。后虽腰郡章临九江，远去数千里，而心未尝忘之。其满秩也，年才六十六矣。去而谓人曰："吾里有第，乡有田，而子有禄，可以休矣。"遂还乡间，衍衍自适。而论者亦称其勇退为得计。后三年，年六十九，考终于新第，克葬于汝阴县旌义乡新安原。又十二年，以夫人张氏之枢合祔焉，从吉卜也。

　　　君讳山民，隐甫字也。其先临汾人。曾祖梦徽，赠太子太保。祖嗣宗，左屯卫上将军致仕，赠太师，谥曰景莊。父九龄，感德军节度推官，累赠尚书工部侍郎。妣温氏，追封仙游郡太君。太师在祖宗朝以文学登甲科，以才谋致台辅，霭然声誉，见于一时。捐馆许田，就葬其邑。子孙复为长社人。君用祖荫，祥符中将作监主簿。其通闺籍，服五品，进升卿寺，出典州郡，紫衣金章烂如也。其为人谨介自持，不挠非法，在家无子弟之过，居官为办职吏。始监荆南、越州、江阴军酒税，擢知温州永嘉县。岁余徙知宾州，通判寿、密、泉、安四州，最后知江州。凡迁秩十有五等，而位正监，历官十政，所至虽无赫赫称，而课局有美，吏治无废，不为矫激之行，以取当涂之知，然仕官几五十年，未尝絓于吏议。在宾州时年尚少，已能修举政令，溪洞辽蛮闻其风，无敢犯境。遭岁大穰，郡素不积储，谷价猥贱，君白外台发库钱广平籴以纾民劳。俄而欧希寇宜州，官兵进讨，军需转饷，卒赖宾廪以济部。刺史上其状于朝，法当迁秩，有司以不满数旬而格其议。君独无一言以称伐。六安芍陂堤坏久不治，君议调夫缮完，躬自董役。既成，而岁大旱，民获其利为多。凡此足以见其不苟简于职事，不汲汲于进取。他可知已。

始娶某郡孙氏，封永康县君，早亡。强夫人，继室也，工部侍郎正论之孙女，封京兆郡君，柔训静专，能尽妇道。家庭雍雍而无间言。子男七人：曰浃，通直郎、河北转运司管勾文字；曰濬，巴州司理参军；曰泳，未仕；渥，开州万岁尉；渐，承奉郎、监开封府襄邑县仓草场；沂，华州浦城县丞；涛，湘州司理参军。女二人：长适镇安军节度推官、监解州解县盐池某；次适宣德郎曾孝广。孙十五人。

初，君终于熙宁四年夏四月庚辰，葬以其年十月甲子。合祔前期，一日，浃等泣诉于予曰："昔我曾大父太师景庄公之勋爵行义，应行于朝。公为奉常，实由一言以定其议，而声光炜炜，垂荣至今。惟皇考大监，仕历四朝，伐阅无玷而退嘿自守，不求显闻，故当时公卿无深知者。公昔守颍，尝蒙顾遇。不朽之事，敢复干一言以传取于后。"其婿孝广又从为之请。予惟平日之雅固不忘也，又嘉君有子能显扬先人之善，而其所述者皆予昔之见闻也。故得以详载之。夫恬于仕进者官不蕲达，要之适志意而已；禄不蕲侈，要之代劳力而已；名誉不蕲显闻，要之远羞泞而已。若君者，智能远害而殆于趋时，力可任事而勇于知退。方其未衰，休休焉以归籍，素资以享宴安之乐，顾其所得岂不多乎？孔子所谓"言寡尤，行寡悔，禄亦在其中矣"，其少府君之谓乎？铭曰：

王出汾阴，系于通祖。太师始大，遂迁旧许。宜尔子孙，或莹或处。少府来颍，乐彼风土。卒葬其地，在淮之浒。后十二年，夫人始祔。卜人曰吉，利其后嗣。太师立朝，功崇誉著。少府恂恂，与物无忤。夫人成家，允矣健妇。积善相承，后昆是裕。如卜者言，当享荣祚。[①]

⊙ 王实

王实，生卒里不详，疑为宋颍州（今安徽阜阳）人。王实为庞安常高徒，精通医术，著有《伤寒证治》三卷。

《文献通考》卷二二二《经籍考四十九·子（医家）》"《伤寒证治》三卷"条载：

晁氏曰：宋朝王实编。实谓百病之急，无逾伤寒，故略举病名法及世名医之言，为十三篇，总方百四十六首。或云颍州人，官至外郎，庞安常之高弟也。[②]

---

① （宋）苏颂：《苏魏公文集》，北京：中华书局，1988年，第935-937页。
② （元）马端临：《文献通考》，北京：中华书局，1986年，第1795页。

⊙ 王士敏

王士敏，生卒年不详，颖州太和（今属安徽阜阳）人。南宋末年抗元志士，被俘，临死不屈，血书明志。

《安徽历史名人词典》"王士敏"条载：

> 王士敏，南宋志士。太和人。南宋末，与同邑刘士昭抗元，策划收复太和县，失败被捕入狱。同行纷纷乞怜，惟士敏慷慨不屈。裁衣服大襟上血书云："此生无复望生还，一死都归谈笑间。大地尽为腥血污，好收吾骨首阳山。"遂遇害。①

⊙ 王萃

王萃②，生卒年不详，字乐道，其先酸枣（今河南延津县）人，后徙家汝阴（今安徽阜阳），遂为汝阴人。萃尝从欧阳修学，有诗名。萃交游广泛，与陆经、常秩、滕元发、王陶、王安石、曾布等人都有交游。传有《连都官墓志》一篇和《连都官祭歌》一首。萃子铚，孙廉清、明清，皆为名流。

《宋元学案补遗》卷四《庐陵学案补遗》"王先生萃"条载：

> 王萃字乐道，汝阴人。《周易》博士昭素之后也。尝从欧公学。子铚。《直斋书录解题》。梓材谨案：晁景迁《送王性之序》

---

① 《安徽历史名人词典》编辑委员会：《安徽历史名人词典》，合肥：安徽教育出版社，2008年，第318页。

② 相关王萃的研究论文主要有：张明华《王萃考》（载于《阜阳师范学院学报（社会科学版）》2009年第3期，第4–9页）、房厚信《王萃交游考》（载于《阜阳师范学院学报（社会科学版）》2013年第5期，第154–156页）、董明《宋代颖州王萃、王回两脉文化名家述论》（载于《阜阳师范大学学报（社会科学版）》2020年第2期，第16–21页）。

云：“酸枣先生五世孙，晚相遇于睢阳。”乐道为性之父，则酸枣之四世孙也。①

⊙ 王铚

王铚（？—1144）②，字性之，汝阴（今安徽阜阳）人，自称“汝阴老民”，人称“雪溪先生”，王莘之子、曾纡之婿。生年不详，卒于绍兴十四年（1144）。铚尝从欧阳修学。高宗南渡时为浙西幕僚，作《守备策》千言上之时帅。铚以文史见长，传世作品有《两汉纪》《补侍儿小名录》《国老谈苑》二卷、《默记》三卷、《杂纂续》《雪溪集》五卷、《四六话》二卷，《七朝国史》（未完成）、《哲宗皇帝元祐八年补录》《历代陵名》《枢廷备检》二百卷等散逸。

《宋诗纪事》卷四三《王铚》载：

铚字性之，汝阴人，自称“汝阴老民”。南渡，寓居剡中。建炎初，为枢密院编修官。有《雪溪集》。③

又《乾隆颍州府志》卷八《人物志》载：

---

① （清）王梓材、冯云濠：《宋元学案补遗》，北京：人民出版社，2012年，第338页。

② 有关王铚的研究论文主要有：钟仕伦《骈文与王铚的〈四六话〉》（载于《文史杂志》1993年第3期，第15—16页）、朱杰人《王铚及其〈默记〉》（载于《浙江学刊》1993年第2期，第114—116页）、王竞《王铚〈四六话〉与古代骈文理论的发展》（载于《安徽大学学报（哲学社会科学版）》2010年第2期，第70—76页）、房厚信、张明华《王铚著述考》（载于《东岳论丛》2012年第6期，第64—67页）、莫道才《王铚骈文典故理论考说》（载于《文学遗产》2015年第2期，第189—190页）《“伐山”“伐材”之喻与“生事”“熟事”之法——王铚〈四六话〉的骈文典故理论探析》（载于《中国文学研究》2015年第2期，第29—33页）、葛雅萍《王铚〈默记〉的文史成就及其思想价值》（载于《长江大学学报（社科版）》2015年第7期，第19—21页）《王铚〈默记〉的资鉴用意——对依智高李筠反叛事件等记载的对比透析》（载于《语文建设》2015年第30期，第85—86页），等等。

③ （清）厉鹗辑撰：《宋诗纪事》，上海：上海古籍出版社，2013年，第1103页。

王铚，字性之，颍州人。高宗南渡时为浙西幕僚，作《守备
策》千言上之时帅。后悉著有《默记》、《七朝国史》、《雪溪
集》、《备续清夜录》、《老谈苑》等书。长子廉清，以积学著
时。秦熺倚父势，欲取其先世藏书，且饵以官，廉清坚拒之。著有
《广古今同姓名录》《新乾曜真形图》《补订水陆章句》。次子明
清，亦好学。克绍前业，所著有《挥麈录》、《投辖录》、《玉照
新志》行于世。①

又《宋元学案补遗》卷四《庐陵学案补遗·王氏家学》"王先生铚"条
引《安徽通志》云：

王铚字性之，汝阴人。高宗南渡时为浙西幕僚，作《守备策》
千言上之时帅，后悉验焉。建炎中，为枢密院编修官。著有《续清
夜录》、《默记》、《雪溪集》。②

又《郡斋读书志校证》卷一四《类书类》"《侍女小名录》一卷》"
条载：

皇朝王铚纂。序云："大观中居汝阴，与洪炎玉父游，读陆鲁
望《小名录》，戏徵古今女侍名字。因尽发所藏书籍纂集，余月而
成焉。"凡稗官小说所记，采之且尽，独是正史所载，返多脱略，
子弟之学，其弊如此。③

又《文献通考》卷二三九《经籍考六十六·集（别集）》"《雪溪集
略》八卷"条载：

① （清）王敛福纂修：《乾隆颍州府志》，《中国地方志集成·安徽府县志辑24》，南京：江苏古籍
出版社，1998年，，第375页。
② （清）王梓材、冯云濠：《宋元学案补遗》，北京：人民出版社，2012年，第357页。
③ （宋）晁公武撰，孙猛校正：《郡斋读书志校正》，上海：上海古籍出版社，1990年，第671页。

陈氏曰：汝阴王铚性之撰。国初《周易》博士昭素之后也。其
父革乐道尝从欧公学。铚为曾纤婿，尝撰《七朝国史》。绍兴初，
常同子正荐之，诏视秩史官，给札奏御，会秦氏柄国，中止，书竟
不传。其子明清，著《挥麈录》。①

⊙ 王廉清

王廉清（1125—? ），字仲信，汝阴（今安徽阜阳）人，铚长子、明清
之兄。廉清骨骼高傲，不畏权势，善属诗文，著有《京都岁时记》《广古今
同姓名录》《补订水陆章句》《新乾曜真形图》等，与弟明清齐名。

《宋诗纪事》卷五八《王廉清》载：

廉清字仲信，汝阴人，雪溪先生铚长子。问学该博，与弟明清
齐名。著有《京都岁时记》《广古今同姓名录》《补订水陆章句》
《新乾曜真形图》。②

又《宋元学案补遗》卷四《庐陵学案补遗·雪溪家学》“王先生廉清”
条引《姓谱》云：

王廉清字仲信，铚长子。秦熺倚其父势，移书郡将，欲取其先
世藏书，且饵以官。先生拒之曰：“愿守此书以死，不愿官也。”
熺不能夺而止。③

---

① （元）马端临：《文献通考》，北京：中华书局，1986年，》，第1898页。
② （清）厉锷辑撰：《宋诗纪事》，上海：上海古籍出版社，2013年，第1480页。
③ （清）王梓材、冯云濠：《宋元学案补遗》，北京：人民出版社，2012年，第367页。

⊙ 王明清

王明清（1127—？）^①，字仲言，汝阴（今安徽阜阳）人，莘次子、廉清之弟。历官签书宁国军节度判官、泰州通判、浙西参议官。明清少承家学，习知历朝史实及典章制度，尤长文史，著述丰富，《挥麈录》二十卷、《玉照新志》五卷（一作六卷）、《投辖录》一卷、《摭青杂说》一卷、《宋朝宰辅拜罢录》四卷、《春娘传》一卷等传存。《清林诗话》已佚。

《宋诗纪事》卷五八《王明清》载：

> 明清字仲言，汝阴人，雪溪先生铚之次子。庆元间，寓居嘉禾。官台州倅。著有《挥麈三录》《玉照新志》《投辖录》《清林诗话》。^②

又《文献通考》卷二一七《经籍考四十四·子（小说家）》"《挥麈录》三卷，《后录》十一卷，《第三录》三卷，《余话》一卷"载：

> 陈氏曰：朝请大夫汝阴王明清仲言撰。明清，铚之子，曾纡公衮之外孙。故家博闻，前言往行多所忆。《后录》跋称六卷，今多五卷。"^③

又《宋元学案补遗》卷四《庐陵学案补遗·雪溪家学》"王先生明清"条引《姓谱》云：

---

① 相关王明清的研究文章相对较少，代表性的有：吴晓萍《〈挥麈录〉与王明清的学术成就》（载于《安徽教育学院学报（哲学社会科学版）》1999年第4期，第3-5页）、张明华《王明清著述考》（载于《阜阳师范学院学报（社会科学版）》2009年第5期，第11-14页）、燕永成《试论王明清的补史成就》（载于《史学史研究》2009年第3期，第49-57页）、张瑞君、韩凯《王明清笔记著作中的文学思想研究》（载于《西南大学学报（社会科学版）》2015年第5期，第121-127页），等等。
② （清）厉锷辑撰：《宋诗纪事》，上海：上海古籍出版社，1983年，第1481页。
③ （元）马端临：《文献通考》，北京：中华书局，1986年，第1770页。

王明清字仲言，铚次子。庆元间寓居嘉禾，官至朝奉郎、泰州倅，有史才。所著有《挥麈录》、《玉照新志》。①

又《郡斋读书志校正》读书附志《杂说类》"《挥麈录》《后录》《第三录》《挥麈余话》二十三卷"载：

王明清仲言之说也。明清，汝阴人。载朝廷典故贤哲言行为多。②

⊙ 王平

王平（985—1047），字保衡，福州侯官（今属福建福州）人，后徙家颍州（今安徽阜阳），卒葬之，遂为颍州人。王平于宋真宗天禧三年（1019）以同进士出身授许州司理参军，历临安、扶沟主簿、开封府法曹参军。迁秘书丞，出知洪州分宁县，通判徐州、陇州。入为审刑院详议官、三司户部判官。官至侍御史。有子三人：回、向、回，皆名闻一时，昔官皆止于县主簿，且英年早逝。

《挥麈后录》卷六：

仁宗朝侍御史王平，字保衡，侯官人。章圣时，初为许州司理参军。里中女乘驴单行，盗杀诸田间，褫其衣而去。驴逸，田旁家收系之。吏捕得驴，指为杀女子者，讯之四旬。田旁家认收系其驴，实不杀女子。保衡意疑甚，以状白府。州将老吏，素强了，不之听，趣令具狱。保衡持益坚，老守怒曰："搀懦耶？"保衡曰："坐懦而奏，不过一免耳。与其阿旨以杀无辜，又陷公于不义，校

---

① （清）王梓材、冯云濠：《宋元学案补遗》，北京：人民出版社，2012年，第367页。

② （宋）晁公武撰，孙猛校正：《郡斋读书志校正》，上海：上海古籍出版社，1990年，第1147页。

其轻重，孰为愈邪？"州将因不能夺。后数日，河南移逃卒至许，
劾之，乃实杀女子者。田旁家得活。后因众见，州将谢曰："微司
理，向几误杀平人。"此与夫钱淡成何异，位虽不显。保衡娶曾氏
宣靖之妹，生三子：回字深父，同字于直，向字容季，俱列两朝史
儒学传。所著书传于荐绅为多。深父子汶，字道原，诗文尤奇。有
集，先人作序行于世。阴德之报，有从来矣。①

⊙ 王回

　　王回（1023—1065）②，字深父（一作深甫），王平长子，其先福州侯
官（今属福建福州）人，后徙家颍州（今安徽阜阳），遂为颍州人。宋仁宗
嘉祐二年（1057）进士，为卫真县主簿，岁余自免。英宗治平二年（1065）
为忠武军节度推官、知南顿县，命下已卒。王回具有文人之傲骨，不为名利
折腰，但在仕途上颇不顺意。王回勤于著述，有文集二十卷、《清河崔氏
谱》一卷已佚；《全宋文》卷一五一五收录《事君赋》《驷不及舌赋》《霍
丘县驿记》等文25篇。王回与王安石、曾巩、常秩、吕公著、司马光等都
有交游。王安石撰有《王深父墓志铭》、曾巩撰有《王深父文集序》。《宋
史》卷四三二有传。

　　《宋史》卷四三二《王回传》载：

　　　　王回字深父，福州侯官人。父平言，侍御史。回敦行孝友，质
　　直平恕，造次必稽古人所为，而不为小廉曲谨以求名誉。尝举进士

---

① （宋）王明清：《挥麈录》，《宋元笔记小说大观4》，上海：上海古籍出版社，2007年，第3691页。
② 有关王回的研究文章有：陈振文《"长乐王回"辨考》（载于《莆田学院学报》2005年第4
　　期，第68—69页）、张静《北宋王回兄弟文坛交游考述》（载于《河北工业大学学报（社会科
　　学版）》2011年第4期，第1—7页）、袁贝贝《王回考》（载于《温州大学学报（社会科学版）》
　　2012年第6期，第77—82页）。

中第，为卫真簿，有所不合，称病自免。

作《告友》曰：

古之言天下达道者，曰君臣也，父子也，夫妇也，兄弟也，朋友也。五者各以其义行而人伦立，其义废则人伦亦从而亡矣。

然而父子兄弟之亲，天性之自然者也；夫妇之合，以人情而然者也；君臣之从，以众心而然者也。是虽欲自废，而理势持之，何能斩也。惟朋友者，举天下之人莫不可同，亦举天下之人莫不可异，同异在我，则义安所卒归乎？是其渐废之所繇也。

君之于臣也，父之于子也，夫之于妇也，兄之于弟也，过且恶，必乱败其国家，国家败而皆受其难，被其名，而终身不可辞也。故其为上者不敢不诲，为下者不敢不谏。世治道行，则人能循义而自得；世衰道微，则人犹顾义而自全。间有不若，则亦无害于众焉耳。此所谓理势持之，虽百代可知也。

亲非天性也，合非人情也，从非众心也，群而同，别而异，有善不足与荣，有恶不足与辱。大道之行，公于义者可至焉，下斯而言，其能及者鲜矣。是以圣人崇之，以列于君臣父子夫妇兄弟而壹为达道也。圣人既没，而其义益废，于今则亡矣。

夫人有四肢，所以成身；一体不备，则谓之废疾。而人伦缺焉，何以为世？呜呼，处今之时而望古之道，难矣。姑求其肯告吾过也，而乐闻其过者，与之友乎！

退居颍州，久之不肯仕，在廷多荐者。治平中，以为忠武军节度推官、知南顿县，命下而卒。回在颍川，与处士常秩友善。熙宁中，秩上其文集，补回子汾为郊社斋郎。①

又《王安石集》卷九十三《王深父墓志铭》载：

---

① （元）脱脱等：《宋史》，北京：中华书局，1977年，第12843–12844页。

吾友深父，书足以致其言，言足以遂其志，志欲以圣人之道为己任，盖非至于命弗止也。故不为小廉曲谨以投众人耳目，而取舍、进退、去就必度于仁义。世皆称其学问文章行治，然真知其人者不多，而多见谓迂阔，不足趣时合变。嗟乎，是乃所以为深父也。令深父而有以合乎彼，则必无以同乎此矣。尝独以谓天之生夫人也，殆将以寿考成其才，使有待而后显，以施泽于天下。或者诱其言以明先王之道，觉后世之民。呜呼，孰以为道不任于天，德不酬于人，而今死矣。甚哉，圣人君子之难知也。以孟轲之圣，而弟子所愿，止于管仲、晏婴，况余人乎？至于扬雄，尤当世之所贱简，其为门人者，一侯芭而已。芭称雄书，以为胜《周易》。《易》不可胜也，芭尚不为知雄者。而人皆曰："古之人生无所遇合，至其没久而后世莫不知。"若轲、雄者，其没皆过千岁，读其书、知其意者甚少，则后世所谓知者未必真也。夫此两人以老而终，幸能著书，书具在，然尚如此。嗟乎深父，其智虽能知轲，其于为雄，虽几可以无悔，然其志未就，其书未具，而既早死，岂特无所遇于今，又将无所传于后？天之生夫人也而命之如此，盖非余所能知也。深父讳回，本河南王氏。其后自光州之固始，迁福州之侯官，为侯官人者三世。曾祖讳某，某官。祖讳某，某官。考讳某，尚书兵部员外郎。兵部葬颍州之汝阴，故今为汝阴人。深父尝以进士补亳州卫真县主簿，岁余自免去。有劝之仕者，辄辞以养母。其卒以治平二年七月二十八日，年四十三。于是朝廷用荐者以为某军节度推官，知陈州南顿县事，书下，而深父死矣。夫人曾氏，先若干日卒。子男一人某，女二人，皆尚幼。诸弟以某年某月某日，葬深父某县某乡某里，以曾氏祔。铭曰：

呜呼深父，惟德之仔肩，以迪祖武。厥艰荒遐，力必践取。莫吾知庸，亦莫吾侮。神则尚反，归形此土。①

又《曾巩集》卷一二《王深父文集序》载：

> 深父，吾友也，姓王氏，讳回。当先王之迹熄，六艺残缺，
> 道术衰微，天下学者无所折衷，深父于是时奋然独起，因先王之遗
> 文以求其意，得之于心，行之于己，其动止语默必考于法度，而穷
> 达得丧不易其志也。文集二十卷，其辞反复辨达，有所开阐，其卒
> 盖将归于简也。其破去百家传注推散缺不全之经，以明圣人之道于
> 千载之后，所以振斯文于将坠，回学者于既弱，可谓道德之要言，
> 非世之别集而已也。后之潜心于圣人者，将必由是而有得，则其于
> 世教岂不补之而已哉！呜呼！深父其志方强，其德方进，而不幸死
> 矣，故其泽不加于天下，而其言止于此。然观其所可考者，岂非孟
> 子所谓名世者钦？其文有片言半简，非大义所存，皆附而不去者，
> 所以明深父之于其细行，皆可传于世也。

> 深父，福州侯官县人，今家于颍。尝举进士，中其科，为亳州
> 卫真县主簿。未一岁弃去，遂不复仕。卒于治平二年之七月二十八
> 日，年四十有三。天子尝以某军节度推官知陈州南顿县事，就其家
> 命之，而深父既卒矣。②

⊙ 王向

王向，生卒年不详。王平之子、王回之弟，号公默先生，其先福州侯官
（今属福建福州）人，徙家颍州（今安徽阜阳）。宋仁宗嘉祐二年（1057）
进士，曾为三班借职、勾当滁州一镇，终仕至峡州硖石县主簿。王向为人

---

① （宋）王安石：《王安石集》，上海：复旦大学出版社，2017年，第1611–1612页。
② （宋）曾巩：《曾巩集》，北京：中华书局，1984年，第196–197页。

侠气，有史才，惜其著述散佚，《全宋文》卷一六三六收录其文《某先生讼学子不行束修判》《记客言》和《公默先生传》。王向与王安石、曾巩等友善。曾巩撰有《王子直文集序》、王安石撰有《王子直挽辞》。《宋史》卷四三二有传。

《宋史》卷四三二《王向传》载：

（王回弟）向字子直，为文长于序事，戏作《公默先生传》曰：

公议先生刚直任气，好议论，取当世是非辨明。游梁、宋间，不得意。去居颍，其徒从者百人。居二年，与其徒谋，又去颍。弟子任意对曰："先生无复念去也，弟子从先生久矣，亦各厌行役。先生舍颍为居庐，少有生计。主人公贤，遇先生不浅薄，今又去之，弟子未见先生止处也。先生岂薄颍邪？"

公议先生曰："来，吾语尔！君子贵行道信于世，不信贵容，不容贵去，古之辟世、辟地、辟色、辟言是也。吾行年三十，立节循名，被服先王，究穷《六经》。顽钝晚成，所得无几；张罗大网，漏略零细。校其所见，未为完人。岂敢自忘，冀用于世？予所厌苦，正谓不容。予行世间，波混流同。予誉不至，予毁日隆。小人凿空，造事形迹；侵排万端，地隘天侧。《诗》不云乎，'谮人罔极'。主人明恕，故未见疑。不幸去我，来者谓谁？谮一日效，我终颠危。智者利身，远害全德，不如亟行，以适异国。"

语已，任意对曰："先生无言也。意辈弟子尝穷论先生乐取怨憎，为人所难，不知不乐也。今定不乐，先生知所以取之乎？先生聪明才能，过人远甚，而剌口论世事，立是立非，其间不容毫发。又以公议名，此人之怨府也。《传》曰：'议人者不得其死'，先生忧之是也，其去未是。意有三事为先生计，先生幸听意，不必行；不听，先生虽去绝海，未见先生安也。"

　　公议先生强舌不语，下视任意，目不转。移时，卒问任意，对曰："人之肺肝，安得可视，高出重泉，险不足比。闻善于彼，阳誉阴非，反背复憎，诋笑纵横。得其细过，声张口播，缘饰百端，德败行破。自然是人，贱彼善我。意策之三，此为最上者也。先生能用之乎？"公议先生曰："不能，尔试言其次者。"对曰："捐弃骨肉，佯狂而去，令世人不复顾忌。此策之次者，先生能用之乎？"公议先生曰："不能，尔试言其又次者。"对曰："先生之行己，视世人所不逮何等也！曾未得称高世，而诋诃蜂起，几不得与妄庸人伍者，良以口祸也。先生能不好议而好默，是非不及口而心存焉，何疾于不容？此策之最下者也，先生能用之乎？"公议先生喟然叹曰："吁，吾为尔用下策也。"

　　任意乃大笑，顾其徒曰："宜吾先生之病于世也。吾三策之，卒取其下者矣。"弟子阳思曰："今日非任意，先生不可得留。"与其徒谢意，更因意请去公议为公默先生。[①]

又《曾巩集》卷一二《王子直文集序》载：

　　至治之极，教化既成，道德同而风俗一，言理者虽异人殊世，未尝不同其指。何则？理当故无二也。是以《诗》《书》之文，自唐虞以来，至秦鲁之际，其相去千余岁，其作者非一人，至于其间尝更衰乱，然学者尚蒙余泽，虽其文数万，而其所发明更相表里，如一人之说，不知时世之远，作者之众也。呜呼！上下之间，渐磨陶冶，至于如此，岂非盛哉！自三代教养之法废，先王之泽熄，学者人人异见，而诸子各自为家，岂其固相反哉！不当于理，故不能一也。由汉以来，益远于治。故学者虽有魁奇拔出之材，而其文能

---

① （元）脱脱等：《宋史》，北京：中华书局，1977年，第12844-12846页。

驰骋上下，伟丽可喜者甚众，然是非取舍不当于圣人之意者亦已多矣。故其说未尝一，而圣人之道未尝明也。士之生于是时，其言能当于理者，亦可谓难矣。由是观之，则文章之得失，岂不系于治乱哉！

长乐王向字子直，自少已著文数万言，与其兄弟俱名闻天下，可谓魁奇拔出之材，而其文能驰骋上下，伟丽可喜者也。读其书，知其与汉以来名能文者，俱列于作者之林，未知其孰先孰后。考其意，不当于理者亦少矣。然子直晚自以为不足，而悔其少作，更欲穷探力取，极圣人之指要，盛行则欲发而见之事业，穷居则欲推而托之于文章，将与《诗》《书》之作者并，而又未知孰先孰后也。然不幸蚤世，故虽有难得之材，独立之志，而不得及其成就，此吾徒与子直之兄回字深父所以深恨于斯人也。子直官世行治，深父已为之铭。而书其数万言者，属予为叙。予观子直之所自见者，已足暴于世矣，故特为之序其志云。[①]

又《王安石全集》卷三五《王子直挽辞》云：

多才自合至公卿，岂料青衫困一生。太史有书能叙事，子云终世不徽名。丘坟惨淡箕山绿，门巷萧条颍水清。握手笑言如昨日，白头东望一伤情。[②]

⊙ 王回（一作王同）

王回，生卒年不详，一作王同，字容季，王平之子、王回与王向之弟，其先福州侯官（今属福建福州）人，后徙家颍州（今安徽阜阳）。王回以文

---

① （宋）曾巩：《曾巩集》，北京：中华书局，1984年，第197页。
② （宋）王安石：《王安石全集》，上海：复旦大学出版社，2017年，第697页。

史见长，官止县主簿，英年早逝。其有文集，散逸。王同随其兄回、向与王安石、曾巩、常秩、王铚等交游。曾巩撰有《王容季文集序》《王容季墓志铭》等文。《宋史》卷四三二有传。

《宋史》卷四三二《王回传》载：

（王回）弟同，字容季。性纯笃，亦善序事。皆早卒。仕止于县主簿。①

《曾巩集》卷一二《王容季文集序》载：

叙事莫如《书》，其在《尧典》，述命羲和，宅土，测日晷星候气，揆民缓急，兼蛮夷鸟兽，其财成辅相，备三才万物之理，以治百官，授万民，兴众功，可谓博矣。然其言不过数十。其于《舜典》则曰："在璇玑玉衡，以齐七政。"盖尧之时，观天以历象。至舜，又察之玑衡。圣人之法，至后世益备也。曰七者，则日月五星；曰政者，则羲和之所治无不在焉。其体至大，盖一言而尽，可谓微矣。其言微，故学者所不得不尽心。能尽心，然后能自得之。此所以为经，而历千余年，盖能得之者少也，《易》、《诗》、《礼》、《春秋》、《论语》皆然。其曰测之而益深，穷之而益远，信也。世既衰，能言者益少。承孔子者，孟子而已。承孟子者，扬子而已。扬子之称孟子曰：知言之要，知德之奥。若扬子则亦足以几乎此矣。其次能叙事，使可行于远者，若子夏、左丘明、司马迁、韩愈，亦可谓拔出之材，其言庶乎有益者也。

吾友王氏兄弟，曰回深父，曰向子直，曰同容季，皆善属文，长于叙事，深父尤深，而子直、容季，盖能称其兄者也，皆可谓拔出之材。令其克寿，得就其志，则将绍六艺之遗言，其可御哉！予

① （元）脱脱等：《宋史》，北京：中华书局，1977年，第12846页。

尝叙深父、子直之文，铭容季之墓，而容季之兄固子坚，又集容季之遗稿，属予序之。予悯俗之偷，朋友故旧道缺，不自知其不能，强次是说，以为容季文集序。熙宁九年冬南昌郡斋。①

又《曾巩集》卷四二《王容季墓志铭》载：

容季王氏，讳同。其先太原人，中徙河南，其后自光州之固始徙福州之侯官，徙侯官者五世矣。曾大父讳廷铭，仕闽王为安远军使。大父讳居政，赠秘书丞。考讳平，为侍御史，葬颍州之汝阴，故今为汝阴人。容季嘉祐六年进士及第，主蔡州之新蔡簿。治平某年某月某甲子卒于家，年三十有二。

熙宁某年某月某甲子，葬汝阴旌义乡众义营侍御府君之兆。母曾氏，金华县君，尚书刑部郎中、集贤殿修撰、赠太师、中书令兼尚书令、某国公某之女。妻贾氏，尚书司门郎中昌期之女。男女二人，男曰某，始若干岁。

容季孝悌纯笃，尤能刻意学问，自少已能为文章，尤长于叙事，其所为文，出辄惊人。为人自重，不驰骋炫鬻，亦不孑孑为名。日与其兄讲唐虞孔子之道，以求其内，言行出处，常择义而动。其磨砻涵养而不止者，吾未能量其所至也。不幸其志未就，其材未试，而短命死矣。

初，容季之伯兄回深甫，以道义文学退而家居，学者所崇。而仲兄向子直亦以文学器识名闻当世。容季又所立如此。学士大夫以谓此三人者皆世不常有，藉令有之，或出于燕，或出于越，又不可以得之一乡一国也，未有同时并出，出于一家。如此之盛，若将使之有为也，而不幸辄死，皆不得至于寿考，以尽其材，是有命矣！而命之至于如此，何也？

---

① （宋）曾巩：《曾巩集》，北京：中华书局，1984年，第198-199页。

初，子直之遗文，深甫属予序之。数年，又叙深甫之文。复数年耳，而容季葬有日，其仲兄固子坚又属予铭其墓，而且将叙其文。呜呼！非其可哀也夫！铭曰：

学足以求其内，辞足以达其外。守之用刚，养之用晦。如泉之进，如木之升。奄焉以止，不究其成。维友作诗，以永厥声。①

⊙ 王汶

王汶，生卒年不详，颍州汝阴（今安徽阜阳）人，字道原，王平之孙、王回之子，试将作监主簿。汶诗文出众，雪溪先生王铚曾为其文集作序。

《宋诗纪事》卷五十《王汶》载：

汶字希道，一字道原，汝阴人，回之子，有诗集，雪溪王铚序之。②

案：《宋诗纪事》所载王汶诗疑非其所作，而是浙江王汶（字希道）所撰。

《挥麈后录》卷六：

仁宗朝侍御史王平，字保衡，侯官人。……生三子：回字深父，同字于直，向字容季，俱列两朝史儒学传。所著书传于荐绅为多。深父子汶，字道原，诗文尤奇。有集，先人作序行于世。阴德之报，有从来矣。③

---

① （宋）曾巩：《曾巩集》，北京：中华书局，1984年，第578–579页。
② （清）厉鹗辑撰：《宋诗纪事》，上海：上海古籍出版社，2013年，第1259页。
③ （宋）王明清：《挥麈录》，《宋元笔记小说大观4》，上海：上海古籍出版社，2007年，第3691页。

⊙ 王旭

王旭，生卒年不详，字仲明，王祜子、王旦弟，大名莘县（今山东莘县）人。约宋真宗大中祥符初知颍州，有政绩，创设"和买绢"，民以为便，卒年六十八，祀名宦。

《宋朝事实类苑》卷二一《官政治绩·和买绢》载：

> 祥符初，王旭知颍州，因岁饥，出库钱贷民，约蚕熟，千输一缣。其后李士衡行之陕西，民以为便。今行天下，于岁首给之，谓之和买绢，或曰预买，始于旭也。[①]

又《大明一统志》卷七《中都·凤阳府》"名宦"条载：

> 王旦，通判濠州，以贤达著名。弟旭亦尝知颍州，卓有政绩。[②]

又《乾隆颍州府志》卷六《名宦志》"宋"条载：

> 王旭，字仲明，大名莘人，由判国子监出知颍州，卓有政绩。[③]

又《嘉庆重修一统志》卷一二九《颍州府二》载：

> 王旭，莘人。真宗时知颍州，荒政修举。[④]

⊙ 王臻

王臻，生卒年不详，字及之，颍州汝阴（今安徽阜阳）人。举进士第。

[①] （宋）江少虞：《宋朝事实类苑》，上海：上海古籍出版社，1981年，第247页。
[②] （明）李贤等：《大明一统志》，西安：三秦出版社，1990年，第137页。
[③] （清）王敛福纂修：《乾隆颍州府志》，《中国地方志集成·安徽府县志辑24》，南京：江苏古籍出版社，1998年，第277页。
[④] （清）穆彰阿、潘锡恩等纂修：《嘉庆重修一统志》，北京：中华书局，1986年，第5661页。

历监察御史、三司度支判官等，坐事降监察御史，徙知福州，力除闽人械斗陋俗。仁宗即位，擢龙图阁待制、权知开封府，累迁尚书工部郎中，官至右谏议大夫、权御史中丞。史载臻性刚严，善断事，所至有惠政，能文，为曾致尧赏识。《宋史》卷三〇二有传。

《宋史》卷三〇二《王臻》载：

> 王臻字及之，颍州汝阴人。始就学，能文辞。曾致尧知寿州，有时名，臻以文数十篇往见，致尧览之，叹曰："颍、汝固多奇士。"举进士中第，为大理评事，历知舒城、会昌县，通判徐、定二州，以殿中丞知兖州，特迁监察御史。

> 中使就营景灵宫、太极观，臻佐助工费有劳，迁殿中侍御史，擢淮南转运副使。时发运司建议浚淮南漕渠，废诸堰，臻言："扬州召伯堰，实谢安为之，人思其功，以比召伯，不可废也。浚渠亦无所益。"召为三司度支判官，而发运司卒浚渠以通漕，臻坐前异议，降监察御史、知睦州。道复官，徙福州。闽人欲报仇，或先食野葛，而后趋仇家求斗，即死其处，以诬仇人。臻辨察格斗状，被诬者往往释去，俗为之少变。又民间数以火讹相惊，悉捕首恶杖之，流海上，民乃定。

> 仁宗即位，迁提举在京诸司库务，历三司户部、度支副使，擢龙图阁待制、权知开封府，累迁尚书工部郎中。奸人伪为皇城司刺事卒，吓民以取赇，臻购得其主名，黥窜三十余人，都下肃然。以右谏议大夫权御史中丞，建言："三司、开封府诸曹参军及赤县丞尉，率用贵游子弟，骄惰不习事。请易以孤寒登第、更仕宦书考无过者为之。"又言："在京百司吏人入官，请如《长定格》，归司三年。"皆可其奏。未几，卒。臻刚严善决事，所至有风迹。①

---

① （元）脱脱等：《宋史》，北京：中华书局，1977年，第10009-10010页。

⊙ 魏廷式

魏廷式（951—999），字君宪，大名宗城（今河北威县）人。宋太宗太平兴国五年（980）进士。端拱元年—淳化二年（988—991）通判颍州。廷式精通法律，决断严明，刚果敢言，但口不择言，受人鄙视。《宋史》卷三〇七有传。

《宋史》卷三〇七《魏廷式传》载：

> 魏廷式字君宪，大名宗城人。少明法学……端拱初，改著作佐郎、通判颍州。淳化二年，始命李昌龄判审刑院，以廷式明练刑章，奏为详议官。……咸平二年卒，年四十九。……
>
> 廷式所至，以严明称，刚果敢言，为人主厚遇，然性倾险，喜中伤人，士君子惮其口而鄙其行。①

⊙ 文偃禅师

文偃禅师，姓名、籍贯不详。颍州（今安徽阜阳）忝云门得道高僧。

《乾隆颍州府志》卷八《人物志·仙释》"宋"条：

> 颍州罗汉寺匡果禅师、忝云门文偃禅师，悟心地法门，于乾□（道）七年趺坐逝。②

---

① （元）脱脱等：《宋史》，北京：中华书局，1977年，第10124-10125页。
② （清）王敛福纂修：《乾隆颍州府志》，《中国地方志集成·安徽府县志辑24》，南京：江苏古籍出版社，1998年，第421页。

⊙ 夏竦

夏竦（985—1051）①，字子乔，江州德安（今属江西）人。竦天资聪颖，勤奋好学，经史子集无不通晓。宋仁宗明道二年（1033）知颍州，有政绩，郡民德之。竦以文学起家，著有《古文四声》五卷、《夏文庄集》一百卷，参与《天圣令文》三十卷编撰。《宋史》卷二八三有传。傅璇琮《宋才子传笺证》收入。

《宋史》卷二八三《夏竦传》载：

> 夏竦，字子乔，江州德安人。父承皓，太平兴国初，上《平晋策》，补右侍，隶大名府。契丹内寇，承皓由间道发兵，夜与契丹遇，力战死之，赠崇仪使，录竦为润州丹阳县主簿。
>
> 竦资性明敏，好学，自经史、百家、阴阳、律历，外至佛老之书，无不通晓。为文章，典雅藻丽。举贤良方正，擢光禄寺丞，通判台州。……

---

① 有关夏竦的研究文章主要有：顾新民《夏竦与〈古文四声韵〉》（载于《江西历史文物》1987年第1期，第86—87页）、王景生、张传功《从"夏竦告变"看庆历新政的失败原因》（载于《济南大学学报（综合版）》1992年第1期，第61—63页）、李小红《禁巫典范——夏竦》（载于《科学与无神论》2002年第5期，第60页）、黄海德《天台〈道藏〉考记——有关夏竦〈重建道藏经记〉的几个问题》（载于《宗教学研究》2003年第4期，第1—9页）、贾先奎《论夏竦的应制诗》（载于《安康学院学报》2011年第2期，第74—76页）、段莉萍《北宋诗人夏竦的文学思想及其诗歌创作》（载于《乐山师范学院学报》2014年第7期，第18—22页）、孙刚《论夏竦诗歌的过渡性》（载于《宁夏大学学报（人文社会科学版）》2014年第1期，第100—103页）《夏竦应制诗研究》（载于《华北电力大学学报（社会科学版）》2014年第1期，第111—114页）《夏竦帖子词研究》（载于《重庆师范大学学报（哲学社会科学版）》2014年第2期，第49—53页）《夏竦诗歌题材的多样性与创作的过渡性》（载于《名作欣赏》2014年第17期，第142—144页）《夏竦年谱简编》（载于《古籍整理研究学刊》2014年第5期，第56—60页）、李海洁《夏竦蒙冤的道学环境与史学背景》（载于《中华文史论丛》2015年第3期，第163—184页）、郝旭东《夏竦的西疆经略思想——兼与韩琦、范仲淹比较》（载于《天中学刊》2016年第5期，第89—92页）、黄盼、谭新红《夏竦〈文庄集〉版本源流考》（载于《古籍整理研究学刊》2017年第1期，第29—31页）、谭新红、黄盼《夏竦作品编年考》（载于《古籍整理研究学刊》2018年第4期，第8—15页）。

太后崩，罢为礼部尚书、知襄州，改颍州。京东荐饥，徙青州兼安抚使。……

竦以文学起家，有名一时，朝廷大典策屡以属之。多识古文，学奇字，至夜以指画肤，文集一百卷。其为郡有治绩，喜作条教，于闾里立保伍之法，至盗贼不敢发，然人苦烦扰。治军尤严，敢诛杀，即疾病死丧，拊循甚至。……然性贪，数商贩部中。在并州，使其仆贸易，为所侵盗，至杖杀之。积家财累钜万，自奉尤侈，畜声伎甚众。所在阴间僚属，使相猜阻，以钩致其事，遇家人亦然。①

⊙ 谢泌

谢泌（950—1012）②，字宗源，歙县（今属安徽）人，后迁居颍州汝阴县（今安徽阜阳），遂为汝阴人。泌年少好学，卓尔不群，贾黄中奇之。宋太宗太平兴国五年（980）进士，著有《古今类要》三十卷。泌历知同州、福州、荆南、襄州，迁右谏议大夫、判吏部铨，所至有惠政，民刻碑思之。泌慧眼识才，善举荐，王安石、张逸等均为其所荐。《宋史》卷三〇六有传。

《全宋文》卷二一七八郑侠《谢夫人墓表》载：

予友谭文初，其妻谢夫人，颍川汝阴人也。曾祖泌，谏议大夫，以循吏称，为时名人。……谢氏，其先本歙人，晋谢安之后，由谏议始迁居颍之汝阴云。③

又《新安志》卷六《先达·谢谏议》载：

---

① （元）脱脱等：《宋史》，北京：中华书局，1977年，第9571-9577页。
② 有关谢泌的生平和思想，可以参见鲍新山、张其凡《北宋名臣谢泌生平及思想述评》（载于《安徽史学》2005年第3期，第66-71页）。
③ 曾枣庄、刘琳：《全宋文》，上海：上海辞书出版社，2006年，第100册，第32-33页。

　　谢谏议泌，字宗源，歙县人。自言晋太傅安二十七世孙，少好学，有志操。贾黄中一见奇之，谓人曰："此子材器不群，异日当显名于时。"登进士第，知龙州青川、绵州彰明县，三迁殿中丞，代还，献所著文二十篇，《古今类要》三十卷。召试中书，以本官直史馆，赐绯。时言事者众，诏阁门非涉侥望乃许受。泌抗疏，陈其不可。又乞依唐分经史子集为四库，人掌其一，太宗嘉之，遂以泌兼知集库。淳化中王禹偁请群官谒宰相，须朝罢于政事堂，枢密使于都堂，皆同时接见，以防请托。泌以为若此是疑大臣以私也。夫以万几属任辅臣，非接见宾客何以究知外事。若止都堂候见而咨之，曾无解衣之暇。古人云，疑则勿用，用则勿疑。设若杜公堂谒见之礼，岂无私室塞相府，请托之渐岂无他径。上览疏嘉叹，从之。仍以疏送史馆。会修正殿，泌以为不当施采绘，亟命代以丹垩。且奖其忠荩，拜左司谏，赐金紫，并赐钱三十万。尝对便殿，上称其狂直敢言，泌奏曰："陛下从谏如流，故臣得以自竭。昔唐末有孟昌图者，朝上谏疏，暮不知所在。诗人郑谷为诗闵之。前代如此，安得不乱。"上动容久之，后为虞部员外郎兼侍御史知杂事。上元观灯特预，召自是为例。未几为三司盐铁副使，时外舅魏羽为使，以亲嫌换度支副使。真宗即位，改主客郎中，知虢州。在郡上疏，"以为致太平无出姚崇所献明皇十事。臣记雍熙末年，赵普尝以此献先帝，深以为然。俄命普入相，寻普病，北狄扰边，未及施行。今北狄已息，继迁请命，正是行此十事就太平之日。至于省不急之务，削烦苛之政，不用小人，不与奔竞之流以官爵，开直言之路，此皆致太平之术。陛下十行其八九矣。又继迁小有不恭，不足深责。平城之事至弱也，汉祖行之以安天下，近代石晋用景延广之言以绝和，致天下横流，岂得为强闻。虏所贪嗜者禽色利欲，汉祖明皇所用之计正可以弭虏心。又自古辅佐圣明，建万世之基，立不拔之策者，未有不由宿旧大臣，未闻市井之徒，尘走之吏能为之也。愿陛下察此，则纤人不敢萌心，大贤得以毕力矣。"疏奏，上颇嘉叹。后知福州代还，民刻石于所经之桥，名曰"去思"。泌名知人，少许可，平生荐士曾不过数人，后皆至卿相。每欲发荐牍，必设几案，置章其上，望阙再拜，曰："老臣又为陛下得一人。"王文正公旦，即其所荐也。知襄州日，邓城令张逸有善政，县去州十余里，泌暇日乘小车从数吏，渡汉水至邓城界，以观风谣，或载酒邀逸，野饮吟啸终日而去。荐逸官至枢密直学士为时名臣。西祀还，授泌右谏议大夫、判吏部铨。盥沐巾褐，端坐而终，身不欹侧，时年六十三。归葬乡里，录其子衍为太常寺奉礼郎，衔为将作监主簿。[①]

又《宋史》卷三○六《谢泌传》载：

谢泌字宗源，歙州歙人。自言晋太保安二十七世孙。少好学，有志操。贾黄中知宣州，一见奇之。太平兴国五年进士，解褐大理评事、知清川县，徙彰明，迁著作佐郎。端拱初，为殿中丞，献所著文十编、《古今类要》三十卷，召试中书，以直史馆赐绯。时言事者众，诏阁门，非涉侥望乃许受之。由是言路稍壅。泌抗疏陈其不可，且言："边鄙有事，民政未义，狂夫之言，圣人择焉。苟诘而拒之，四聪之明，将有所蔽。愿采其可者，拒其不可者，庶颙颙之情，得以上达。"复言："国家图书，多失次序。唐景龙中，尝分经、史、子、集为四库，命薛稷、沈佺期、武平一、马怀素分掌，望尊复故事。"遂令直馆分典四部，以泌知集库。改左正言，使岭南采访。

① （宋）罗愿撰，肖建新、杨国宜校著：《〈新安志〉整理与研究》，黄山书社，2008年，第188-190页。

淳化二年，久旱，复上言时政得失。时王禹偁上言："请自今庶官候谒宰相，并须朝罢于政事堂，枢密使预坐接见，将以杜私请。"诏从之。泌上言曰："伏睹明诏，不许宰相、枢密使见宾客，是疑大臣以私也。《书》曰：'任贤勿贰，去邪勿疑。'张说谓姚元崇曰：'外则疎而接物，内则谨以事君。此真大臣之体。'今天下至广，万几至繁，陛下以聪明寄于辅臣，自非接下，何以悉知外事？若令都堂候见，则庶官请见咨事，略无解衣之暇。今陛下囊括宇宙，总揽英豪，朝廷无巧言之士，方面无姑息之臣，奈何疑执政，为衰世之事乎。玉禹偁昧于大体，妄有陈述。"太宗览奏，即追还前诏，仍以泌所上表送史馆。

会修正殿，颇施采绘，泌复上疏。亟命代以丹垩，且嘉其忠荩。拜左司谏，赐金紫、钱三十万。一日，得对便殿，太宗称其任直敢言，泌奏曰："陛下从谏如流，故臣得以竭诚。昔唐季孟昌图者，朝疏谏而夕去位，鉴于前代，取乱宜矣。"太宗动色久之。时，群臣升殿言事者，既可其奏，得专达于有司，颇容巧妄。泌请自今凡政事送中书，机事送枢密，金谷送三司，覆奏而行，从之。

俄判三司盐铁勾院。奉诏解送国学举人，黜落既多，群聚喧诟，怀甓以伺泌出。泌知之，潜由他途入史馆，数宿不敢出，请对自陈。太宗问："何官骖导严肃，都人畏避？"有以台杂对者，即授泌虞部员外郎兼侍御史知杂事。上元观灯，泌特预召，自是为例。转金部员外郎，充盐铁副使。顷之，魏羽为使，即泌之外舅，以亲嫌，改度支副使。因郊祀，条上军士赏给之数。太宗曰："朕惜金帛，止备赏赐尔。"泌因曰："唐德宗朱泚之乱，后唐庄宗马射之祸，皆赏军不丰所致。今陛下薄于躬御，赏赐特优，实历代之所难也。"俄与王沔同磨勘京朝官。太宗孜孜为治，每御长春殿视事罢，复即崇政殿临决，日旰未进御膳。泌言："请自今长春罢政，既膳后御便坐。"不报。俄知三班、通进银台司，出知湖州。再迁主客郎中、知虢州。

真宗初，边人屡寇，泌上疏曰：

臣窃惟圣心所切者，欲天下朝夕太平尔。雍熙末，赵普录唐姚崇《太平十事》以献。未几，普复相，时称致治之策，无出于此。寻普病，又辽骑扰边，因循未行。今北边谧宁，继迁请命，则可行于今日矣。臣以为先朝未尽行者，俟陛下尔。陛下自临大宝，边不加兵，西北肃然，民安岁登，则太平之象，复何远哉。至于省不急之务，削烦苛之政，抑奔竞，来直言，斯皆致太平之象，又岂让唐开元之治也。

议者或谓方今用兵，异于开元，且开元边戎孔炽，明皇卒与之和。至如汉高祖亦然。此皆屈已以宁天下，岂以轻大国而竞小忿乎。请以近事言，往岁讨交阯，王师一动，南方几摇。先皇以为得之无用，弃之实便，及授官为藩屏，则至今鼠伏。石晋之末，耻讲和契丹，遂致天下横流，岂得为强？或者有言，戎所嗜者禽色，所贪者财利，余无他智计。先朝平晋之后，若不举兵临之，但与财帛，则幽蓟不日纳土矣。察此，乃知其情古犹今也，汉祖、明皇所用之计，正可以饵其心矣。

臣伏睹近诏，以不逞之徒所陈述，皆间阎事。臣闻古先哲王询于刍荛，察于迩言者，盖虑视听之蔽，故采此以达物情，亦罕行其事也。先朝有侯莫陈利用、陈廷山、郑昌嗣、赵赞之徒，喋喋利口，赖先帝圣聪，寻翦除之，然为患已深矣。

臣又闻辅时佐主，建万世之基，立不拔之策者，必倚老成之人。至如成、康刑措，由任周、召；文、景清静，不易萧、曹；明皇太平，亦资姚、宋。夫精练国政，斟酌王度，未闻市井之胥，走尘之吏，可当其任也。惟陛下察往古用贤致治之道，则贤者亦必尽忠竭力，以辅成太平之治矣。

咸平二年，徙知同州。代还，知鼓司、登闻院。五年，与陈恕同知贡举，复知通进、银台司，加刑部，出为两浙转运使。近制，文武官告老，皆迁秩，令录授朝官，并给半奉。泌言："请自今七十以上求退者，许致仕；因疾及历任犯赃者，听从便。"诏可。徙知福州，代还，民怀其爱，刻石以纪去思。转兵部郎中，复知审官院，直昭文馆。知荆南府，改襄州，迁太常少卿、右谏议大夫、判吏部铨。大中祥符五年，卒，年六十三。

泌性端直，然好方外之学，疾革，服道士服，端坐死。帝闻而嗟异，遣使临问恤赐，录其子衍为太常寺奉礼郎，衔将作监主簿。衍为太子中舍。①

⊙ 谢夫人

谢夫人，失其名，颍州汝阴（今安徽阜阳）人，谭文初妻。夫人曾祖为谢泌；祖衍，驾部郎中；父立，南雄军事推官。夫人熟习文史，精于书画，为一时名人。

《历代画史汇传》卷七一"宋·谢夫人"条引《郑西塘集》载：

谢夫人，颍川（颍州）汝阴人，谭文初室，每晨兴遍视，家事毕，则读书观古文，间精书画二事，于水墨尤有闲淡趣。②

---

① （元）脱脱等：《宋史》，北京：中华书局，1977年，第10093-10097页。
② （清）彭蕴璨编，吴心毅补编：《历代画史汇传》，扬州：广陵书社，2015年，第975页。

⊙ 谢绛

谢绛（995—1039）[①]，字希深，谢涛子。先祖为阳夏（今河南太康县）人，后徙杭州富阳（今属浙江）。宋真宗大中祥符八年（1015）进士。绛善议论，有文采，重学校。知颍州汝阴县，有惠政，名声外播。参与《宋三朝国史》一百五十卷编纂。欧阳修撰有《尚书兵部员外郎知制诰谢公（绛）墓志铭（康定元年）》。《宋史》卷二九五有传。

《宋史》卷二九五《谢绛传》载：

> 谢绛字希深，其先阳夏人。祖懿文，为杭州盐官县令，葬富阳，遂为富阳人。……绛以父任试秘书省校书郎，举进士中甲科，授太常寺奉礼郎、知汝阴县。善议论，喜谈时事，尝论四民失业，累数千言。天禧中，上疏谓宋当以土德王天下。
>
> 绛以文学知名一时，为人修洁蕴藉，所至大兴学舍，尝请诸郡立学。在河南修国子学，教诸生，自远而至者数百人。好施宗族，喜宾客，以故卒之日家无余赀。有文集五十卷。[②]

又《居士集》卷二六《尚书兵部员外郎知制诰谢公墓志铭（康定元年）》载：

> 谢公讳绛，字希深。……公年十五起家，试秘书省校书郎，复举进士中甲科，以奉礼郎知颍州汝阴县，迁光禄寺丞。上书论四民失业。杨文公荐其材，召试，充秘阁校理，再迁太常丞、通判常州……公既以文知名，至于为政，无所不达，自汝阴已有能名，佐

---

① 相关谢绛的研究文章较少，知网仅收录2篇：吴毓江《谢绛与〈公孙龙子〉》（载于《文史杂志》1998年第4期，第3—5页）、王秀雲《论谢绛《游嵩山寄梅殿丞书》的多元表现及影响》（载于《国学学刊》2017年第4期，第75—82页）。

② （元）脱脱等：《宋史》，北京：中华书局，1977年，第9842—9843页。

常州，至今常人思之。①

⊙ 辛有终

辛有终（999—1066），字成之，许州长社（今河南许昌）人，刘筠内弟。宋仁宗景祐元年（1034）进士，后知颍州沈丘县。为政平易，秩满，民德之，再三挽留。苏颂撰有《职方郎中辛公（有终）墓志铭（熙宁元年八月）》。

《苏魏公文集》卷五八《职方郎中辛公墓志铭（熙宁元年八月）》载：

某之外舅、尚书驾部员外郎辛公，以公族子，兄弟孝友，行义见推乡论。……公……讳有终，字成之。……

公以景祐元年擢第，补汝州团练推官、知颍州沈丘县。事政以平易为尚，故民便安之。始一年，民恐其满去也，于是父老数百辈诣转运使，请留再任。会公以父忧去职，不报。服除，再调宁国军节度掌书记，历事太守二吴公，所为不同，有如水火，诸僚或傅会其意以求合，独公赞佐有体，不为前后易守。……

公之先世，著籍汾阳，自晋公以大臣谢事留京师。及薨，葬许州之长社。而子孙遂占数，死者以昭、穆从大墓。②

⊙ 薛向

薛向（1016—1081）③，字师正，河中万泉（今山西省万荣县）人。宋

---

① （宋）欧阳修：《欧阳修全集》，北京：中华书局，2001年，第406–407页。

② （宋）苏颂：《苏魏公文集》，北京：中华书局，1988年，第880–881页。

③ 相关研究文章有：郭志安、王娟《略论薛向的理财才能——以北宋熙丰年间为例》（载于《保定师范专科学校学报》2005年第3期，第78–80页）。

神宗元丰三年（1080）斥知颍州。向有经济管理才能，但刚愎自用，不善听取别人的意见。著有《边陲利害》三卷、《陕西建明》一卷。《宋史》卷三二八有传。

《宋史》卷三二八《薛向传》载：

> 薛向字师正。……向干局绝人，尤善商财，计算无遗策，用心至到，然甚者不能无病民，所上课间失实。时方尚功利，王安石从中主之，御史数有言，不听也。向以是益得展奋其材业，至于论兵帝所，通畅明决，遂由文俗吏得大用。及在政地，同列质以西北事，则养威持重，未尝启其端，非常所以属望意。会诏民畜马，向既奉命，旋知民不便，议欲改为。于是舒亶论向反覆无大臣体，斥知颍州，又改随州，卒，年六十六。元祐中，录其言，谥曰恭敏。[1]

⊙ 燕肃

燕肃（961—1040）[2]，字穆之，青州益都（今山东寿光市）人。宋英宗治平中知颍州，北宋著名的书画家、天文学家，著有《海潮图》《海潮论》二篇、《燕肃诗》二卷、《莲花漏法》一卷等。《宋史》卷二九八有传。

《宋史》卷二九八《燕肃传》载：

> 燕肃字穆之，青州益都人。……进龙图阁直学士、知颍州，

---

① （元）脱脱等：《宋史》，北京：中华书局，1977年，第10585—10588页。

② 有关燕肃的研究文章主要集中在其天文成就和艺术成就两个方面，具体有：A.C.Moule、张荫麟《宋燕肃，吴德仁指南车造法攷》（载于《清华大学学报（自然科学版）》1925年第1期，第457—467页）、王振铎《燕肃指南车造法补证》（载于《文物》1984年第6期，第61—65页）、黄祯翔《燕肃再造指南车》（载于《发明与革新》1999年第3期，第3—5页）、陈凯歌《燕肃莲花漏》（载于《钟表》2003年第4期，第46—48页）、李莉娜等《燕肃与达·芬奇之比较研究》（载于《西北大学学报（自然科学版）》2006年第4期，第681—684页）、肖燕翼《宋燕肃〈春山图〉辨伪》（载于《故宫博物院院刊》2015年第5期，第40—50页）、程军《燕肃指南车文献再研究》（载于《山西大同大学学报（自然科学版）》2017年第3期，第89—96页）。

徙邓州。官至礼部侍郎致仕，卒。肃喜为诗，其多至数千篇。性精巧，能画，入妙品，图山水罨布浓淡，意象微远，尤善为古木折竹。尝造指南、记里鼓二车及欹器以献，又上《莲花漏法》。诏司天台考于钟鼓楼下，云不与《崇天历》合。然肃所至，皆刻石以记其法，州郡用之以候昏晓，世推其精密。在明州为《海潮图》，著《海潮论》二篇。[1]

又《大明一统志》卷七《中都·凤阳府》载：

　　燕肃知颍州，精于刻漏，时刻不差。尤有善政，临去吏民莫不攀悬。[2]

⊙ 晏殊

晏殊（991—1055）[3]，字同叔，抚州临川（今属江西）人。宋仁宗庆历

---

① （元）脱脱等：《宋史》，北京：中华书局，1977年，第9909—9910页。

② （明）李贤等：《大明一统志》，西安：三秦出版社，1990年，第138页。

③ 相关晏殊的研究文章非常多，仅知网收录就达200余篇，代表性的有谢桃坊《北宋倚声家之初祖晏殊》（载于《学术月刊》1985年第12期，第53—57页）、丛雁《晏殊荐贤面面观》（载于《抚州师专学报》1987年第2期，第19—25页）、文心《晏殊、晏几道父子小传》（载于《长沙水电师院学报（社会科学版）》1990年第1期，第205页）、何绵山《振兴北宋教育的第一功臣——晏殊与北宋教育论略》（载于《辽宁师范大学学报》1993年第6期，第69—71页）、薛玉坤《晏殊年谱补证》（载于《古籍整理研究学刊》1996年第4期，第17—21页）、涂木水《晏殊的籍贯和出生地小考》（载于《抚州师专学报》2001年第1期，第8—13页）、王德明《晏殊的诗学思想及其影响》（载于《文学遗产》2002年第1期，第120—122页）、程安庸《晏殊评说》（载于《求索》2005年第4期，第149—151页）、周保平《宋人晏殊任相时间考》（载于《史学月刊》2005年第9期，第117—118页）、杨安邦《晏殊家世中的几个问题》（载于《东华理工大学学报（社会科学版）》2009年第4期，第313—315页）、晏建怀《晏殊为何不喜欢欧阳修》（载于《文史杂志》2013年第2期，第74—76页）、高峰《晏殊、欧阳修关系的交恶与词风转换》（载于《南京师范大学文学院学报》2017年第4期，第34—44页）、伍玉成《坦诚的词人宰相晏殊》（载于《文史天地》2018年第12期，第49—53页）、邵明珍《论晏殊被"污名化"的深层原因》（载于《苏州大学学报（哲学社会科学版）》2018年第6期，第132—139页）、《晏殊"明哲保身"辨正》（载于《文艺理论研究》2019年第2期，第117—125页）、《晏殊与北宋前期文风之演变》（载于《齐鲁学刊》2020年第3期，第107—115页），等等。

四—六年（1044—1046）知颍州，清洁廉明，知人善任，诗文卓著。但时人对晏殊多有误解。《宋史》卷三——有传。傅璇琮《宋才子传笺证》收入。

《宋史》卷三——《晏殊传》载：

> 晏殊字同叔，抚州临川人。七岁能属文，景德初，张知白安抚江南，以神童荐之。……
>
> 殊性刚简，奉养清俭。累典州，吏民颇畏其悁急。善知人，富弼、杨察，皆其婿也。殊为宰相兼枢密使，而弼为副使，辞所兼，诏不许，其信遇如此。文章赡丽，应用不穷，尤工诗，亲雅有情思，晚岁笃学不倦。文集二百四十卷，及删次梁、陈以后名臣述作，为《集选》一百卷。①

又《大明一统志》卷七《中都·凤阳府》载：

> 晏殊知颍州，以政事闻于一时。公余手不释卷。时邵元为推官，殊诿之以事。②

又《文献通考》卷二三四《经籍考六十一·集（别集）》"晏元献《临川集》三十卷《紫微集》一卷"载：

> 晁氏曰：宋朝晏殊字同叔，临川人。景德二年，张知白荐，得召，赐同进士出身。再试文，擢秘书正字，为昇王府记室。累擢知制诰、翰林学士。宝元三年，拜平章事，四年坐事罢知颍州。历陈、许、雍，终以疾归，侍经席，卒。性刚峻，幼孤笃学，为文温纯应用，尤长于诗，抒情寓物，辞多旷达。当世贤士如范文正、欧阳文忠皆出其门，女适富郑公、杨察，世称其知人。集有两本，一

① （元）脱脱等：《宋史》，北京：中华书局，1977年，第10195–10198页。
② （明）李贤等：《大明一统志》，西安：三秦出版社，1990年，第137页。

本自作序。

陈氏曰：其五世孙大正为《年谱》一卷，言："先元献尝自差次，起儒馆至学士为《临川集》，三十卷；起枢庭至宰席为《二府集》，二十五卷。"今按本传，有《文集》二百四十卷，《中兴书目》亦九十四卷，今所刊止此尔。《临川集》有自序。[①]

又《乾隆颍州府志》卷六《名宦志》载：

晏殊，字同叔，临川人。初以吏部侍郎知亳州，复以工部尚书知颍州。公余手不释卷，植双柳西湖中，后人思之，为建亭。卒赠司空，祀名宦。[②]

⊙ 杨褒

杨褒，生卒年不详，字子美，华阴（今属陕西）人。宋英宗治平中通判颍州。褒好古玩物，藏书画精品颇多。据米芾《宝章待访录》所说，杨褒岳父为王安石。苏轼、欧阳修等均有赠和杨褒的诗。

《居士集》卷一四《闻颍州通判国博与知郡学士唱和颇多因以奉寄知郡陆经通判杨褒（治平二年）》云：

一自苏梅闭九泉，始闻东颍播新篇。金尊留客使君醉，玉尘高谈别乘贤。十里秋风红菡萏，一溪春水碧漪涟。政成事简何为乐，终日吟哦杂管弦。[③]

又《宋朝事实类苑》卷六十《风俗杂志》"西溪寺石"条载：

---

① （元）马端临：《文献通考》，北京：中华书局，1986年，第1866页。

② （清）王敛福纂修：《乾隆颍州府志》，《中国地方志集成·安徽府县志辑24》，南京：江苏古籍出版社，1998年,，第274页。

③ （宋）欧阳修：《欧阳修全集》，北京：中华书局，2001年,，第234页。

　　华阴杨褒，好古博物，家虽贫甚，而书画奇玩，充实巾橐，家姬数人，布裙粝食，而歌舞妙绝。故欧阳公赠之诗曰："三脚木床坐调曲"，盖言褒之贫也。褒，皇祐中，宿华州西溪寺，夜阑灯灭，于阁中有光烨然，旦起视之，石也。询寺僧，云："西溪华下胜处，郡僚宴集之地，每以此石镇内耳。"至夜，褒移至它处，光复在焉。意其蕴玉，因求得之，辇至都下，使玉工视之，以为然，剖之，得玉径数寸，温润纯粹，光彩灿然。工人惊曰"至宝"，曰"全玉"，府中未有其比。会朝廷求良玉琢镇国宝，褒因献之，遂以为玺。镇国，华州军额，朝廷以名与玺同，乃改曰镇潼军，此亦异也。余叔博士，早为华州幕官，故知其详，或以为褒所献，琢为苍璧，未审孰是。①

⊙ 杨备

　　杨备，生卒年不详，字修之，广德军建平（今安徽郎溪县）人，杨亿之弟。宋仁宗庆历末通判颍州。欧阳修有《回颍州通判杨虞部书》。备文采斐然，诗赋出众。著有《历代纪元赋》一卷、《恩平郡谱》一卷、《姑苏百题诗》三卷、《金陵览古诗》三卷。

　　《欧阳修全集》卷九六《回颍州通判杨虞部书》载：

　　修启。兹者赴郡假涂，久留宾次，过承眷与，日接宴言。遽此睽违，实增感恋。但以梶车之始，视职方初，虽云陋邦，粗有人事，加以大暑，遂成病躯。旦夕之间，方思布款；急遽之至，先以惠音。且承别来，福履清胜。修以衰朽，得此退藏。如凤昔之所闻，皆少过于其实；惟寂寞之为乐，须渐久而益佳。余非悉谈，更

---

① （宋）江少虞：《宋朝事实类苑》，上海：上海古籍出版社，1981年，第798页。

冀多爱。①

⊙ 杨察

杨察（1011—1056），字隐甫，成都（今属四川）人。宋仁宗景祐元年（1034）进士，出知颍州，遇事明决，勤于吏职，祀名宦。《宋史》卷二九五有传。

《宋史》卷二九五《杨察传》载：

> 杨察字隐甫。……景祐元年，举进士甲科，除将作监丞、通判宿州。迁秘书省著作郎、直集贤院，出知颍、寿二州，入为开封府推官，判三司盐铁、度支勾院，修起居注，历江南东路转运使。……察美风仪。幼孤，七岁始能言，母颇知书，尝自教之。敏于属文，其为制诰，初若不用意，及稿成，皆雅致有体，当世称之。遇事明决，勤于吏职，虽多益喜不厌。痈方作，犹入对，商画财利，归而大顿，人以为用神太竭云。有文集二十卷。②

又《大明一统志》卷七《中都·凤阳府》载：

> 景祐中通判宿州，后又历知颍、寿二州，遇事明决，勤于吏职。③

⊙ 尹遇

尹遇（？—1092），颍州（今安徽阜阳）人。北宋中后期在颍州组织农

---

① （宋）欧阳修：《欧阳修全集》，北京：中华书局，2001年，第1468页。
② （元）脱脱等：《宋史》，北京：中华书局，1977年，第9855页。
③ （明）李贤等：《大明一统志》，西安：三秦出版社，1990年，第137页。

民起义。苏轼知颖州时，派遣汝阴县尉李直方追捕。元祐七年（1092）被俘于霍邱县。《宋史》卷三三八《苏轼传》载其事迹。

《安徽历史名人词典》"尹遇"条载：

> 尹遇，北宋农民起义首领。颖州人。元祐间活动于颖州一代，与北宋政府相杭衡。初与陈钦、邹立、尹荣等人联合。陈钦等遭捕杀后，又结集陈兴、郑饶、李松等继续斗争，自称"大大王"，陈兴称"二大王"，劫杀富豪，被正史称之为"颖州宿贼"。苏轼知颖州后，派遣汝阴县尉李直方追捕。元祐七年，被擒于霍邱县。[①]

⊙ 尹拙

尹拙（891—971），颖州汝阴（今安徽阜阳）人。后梁贞明中调下邑主簿。后唐时累官检校虞部郎中、忠武军掌书记。后晋天福中奉诏以仓部员外郎，与张昭等同修《唐史》。后汉初召为司马郎中、弘文馆直学士。后周显德初拜国子祭酒、通判太常礼院事。入宋，授太子詹事、判太府寺。告老，以秘书监、判大理寺致仕，卒年八十一。拙善文史，参与编纂《后唐废帝实录》十七卷、《五代周太祖实录》三十卷，与张昭、田敏详定《经典释文》。《宋史》卷四三一有传。

《宋史》卷四三一《尹拙传》载：

> 尹拙，颖州汝阴人。梁贞明五年举《三史》，调补下邑主簿，摄本镇馆驿巡官。后唐长兴中，召为著作佐郎、直史馆，迁左拾遗，依前直史馆，加朝散大夫。应顺初，出为宣武军掌书记、检校虞部员外郎兼殿中侍御史。清泰初，加检校驾部员外郎兼御史大

---

① 《安徽历史名人词典》编辑委员会：《安徽历史名人词典》，合肥：安徽教育出版社，2008年，第217页。

夫。二年，改检校虞部郎中、忠武军掌书记。

晋天福四年，入为右补阙。明年，转侍御史。会诏拙与张昭、吕琦等同修《唐史》，改仓部员外郎，赐金紫。八年，迁左司员外郎。契丹入寇，赵延寿镇常山，以拙为掌书记。汉初，召为司马郎中、弘文馆直学士。

周广顺初，迁库部郎中兼太常博士，仍充直学士。奉使荆南还，改兵部郎中。显德初，拜检校右散骑常侍、国子祭酒、通判太常礼院事，与张昭同修唐《应顺》、《清泰》及《周祖实录》，又与昭及田敏同详定《经典释文》。丁忧，免。宋初，改检校工部尚书、太子詹事、判太府寺，迁秘书监、判大理寺。乾德六年，告老，以本官致仕。

拙性纯谨，博通经史。周世宗北征，命翰林学士为文祭白马祠，学士不知所出，遂访于拙，拙历举郡国祠白马者以十数，当时伏其该博。开宝四年，卒，年八十一。子季通，至国子博士。[1]

⊙ 游师雄

游师雄（1038—1097）[2]，字景叔，京兆武功（今属陕西）人，师张载。宋英宗治平二年（1065）进士。师雄慷慨豪迈，有志事功，关注边疆安全，著有《元祐分疆录》三卷、《绍圣安边策》。约宋神宗元丰元年一三年（1078—1080）为颍州团练推官，正史不载。张舜民撰有《游公墓志铭》。《宋史》卷三三二有传。

---

[1] （元）脱脱等：《宋史》，北京：中华书局，1977年，第12817–12818页。

[2] 有关游师雄研究论文主要有：王麟昌《宋刻唐代功臣赞像及游师雄题诗碑》（载于《文物》1987年第3期，第79–81页）、仝相卿《游师雄权发遣陕西转运副使事》（载于《中华文史论丛》2016年第2期，第190页）、韩洋《北宋游师雄题刻活动考述》（载于《中国书法》2019年第3期，第176–181页）。

《宋史》卷三三二《游师雄传》载:

> 游师雄字景叔,京兆武功人。学于张载,第进士。……哲宗数访边防利病,师雄具庆历以来边臣施置之臧否,朝廷谋议之得失,及方今御敌之要,凡六十事,名曰《绍圣安边策》,上之。……卒,年六十。师雄慷慨豪迈,有志事功,议者以用不尽其材为恨。①

又《全宋文》卷一八二〇张舜民《游公墓志铭》载:

> 公讳师雄,字景叔,姓游氏,世居京兆之武功。……熙宁七年……八年,王师征安南……公丐以终丧,凡三被诏,恳辞乃免。……服除,升颍州团练推官。……元丰四年,王师问罪夏人,转运副使李察辟公句当公事。②

⊙ 元绛

元绛(1009—1084)③,字厚之,其先临川(今江西抚州)危氏,后徙杭州(今属浙江),遂为杭州人。宋神宗元丰二年(1079)出知颍州,所至有威名,而无特操,少仪矩。著有《元氏集》三卷、《谳狱集》十三卷、《玉堂集》二十卷。苏颂撰有《太子少保元章简公神道碑》、王安礼撰有《资政殿学士太子少保致仕赠太子少师谥章简元公墓志铭》。《宋史》卷三四三有传。

《宋史》卷三四三《元绛传》载:

---

① (元)脱脱等:《宋史》,北京:中华书局,1977年,第10688–10692页。
② 曾枣庄、刘琳:《全宋文》,上海:上海辞书出版社,2006年,第83册,第361–368页。
③ 朱仰东《元绛族别考辨》认为,北宋初期名臣元绛多被民族文学研究者视为鲜卑族代表作家,这是错误的。文章考证指出,无论元氏谱系,还是临川危氏谱系皆证实元绛非鲜卑族后裔,民族文学研究者及民族文学史将元绛视为鲜卑族作家典范是毫无根据的臆测,应当予以纠正。(载于《中国典籍与文化》2017年第1期,第73–76页)

元绛字厚之，其先临川危氏。诏末，曾祖仔倡聚众保乡里，进据信州，为杨氏所败，奔杭州，易姓曰元。……绛谢罪，愿得颍，即以为颍州。明年，加资政殿学士、知青州……

绛所至有威名，而无特操，少仪矩。仕已显，犹谓迟晚。在翰林，诋事王安石及其子弟，时论鄙之。然工于文辞，为流辈推许。景灵宫作神御十一殿，夜傅诏草《上梁文》，迟明上之。虽在中书，而蕃夷书诏，犹多出其手。既得谢，帝眷眷命之曰："卿可营居京师，朕当资金币，且使者宁仕进。"绛曰："臣有田庐在吴，乞归鬻之，即筑室都城，得望属车之尘，幸矣。敢冀赐邪。"既行，追赉白金千两，敕以舟还。绛至吴逾岁，以老病奏，恐不能奉诏。三所而薨，年七十六。赠太子少师，谥曰章简。①

⊙ 袁溉

袁溉，生卒年不详，字道洁，汝阴（今安徽阜阳）人。少学于河南程颢、程颐二程先生，尝举进士。宋高宗建炎初，聚集乡民抵抗金兵，屡胜。因不欲为众之主，避于金房山谷间，寻入蜀居富顺，从卖香薛翁学。自《六经》百氏，下至博弈小数，方术兵书，无所不通，尤精于《易》《礼》，人称厚德君子。后家荆州，病卒。薛季宣曾从其学，并为之传。

《宋元学案》卷三〇《刘李诸儒学案》"进士袁道洁先生溉"载：

袁溉，字道洁，汝阴人也。少尝学于河南二程先生。举进士，免贡，避地州西山中。建炎初，群盗劫山，先生又逃于金、房山谷间。王彦卿即其庐就学李靖兵法，先生谢不告，转徙山南。时进士类试宣抚司，或劝就试求官，先生曰："官不可苟求也！"移居富

① （元）脱脱等：《宋史》，北京：中华书局，1977年，第10905-10907页。

顺，邻家薛翁以卖香自给，邻里莫详其趋步。先生以刺谒之，薛翁慢骂不应，先生固已疑之矣。积日屡造其门，薛翁喜而见之。先生与之纵论《六经》，薛翁曰："子学已博，然寡要。夫经所以载道，而言所以明道，何以多为！"先生谨受教。薛翁喜，因以所学授之。自是先生所为益纯粹近古。由关至夏口，岳开府飞必欲延致幕下，先生见面出，语所知曰："岳公武人而泥古，难乎免矣！"因家于荆州，往来夷陵、秭归诸郡。与士夫言，循循然，人知其厚德君子也。病作，殁于二圣寺，年七十，无子。先生学，自《六经》百氏，下至博弈小数，方术兵书，无所不通。于《易》、《礼》尤精邃，未尝轻以示人。乐善孜孜，盖天性然也。与王枢密庶故善，枢密家有《伊洛》遗书，先生欲传未能。俄而枢密死，先生不远千里，从其诸子传录，书毕遽行。靖康后，天下兵荒甫起，乡社义兵所在聚保，先生累以奇计破贼。盖先生当需才之际，文章智略皆足以资世用，乃百不施一，竟以穷死，是可哀已！薛艮斋季宣，其高弟也，尝为之传，且曰："先生以所学纂一文字，凡四类，曰理，曰义，曰事，其一则忘之矣。"①

又《宋元学案补遗》卷三〇《刘李诸儒学案补遗》"进士袁道洁先生溉"载：

附录：道洁及登河南程夫子之门，闻蜀隐者薛叟名。晚游蜀，以物色求之，莫能得。末至一郡，并舍有叟，旦荷笈之市，午漏下，辄扃其户。道洁徒壁间觇之，方隐几默坐，意像静深。问诸邻，则曰："是鬻香薛翁，不知其所从来。"道洁亟款门，以弟子礼见。云濠谨案：陈止斋为薛艮斋行状，尝称袁道洁少学于河南程

———
① （清）黄宗羲著、（清）全祖望补修：《宋元学案》，北京：中华书局，1986年，第1075–1076页。

先生，特未见其为从学二程也。止斋又云：湖湘间皆高仰道洁。①

⊙ 章衡

章衡（1025—1099），字子平，章惇族侄，建州蒲城（今属福建）人。宋仁宗嘉祐二年（1057）进士第一。衡于嘉佑中初知颍州，后哲宗元祐中再知颍州，卒。衡文武兼备，有才华，撰有《编年通载》十卷。《宋史》卷三四七有传。

《宋史》卷三四七《章衡传》载：

> 章衡字子平，浦城人。嘉祐二年，进士第一，通判湖州，直集贤院，改盐铁判官，同修起居注。……三司使忌其能，出知汝州、颍州。……
>
> 衡患学者不知古今，纂历代帝系，名曰《编年通载》，神宗览而善之，谓可冠冕诸史；且念其尝先多士，进用独后，而赐三品服。……
>
> 元祐中，历秀、襄、河阳、曹、苏州，加集贤院学士，复以待制知扬、庐、宣、颍州，卒，七十五。②

《道光阜阳县志》卷八《职官·氏表》"宋"条载：

> 章衡，字子平，嘉祐初以进士第一出知颍州，元祐间复以待制再任。③

---

① （清）王梓材、冯云濠：《宋元学案补遗》，北京：人民出版社，2012年，第1188页。

② （元）脱脱等：《宋史》，北京：中华书局，1977年，第11007—11008页。

③ （清）刘虎文、周天虎修，（清）李复庆等纂：《道光阜阳县志》，《中国地方志集成·安徽府县志辑23》，南京：江苏古籍出版社，1998年，第102页。

⊙ 张洞

张洞（1019—1067），字仲通，开封祥符（今河南开封）人，少年才学，相貌俊朗。宋仁宗皇祐初调颍州推官，主张法理兼容，深得欧阳修器重。参与《补注神农本草》二十卷、校勘《外台秘要方》四十卷。晁补之有《张洞传》。《宋史》卷二九九有传。

《宋史》卷二九九《张洞传》载：

> 张洞字仲通，开封祥符人。父惟简，太常少卿。洞为人长大，眉目如画，自幼开悟，卓荦不群。惟简异之，抱以访里之卜者。曰："郎君生甚奇，必在策名，后当以文学政事显。"既诵书，日数千言，为文甚敏。未冠，晔然有声，遇事慷慨，自许以有为。……
>
> 寻举进士中第，调连水军判官，遭亲丧去，再调颍州推官。民刘甲者，强弟柳使鞭其妇，既而投杖，夫妇相持而泣。甲怒，逼柳使再鞭之，妇以无罪死。吏当夫极法，知州欧阳修欲从之。洞曰："律以教令者为首，夫为从，且非其意，不当死。"众不听，洞即称疾不出，不得已谳于朝，果如洞言，修甚重之。[1]

⊙ 张可象

张可象，生卒年不详，汝阴（今安徽阜阳）人。可象家庭和睦，七世同居，真宗咸平中受到朝廷表彰，并免其租税。《宋史》卷四五六有载。

《乾隆颍州府志》卷八《人物志》载：

> 张可象，汝阴人。七世同居。真宗咸平中诏加旌表，蠲其租。[2]

---

① （元）脱脱等：《宋史》，北京：中华书局，1977年，第9932-9933页。
② （清）王敛福纂修：《乾隆颍州府志》，《中国地方志集成·安徽府县志辑24》，南京：江苏古籍出版社，1998年，第373页。

⊙ 张环

张环,生卒年不详,字唐公,洎之孙也,滁州全椒(今属安徽)人。宋仁宗朝后期知颍州,善举荐,敢于直言,不畏权势。《宋史》卷三三〇有传。

《宋史》卷三三〇《张环传》载:

> 环字唐公,洎之孙也。……徙两浙转运使,加直史馆,知颍州、扬州,即拜淮南转运使。……环平生荐士,后虽不如所举,未尝以令自首,故再坐削阶。当官遇事辄言,触忤势要,至屡黜,终不悔。卒,年七十。①

⊙ 张耒

张耒(1054—1114)②,字文潜,楚州淮阴(江苏清江市)人,一说亳

---

① (元)脱脱等:《宋史》,北京:中华书局,1977年,第10625页。

② 关于张耒的生卒年以及籍贯,学界有争议。黄震云《秦观的卒年和张耒的籍贯、生卒年——〈宋诗选注〉献疑二则》(载于《青海师范大学学报(哲学社会科学版)》1984年第4期,第94页)认为,张耒生于宋仁宗嘉祐二年(1055),卒于钦宗靖康元年(1126),年61。显然黄说有误,如此张耒卒年为71。周雷《张耒的家世生平与著述版》(载于《安徽大学学报(哲学社会科学版)》1993年第4期,第105–109页)认为张耒生于1054,卒于1114,采其说。另:有关张耒的研究成果非常丰硕,代表性的文章主要有:王少华《张耒诗有唐音琐议》(载于《齐鲁学刊》1987年第5期,第131–135页)《试论张耒的诗歌艺术》(载于《山东师大学报(社会科学版)》1987年第4期,第65–70页)、湛芬《“文以明理”:三教合一的文艺观——谈张耒的文艺思想》(载于《殷都学刊》1992年第2期,第63–69页)、杨胜宽《苏轼与张耒——兼论张耒的文艺理论与创作实践》(载于《天府新论》1996年第6期,第71–75页)、李逸安《张耒与〈张耒集〉》(载于《中国典籍与文化》2001年第3期,第43–48页)《张耒生年家世略考》(载于《文艺研究》2003年第3期,第158–159页)、崔铭《从少公之客到长公之徒——论张耒与二苏的关系》(载于《求是学刊》2002年第3期,第99–103页)、尹占华《论张耒的诗》(载于《西北师大学报(社会科学版)》2004年第4期,第11–16页)、韩文奇《张耒是否任过亳州教授》(载于《文学遗产》2006年第5期,第87页)、宋业春《张耒诗文真伪考辨》(载于《南京理工大学学报(社会科学版)》2009年第5期,第56–61页)等等。

州谯郡（今安徽亳州）人。宋徽宗建中靖国元年（1101）出知颍州。耒少年才学，文章闻天下，与"三苏"相交，苏轼尤爱之，与黄庭坚、秦观、晁补之号为"苏门四学士"。轼薨，耒在颍举哀行服，遭贬官。著有《柯山集》一百卷、《治风》一卷、《明道杂志》，参与编纂《四学士文集》五卷。《宋史》卷四四四有传。傅璇琮《宋才子传笺证》收入。

《宋史》卷四四四《张耒传》载：

> 张耒字文潜，楚州淮阴人。幼颖异，十三岁能为文，十七时作《函关赋》，已传人口。游学于陈，学官苏辙爱之，因得从轼游，轼亦深知之，称其文汪洋冲澹，有一倡三叹之声。……

> 徽宗立，起为通判黄州，知兖州，召为太常少卿，甫数月，复出知颍、汝二州。崇宁初，复坐党籍落职，主管明道宫。初，耒在颍，闻苏轼讣，为举哀行服，言者以为言，遂贬房州别驾，安置于黄。五年，得自便，居陈州。

> 耒仪观甚伟，有雄才，笔力绝健，于骚词尤长。时二苏及黄庭坚、晁补之辈相继没，耒独存，士人就学者众，分日载酒肴饮食之。诲人作文以理为主，尝著论云："自《六经》以下，至于诸子百氏骚人辩士论述，大抵皆将以为寓理之具也。故学文之端，急于明理，如知文而不务理，求文之工，世未尝有也。夫决水于江、河、淮、海也，顺道而行，滔滔汩汩，日夜不止，冲砥柱，绝吕梁，放于江湖而纳之海，其舒为沦涟，鼓为波涛，激之为风飙，怒之为雷霆，蛟龙鱼鳖，喷薄出没，是水之奇变也。水之初，岂若是哉！顺道而决之，因其所遇而变生焉。沟渎东决而西竭，下满而上虚，日夜激之，欲见其奇，彼其所至者，蛙蛭之玩耳。江、河、淮、海之水，理达之文也，不求奇而奇至矣。激沟渎而求水之奇，此无见于理，而欲以言语句读为奇，反覆咀嚼，卒亦无有，文之陋

也。"学者以为至言。作诗晚岁益务平淡，效白居易体，而乐府效张籍。

久于投闲，家益贫，郡守翟汝文欲为买公田，谢不取。晚监南岳庙，主管崇福宫。卒，年六十一。建炎初，赠集英殿修撰。①

又《文献通考》卷二百三十七《经籍考六十四·集别集》"张文潜《柯山集》一百卷"载：

晁氏曰：张耒字文潜，谯郡人（案：有误，应为楚州淮阴人）。仕至起居舍人。尝为宣、润、汝、颍、衮五州守，又尝谪居黄州、复州，最后居陈以没。元祐中，苏氏兄弟以文章倡天下，号长公、少公，其门人号"四学士"。文潜，少公客也。诸人多早没，文潜独后亡，故诗文传于世者尤多。其于诗文兼长，虽同时，鲜复其比。而晚年更喜白乐天，诗体多效之云。②

又《能改斋漫录》卷一四《劾张文潜谢表不钦》载：

张文潜崇宁元年复直龙图阁，知颍州。谢表云："我来自东，每兢兢而就列；炊未及熟，又挈挈以告行。"臣僚上言云："我来自东，是为不钦。岂有君父之前，辄自称我？虽至亲不嫌于无钦，有时而尔汝，然非谢表所可称之辞。虽数更赦宥，不可追咎，亦不可不禁。如今后有犯者，仰御史台即时弹劾。"③

又《清波杂志》卷七《名公下世》载：

自昔名公下世，太学生必相率至佛宫荐悼。王荆公薨，太学录

---

① （元）脱脱等：《宋史》，北京：中华书局，1977年，第13113–13114页。

② （元）马端临：《文献通考》，北京：中华书局，1986年，第1885页。

③ （宋）吴曾：《能改斋漫录》，上海：上海古籍出版社，1979年，第409页。

朱朝伟作荐文，以公好佛，其间多用佛语。东坡讣至京师，王定国及李豸皆有疏文。门人张耒时知颍州，闻坡卒，出己俸于荐福禅寺修供，以致师尊之哀。乃遭论列，责授房州别驾，黄州安置。虽名窜责，馨香多矣。山谷在南康落星寺，一日凭栏，忽传坡亡，痛惜久之。已而顾寺僧，拈几上香合在手，曰："此香匜子，自此却属老夫矣。"岂名素相轧而然，或传之过。①

⊙ 张纶

张纶（962—1036），字公信，颍州汝阴（今安徽阜阳）人。宋仁宗朝初中期知颍州，为人宽恕，好施予，所至兴利除害，为民造福。《宋史》卷四二六有传。

《宋史》卷四二六《张纶传》载：

> 张纶字公信，颍州汝阴人。少倜傥任气。举进士不中，补三班奉职，迁右班殿直。从雷有终讨王均于蜀，有降寇数在据险叛，使纶击之，纶驰报曰："此穷寇，急之则生患，不如谕以向背。"有终用其说，贼果弃兵来降。以功迁右侍禁、庆州兵马监押，擢阁门祗候，益、彭、简等州都巡检使。所部卒纵酒掠居民，纶斩首恶数人，众乃定。徙荆州提点刑狱，迁东头供奉官、提点开封府界县镇公事。
>
> 奉使灵夏还，会辰州溪峒彭氏蛮内寇，以知辰州。纶至，筑蓬山驿路，贼不得通，乃遁去。徙知渭州。改内殿崇班、知镇戎军。奉使契丹，安抚使曹玮表留之，不可。蛮复入寇，为辰州、沣、鼎等州缘边五溪十峒巡检安抚使，谕蛮酋祸福，购还所掠民，遣官与

① （宋）周煇撰，刘永翔校注：《清波杂志校注》，北京：中华书局，1994年，第321页。

盟，刻石于境上。

久之，除江、淮制置发运副使。时盐课大亏，乃奏除通、泰、楚三州盐户宿负，官助其器用，盐入优与之直，由是岁增课数十万石。复置盐场于杭、秀、海三州，岁入课又百五十万。居二岁，增上供米八十万。疏五渠，导太湖入于海，复租米六十万。开长芦西河以避覆舟之患，又筑漕河堤二百里于高邮北，帝锢巨石为十硷，以泄横流。泰州有捍海堰，延衰百五十十里，久废不治，岁患海涛冒民田。纶方议修复，论者难之，以为涛患息而畜潦之患兴矣。纶曰："涛之患十九，而潦之患十一，获多而亡少，岂不可邪？"表三请，愿身自临役。命兼权知泰州，卒成堰，复逋户二千六百，州民利之，为立生祠。

居淮南六年，累迁文思使、昭州刺史。契丹隆绪死，为吊慰副使。历知秦、瀛二州，两知沧州，再迁东上阁门使，真拜乾州刺史，徙知颍州，卒。纶有材略，所至兴利除害。为人恕，喜施予，在江、淮，见漕卒冻馁道死乾众，叹曰："此有司之过，非所以体上仁也。"推奉钱市絮襦千数，衣其不能自存者。[1]

⊙ 张知权

张知权，生卒年不详，汝阴（今安徽阜阳）人。

《乾隆颍州府志》卷八《人物志》"宋"条载：

张知权，汝阴人。有题《阎立本步辇图》，盖当时文人也。[2]

---

[1] （元）脱脱等：《宋史》，北京：中华书局，1977年，第12694–12695页。

[2] （清）王敛福纂修：《乾隆颍州府志》，《中国地方志集成·安徽府县志辑24》，南京：江苏古籍出版社，1998年，第374页。

⊙ 赵概

赵概（996—1083），字叔平，初名槩，北宋应天府虞城（今属河南）人。仁宗天圣五年（1027）进士。为开封府推官，出知洪州，历官知制诰。为翰林学士，聘契丹，甚见礼重。嘉祐间累官至枢密使、参知政事。以太子少师致仕，卒谥康靖。赵概与欧阳修交游密切，晏殊知颍州时，欧阳修返颍，赵概前往交游，相互聚饮唱和，晏殊榜其聚饮地为"会老堂"。赵概著有《赵康靖日记》一卷、《见闻录》二卷，参与编纂《嘉祐时政记》一卷。《宋史》卷三一八有传。

《宋史》卷三一八《赵概传》载：

> 赵概字叔平，南京虞城人。少笃学自力，器识宏远，为一时名辈称许。中进士第，通判海州，为集贤校理、开封府推官。奏事殿中，仁宗面赐银绯。

> 出知洪州……加直集贤院、知青州。坐失举渑池令张诰免，久乃起，监密州酒。知滁州……

> 召修起居注。欧阳修后至，朝廷欲骤用之，难于越次。概闻，请郡，除天章阁待制、纠察在京刑狱，修遂知制诰。逾岁，概始代之。……入为翰林学士。聘契丹，契丹主会猎，请赋《信誓如山河诗》。……以龙图阁学士知郓州、应天府……以太子少师致仕，退居十五年，尝集古今谏争事，为《谏林》百二十卷上之。……元丰六年，薨，年八十八。赠太子太师，谥曰康靖。

> 概秉心和平，与人无怨怒。虽在事如不言，然阴以利物者为不少，议者以比刘宽、娄师德。坐张诰贬六年，念之终不衰，诰死，恤其家备至。欧阳修遇概素薄，又躐知诰，及修有狱，概独抗章明其罪，言为仇者所中伤，不可以天下法为人报怨。修得解，始服其

长者。……

概初名禋，尝梦神人金书名簿有"赵概"，遂更云。①

又《乾隆颍州府志》卷八《人物志·流寓》载：

赵概，字叔平，虞城人。初与欧阳修同居政府，相得甚欢。修谢事还颍，概单车过访，相与从游名胜，高谈剧饮，流连踰月而后返。时翰林吕学士公著为守，置酒宴二公，欧阳赋诗以志盛事，榜其宴饮地曰"会老堂"。②

⊙ 赵令畤

赵令畤（1064—1134）③，字景贶，苏轼改为德麟，自号聊复翁，太祖次子燕王德昭玄孙。宋哲宗元祐中，签书颍州公事。与苏轼一起治理颍州西湖，赈济灾民。因与苏轼交往过密，轼被贬谪，德麟被罚金。德麟才华横溢，著有《侯鲭录》一卷、《安乐集》三十卷、《聊复集》一卷，与苏轼、陈师道留有《汝阴唱和集》一卷。

《宋诗纪事》卷八五"赵令畤"条：

---

① （元）脱脱等：《宋史》，北京：中华书局，1977年，第10364-10366页。

② （清）王敛福纂修：《乾隆颍州府志》，《中国地方志集成·安徽府县志辑24》，南京：江苏古籍出版社，1998年，第423页。

③ 有关赵令畤的研究论文主要有：徐培均《相同的调性与不同的境界——欧阳修、苏拭、赵令畤〈蝶恋花〉比较艺谭》（载于《东疆学刊》1993年第1期，第41-44页）、孔凡礼《赵令畤的生年》（载于《文学遗产》1994年第5期，第33页）、王作良《赵令畤鼓子词〈商调蝶恋花〉简论》（载于《西安建筑科技大学学报（社会科学版）》2004年第2期，第11-13页）、骆晓倩《"西厢"故事流变的津梁——论赵令畤鼓子词〈商调蝶恋花〉》（载于《戏剧文学》2008年第5期，第57-60页）、李正学《赵令畤的小说批评史意义》（载于《文艺评论》2013年第2期，第77-79页）、吴伟斌《四论张生决非元稹之自寓——赵令畤〈微之年谱〉谬误举证》（载于《宁夏社会科学》2017年第4期，第225-233页）、Francesca Leiper《传乔仲常〈后赤壁赋图〉后赵令畤跋文考》（载于《美与时代（中）》2020年第3期，第33-34页）。

令畤字德麟，太祖次子燕王德昭玄孙。元祐中，签书颍州公事。坐与苏轼交通，罚金，入党籍。绍兴初，袭封安定郡王，同知行在大宗正事。薨赠开府仪同三司。有《侯鲭录》。

《王直方诗话》：东坡作《秋阳赋》云："赵王之孙，有贤公子，宅于不土之里，而咏无言之诗。"盖畤字也。坡云："且教人别处使不得。"①

又《乾隆颍州府志》卷六《名宦志》载：

赵令时（畤）字德麟，元祐中签书颍州，时苏子瞻守颍，方冬久雪，民饥，用德麟议出谷与柴赈之，又与子瞻同治西湖，后子瞻改知扬州，湖成，德麟寄以诗，子瞻次韵答之。②

⊙ 赵宗道

赵宗道（999—1071），字子渊，开封封丘（今属河南）人。宋仁宗嘉祐四年（1059）知颍州，赈济灾民，捕拿盗寇，流民回归，州境安定。韩琦撰有《故尚书祠部郎中集贤校理致仕赵君（宗道）墓志铭（熙宁四年十一月）》。

《安阳集》卷四九韩琦《故尚书祠部郎中集贤校理致仕赵君墓志铭（熙宁四年十一月）》载：

熙宁四年夏六月，赵君子渊自管勾西京留司御史台引年得谢，退处于修缮坊之私第。……嘉祐四年，京西大饥，转运使请择列郡守以济灾馑，子渊被选知颍州。子渊于救荒之术，素以经虑，赈给

① （清）厉鹗辑撰：《宋诗纪事》，上海：上海古籍出版社，2013年，第2034页。
② （清）王敛福纂修：《乾隆颍州府志》，《中国地方志集成·安徽府县志辑24》，南京：江苏古籍出版社，1998年，第278页。

存劳，无所不至，寇盗屏息，流庸以复。①

⊙ 曾肇

曾肇（1047—1107）②，字子开，建昌军南丰（今属江西）人，曾巩之弟。宋哲宗元祐四年（1089）知颍州，开沟渠、通货物，为民谋利，不畏权势，祀名宦。著有《曾子开曲阜集》四十卷、《奏议》十二卷、《西掖集》二卷、《内制》五十卷、《外制》三十卷、《书讲义》八卷、《曾巩行述》一卷、《将作监式》五卷、《元祐制集》十二卷、《滁阳庆历前集》十卷。杨时撰有《曾文昭公（肇）行述》。《宋史》卷三一九有传。

《宋史》卷三一九《曾肇传》载：

> 肇字子开……（元祐）四年……以宝文阁待制知颍州，徙邓齐陈州、应天府。……肇天资仁厚，而容貌端严。自少力学，博览经传，为文温润有法。更十一州，类多善政。绍兴初，谥曰文昭。③

又《杨龟山集》卷六《曾文昭公行述》载：

> 公讳肇，字子开，建昌军南丰人。……先是，公与彭公约，当制者必极论之。会公除给事中，未拜，彭公当制，言甚力。谏官多前日与公论异者，言彭公实公使之，诬以卖友。公不自辩，固辞新命请外，章四上，除宝文阁待制、知颍州。明年徙齐州，未至，改

---

① （宋）韩琦：《安阳集》，《宋集珍本丛刊006-3》，北京：线装书局，2004年，第607-608页。

② 相关曾肇的研究文章主要有：李卫东《曾肇简评》（载于《黑河学刊》2011年第6期，第58页）、王娅《试论曾肇诗歌》（载于《焦作大学学报》2013年第4期，第30-34页）、黄建荣《〈憩真观记〉作者之曾巩或曾肇说献疑》（载于《东华理工大学学报（社会科学版）》2019年第3期，第211-214页）、王彬《曾肇〈荐章处厚吕南公秦观状〉作年考辨》（载于《中国典籍与文化》2020年第2期，第16页），等等。

③ （元）脱脱等：《宋史》，北京：中华书局，1977年，第10393-10394页。

陈州。在颍，濬清河百余里，以通东南物货，人至今赖之。部使者议开八丈沟，疏陈、蔡积水，颍人素以为患，公拒其议。使者以语诋公，公复移书折之。及徙陈，执论益坚，人于是知公非私于一州也。①

又《乾隆颍州府志》卷6《名宦志》"宋"条载：

> 曾肇，字子开，曾巩之弟，以宝文阁待制知颍州，濬清河，兴学校，劝农桑。杨龟山曰曾子开不以颜色假借人。②

⊙ 郑居中

郑居中（1059—1123），字达夫，开封（今属河南）人。宋徽宗崇宁间知颍州。为人正直，不逢迎，著有《政和新修学法》一百三十卷、《崇宁圣政》二百五十五册，视草《御注老子》二卷，参与编纂《政和五礼新仪》二百四十卷。《宋史》卷三五一有传。

《宋史》卷三五一《郑居中传》载：

> 郑居中字达夫，开封人。登进士第。崇宁中，为都官礼部员外郎、起居舍人，至中书舍人、直学士院……会妃父绅客祝安中者，上书涉谤讪，言者并及居中，罢知和州，徙颍州。明年，归故官，迁给事中、翰林学士。大观元年，同知枢密院。
>
> 入朝，暴遇疾归舍，数日卒，年六十五，赠太师、华原郡王，谥文正。帝亲表其隧曰："政和寅亮醇儒宰臣文正郑居中之墓。"
>
> 居中始仕，蔡京即荐其有廊庙器。既不合，遂因蔡渭理其父确

① （宋）杨时：《杨龟山集》，北京：中华书局，1985年，第98-102页。
② （清）王敛福纂修：《乾隆颍州府志》，《中国地方志集成·安徽府县志辑24》，南京：江苏古籍出版社，1998年，第277页。

功状，追治王珪。居中，珪婿也，故借是撼之，然卒不能害。[1]

⊙ 郑文宝

郑文宝（953—1013）[2]，字仲贤，汀州宁化（今属福建）人。宋太宗雍熙三年（986）通判颍州。文宝好高谈阔论，精通诗书、音乐。著有《南唐近事》二卷、《玉玺记》一卷、《郑文宝集》三十卷、《谈苑》二十卷、《江表志》三卷。《宋史》卷二七七有传。

《宋史》卷二七七《郑文宝传》载：

> 郑文宝，字仲贤，右千牛卫大将军彦华之子。……太平兴国八年，登进士第……献所著文，召试翰林，改著作佐郎，通判颍州。……六年，卒，年六十一。

> 文宝好谈方略，以功名为己任。久在西边，参预兵计，心有余而识不足；又不护细行，所延荐属吏至多，而未尝择也。晚年病废，从子为邑，多挠县政。能为诗，善篆书，工鼓琴。有集二十卷，又撰《谈苑》二十卷，《江表志》三卷。[3]

⊙ 正容

正容，颍州（今安徽阜阳）僧人，师瑞光圆照禅师，得法后归颍州。时富弼守颍，以礼恭之。

---

[1]（元）脱脱等：《宋史》，北京：中华书局，1977年，第11103页。

[2] 有关郑文宝的研究文章较少，代表性文章有金雷磊《题壁与刻石：郑文宝诗歌传播的方式》（载于《三明学院学报》2019年第1期，第78–82页）、毕琳琳《郑文宝及所著南唐二史研究》（复旦大学硕士学位论文，2012年）。

[3]（元）脱脱等：《宋史》，北京：中华书局，1977年，第9425页。

《道光阜阳县志》卷一三《人物志·方外》"宋"条载：

> 正容，颍州僧，从瑞光圆照禅师，得法后归颍。时富弼在亳，
> 延致之。执弟子礼甚恭。容住华严寺，世称为"容华严"。①

⊙ 周邦彦

周邦彦（1056—1121）②，字美成，钱塘（今浙江杭州）人，号清真。
宋徽宗重和元年（1118）知颍州。邦彦有文采，工词赋，善音乐，著有
《清真居士集》十一卷。《宋史》卷四四四有传。傅璇琮《宋才子传笺证》
收入。

《宋史》卷四四四《周邦彦》载：

> 周邦彦字美成，钱塘人。疏隽少检，不为州里推重，而博涉百
> 家之书。元丰初，游京师，献《汴都赋》余万言，神宗异之，命侍

---

① （清）刘虎文、周天虎修，（清）李复庆等纂：《道光阜阳县志》，《中国地方志集成·安徽府县
志辑23》，南京：江苏古籍出版社，1998年，第215页。

② 有关周邦彦的研究文章较多，仅知网收录相关论文就有近300篇。代表性的论文主要有：平伯
《辨旧说周邦彦〈兰陵王〉词的一些曲解》（载于《文学评论》1961年第1期，第99-102页）、
斯奋《周邦彦曾至长安二证》（载于《学术研究》1980年第3期，第112页）、罗忼烈《漫谈北
宋词人周邦彦》（载于《文学遗产》1983年第2期，第52-66页）、蒋哲伦《论周邦彦的羁旅行
役词》（载于《上海师范大学学报（哲学社会科学版）》1985年第2期，第25-30页）、王煦《周
邦彦词的情绪和精神》（载于《复旦学报（社会科学版）》1986年第5期，第109-112页）、刘
永翔《周邦彦家世发覆》（载于《华东师范大学学报（哲学社会科学版）》1996年第3期，第
10-14页）、孙华娟《二十世纪关于周邦彦词的论争》（载于《中国诗歌研究》2003年第00期，
第265-272页）、马莎《周邦彦献诗蔡京辨正》（载于《学术研究》2007年第5期，第156-157
页）《北宋党争与周邦彦外放关系考》（载于《暨南学报（哲学社会科学版）》2010年第6期，
第144-148页）《新法行废与周邦彦仕途浮沉》（载于《河南大学学报（社会科学版）》2011年
第4期，第86-91页）、李青唐《周邦彦人品词品再认识》（载于《学术界》2009年第2期，第
169-174页）、黄桂凤《论周邦彦对杜诗的接受》（载于《汕头大学学报（人文社会科学版）》
2014年第3期，第24-30页）、任竞泽《周邦彦的文体学思想——兼与杜甫、黄庭坚的文体论
进行比较》（载于《西南交通大学学报（社会科学版）》2019年第3期，第16-23页），等等。

臣读于迩英阁,召赴政事堂,自太学诸生一命为正,居五岁不迁,益尽力于辞章。……未几,知顺昌府,徙处州。卒,年六十六,赠宣奉大夫。

邦彦好音乐,能自度曲,制乐府长短句,词韵清蔚,传于世。①

又《全宋词》"周邦彦"条:

邦彦字美成,钱塘(今杭州)人。生于嘉佑元年(1056)。元丰中,献汴都赋,召为太学正。徽宗朝,仕至徽猷阁待制,提举大晟府。出知顺昌府,徙知处州。秩满,以待制提举洞霄宫。晚居明州。宣和三年(1121)卒,年六十六。自号清真居士。有清真集。②

⊙ 周起

周起,生卒年不详,字万卿,淄州邹平(今属山东)人。宋仁宗朝时为颍州知州,为人谨慎,善文,藏书颇丰。王安石撰有《赠礼部尚书安惠周公(起)神道碑》。《宋史》卷二八八有传。

《宋史》卷二八八《周起传》载:

周起字万卿,淄州邹平人。生而丰下,父意异之,曰:"此儿必起吾门。"因名起。幼敏慧如成人。意知卫州,坐事削官,起才十三,诣京师讼父冤,父乃得复故官。举进士,授将作监丞、通判齐州。擢著作佐郎、直史馆,累迁户部、度支判官。……以疾请知颍州,徙陈州、汝州。卒,赠礼部尚书,谥安惠。

起性周密,凡奏事及答禁中语,随辄焚草,故其言外人无知

---

① (元)脱脱等:《宋史》,北京:中华书局,1977年,第13126页。
② 唐圭璋编纂,王仲闻参订,孔凡礼缉补:《全宋词》,北京:中华书局,1999年,第767页。

者。家藏书至万余卷。起能书。①

又《乾隆颍州府志》卷六《名宦志》"宋"条载:

> 周起,字万卿,山东邹人,真宗时知颍州,听断明审,举无留
> 事。②

⊙ 周子雍

周子雍,生卒年不详,颍州汝阴(今安徽阜阳)人。子雍学诗于陈师
道,其诗清丽婉转,为时人所重。宋徽宗大观元年(1102)寓居京师开封府
尹宋乔年家。

《宋诗纪事》卷三七"周子雍"条:

> 子雍,汝阴人。学诗于陈无己。
> 《句》:风生阊阖春来早,月到蓬莱夜未中。
> 《容斋四笔》:大观初年,京师元夕张灯开宴时再复湟、鄯。
> 徽宗赋诗赐群臣,其颔联云:"午夜笙歌连海峤,春风灯火过湟
> 中。"席上和者皆莫及。开封尹宋乔求援其客周子雍,得句云云,
> 为时辈所称。③

又《乾隆颍州府志》卷八《人物志》载:

> 周子雍,汝阴人。受学于陈无己。为诗清丽有法。大观初,
> 京师以元夕张灯开宴,徽宗诗云:"午夜笙歌连海峤,春风灯火过

① (元)脱脱等:《宋史》,北京:中华书局,1977年,第9672-9673页。
② (清)王敛福纂修:《乾隆颍州府志》,《中国地方志集成·安徽府县志辑24》,南京:江苏古籍
出版社,1998年,第273页。
③ (清)厉鹗辑撰:《宋诗纪事》,上海:上海古籍出版社,2013年,第949页。

湟中。"和者皆莫及。时子雍客开封尹宋乔年所，乔年密求援，有
"风生闾阖春来早，日到蓬莱夜未央"之句。大为时辈所称。[1]

---

[1] （清）王敛福纂修:《乾隆颍州府志》,《中国地方志集成·安徽府县志辑24》,南京：江苏古籍
出版社，1998年，第374-375页。

金、元

⊙ 别的因

别的因（1229—1309），乃蛮部人，抄思子。袭父职为副万户，镇守随、颍等处。善刀舞，精骑射，士卒畏服。世祖即位，为寿、颍二州屯田府达鲁花赤，屡除虎、豕之害。黄溍撰有《答禄乃蛮氏先茔碑》。《新元史》卷一一八有传。

《新元史》卷一一八《乃蛮太阳罕·别的因传》载：

（抄思）子别的因，褪褓时鞠于祖母康里氏，留和林。稍长，给事乞儿吉思皇后。父卒，母张氏迎别的因南来。张贤明，尝从容训之曰："人之所以成立者，知恐惧、知羞耻、知艰难，否则禽兽而已。"

宪宗四年，以别的因袭父职副万户，镇随、颍二州。别的因身长七尺，多力，尤精骑射，士卒畏服之

中统四年，入觐，赐金符为寿、颍二州屯田达鲁花赤。时州境有虎食人，别的因缚羊置槛中，诱虎杀之。至元十三年，授信阳府达鲁花赤。信阳亦多虎，别的因加马踢鞍上出猎，命左右燔山，虎出走，别的因掷以踢，虎搏踢，据地而吼，还马射之，立毙。十六年，进常德路副达鲁花赤。会同知李明秀作乱，别的因单骑往谕之降。事闻朝廷，诛明秀。三十一年，进池州路达鲁花赤。大德十一年，迁台州路。卒，年八十一。[1]

又《全元文》卷九六三黄溍《答禄乃蛮氏先茔碑》载：

异时，乃蛮在诸部中最为盛强。有别号答禄者，子孙因以为

---

[1] 柯劭忞撰，张京华、黄曙辉总校：《新元史》，上海：上海古籍出版社，2018年，第2699-2700页。

氏，是为答禄乃蛮。……太夫人耶律氏。以岁乙丑生随颖（颍）等处征镇万户抄思公。……后移镇颍州。进攻安丰城，将拔，以疾归大名，戊申正月十八日，卒于赐第之正寝，年四十有四。夫人张氏、康里氏。……而康里夫人以己丑春正月六日，生台州路达鲁花赤别的因。……公身长七尺六寸，美须髯，肩丰多力，善舞刀，尤精骑射，军士咸畏服之。……命为寿颍二州屯田府达鲁花赤，与总管李继昌同议公事。累迁陈州、唐州、信阳府达鲁花赤，皆配金符。乐陈州土俗之美，因家焉。迁常德路总管府副达鲁花赤，历沔阳、安丰两府达鲁花赤，升池州、台州两路总管府达鲁花赤，兼管内劝农事。官自武备将军五转至昭勇大将军。公在寿颍屯田府，二州土地多荒，有虎夜食民妻，民诉于公。公为立槛设机，缚羖置其中以致虎。羖思乳，鸣不绝声。夜半，虎果至，机发而虎在槛。射之，矢再发，皆中。左右继至，虎已毙。诘旦，总管李继昌闻之，乃举酒为公寿，居民大悦。自是二州无虎患。……公之官池州也，道出颍上。颍近荆山，野豕时出害稼。民闻公至，迎候以告。公曰："吾尝射虎，未尝射豕也，姑试射之。"众随公行十余里，见豕在田，鸣铙逐之，惊出。公横马射之，豕被创，怒奔八九里乃毙。众共分其肉，凡三百余斤。以百斤为献，公不取。燕真不花在侍旁，公令度曲歌其事。大德某年，公始至台州未久，遽以老疾辞归安丰。至大二年六月十日卒，年八十一。公之至孝出于天性。……公平生节俭务本，俸禄给衣食之余，尽以买田园马牛农具。大名、安丰、陈颖（颍）之田几二万亩，家童几二百人，归休之日，辄课其耕作，子孙赖焉。①

————
① 李修生：《全元文》，南京：凤凰出版社，2004年，第30册，第69-72页。

⊙ 察罕帖木儿

察罕帖木儿（1328—1362）[①]，字廷瑞，本乃蛮氏，祖籍北庭人，元初随家人徙居颍州沈丘（今安徽临泉县），改姓李氏，遂为颍州沈丘人。察罕帖木儿敏而好学，相貌俊伟，作战勇敢。至正二十二年（1362）六月，被田丰、王士诚刺死。察罕帖木儿在对抗红巾军中屡立战功，为元朝重要吏臣。

《新元史》卷二二〇《察罕帖木儿传》载：

> 察罕帖木儿，字廷瑞，本乃蛮氏。曾祖阔阔台，元初从大军定河南。祖乃蛮台、父阿鲁温，遂家河南，为颍州沈丘人，改姓李氏。察罕帖木儿幼笃学，应进士举，有时名。身长七尺，修眉覆目，左颊有三毫，怒则竖立，慨然有当世之志。

> 至正十一年，盗发汝、颍。不数月，江淮各路皆陷。朝廷征兵讨贼，无功。十二年，察罕帖木儿乃起义兵，从者数百人。与信阳罗山人李思齐合兵，复罗山。事闻，朝廷授察罕帖木儿汝宁府达鲁花赤，自为一军，屯沈丘，与贼战辄克捷。

> 十五年，贼陷邓、许诸州。察罕帖木儿转战而北，屯于虎牢，以遏贼锋。贼北渡盟津，掠怀州，河北震动。察罕帖木儿进讨，大败之，歼贼党栅河洲者。除中书刑部侍郎。苗军以荥阳叛，察罕帖木儿夜袭之，虏其众几尽，乃东屯中牟。已而淮西贼号三十万，掠汴梁以西，直捣中牟。察罕帖木儿严阵待之，以死生利害谕士卒。皆贾勇决死战。会大风起，察罕帖木儿乘风势，率锐卒冲贼中坚，贼遂披靡不能支，夜遁，军声益振。

> 十六年，擢兵部尚书。贼入潼关，陷陕、虢二州。知枢密院

---

① 相关察罕帖木儿研究文章有：党宝海《察罕帖木儿的族属、生年与汉姓》（载于《中国史研究》1998年第3期，第175–176页）、白乙拉《元末名将察罕帖木儿传略》（载于《昭乌达蒙族师专学报（北方民族文化）》1998年第4期，第3–5页）。

事答失八都鲁节制河南诸军，调察罕帖木儿与李思齐赴援。察罕帖木儿西拔觳陵，立栅于交口。陕州阻山带河，贼转南山粟给食以坚守，攻之猝不可拔。察罕帖木儿乃焚马矢营中，如爨烟以疑贼，夜率兵拔灵宝。城守既备，贼始觉，不敢动，乃渡河陷平陆，掠安邑，察罕帖木儿追袭之，蹙以铁骑。贼回扼下阳津，溺死者众。相持数月，贼败遁，遂复陕州及虢州。以功加中奉大夫、佥河北行枢密院事。

十七年，贼出襄、樊，陷商州，攻武关，官军失利。直趋西安，至灞上，分道掠同、华诸州，陕西省台来告急。察罕帖木儿与李思齐自陕、虢援西安，与贼遇，杀获万计，贼余党入兴元。朝廷嘉其功，进陕西行省左丞。未几，贼陷兴元，据巩昌，遂入凤翔。察罕帖木儿先分兵入守凤翔，而遣谍者诱贼。贼果悉众来攻，察罕帖木儿自将铁骑，昼夜驰二百里赴之。去城里许，分军张左右翼掩击之，城兵亦开门鼓噪而出，内外合击，呼声动天地。贼大溃，自相践踏，伏尸百余里，余党皆奔溃。关中悉定。

十八年正月，诏察罕帖木儿屯陕西，李思齐屯凤翔。二月，复泾州、平凉，进保巩昌。三月，贼陷晋宁路，察罕帖木儿遣赛因赤等击败之，复其城。已而大同诸县相继陷，复遣关保击败之。四月，与李思齐会张良弼、郭择善、拜帖木儿、定住、汪长生奴等，共讨贼李喜喜于巩昌。李喜喜奔四川。五月，又遣董克昌复冀宁。拜陕西行省右丞，兼行台侍御史、同知河南枢密院事。诏察罕帖木儿守御关陕、晋、冀，便宜行阃外事。察罕帖木儿益练兵训农，以平定四方为己任。

是年，安丰贼刘福通等陷汴梁，号召群贼。川、楚、江淮、齐鲁、辽东所在兵起，势相联络。察罕帖木儿乃北塞太行，南守巩、洛，而自将中军军沔池。会叛将周全与福通合兵攻洛阳，察罕帖木儿以奇兵出宜阳，自率大军发新安来援。贼至城下，见坚不可攻，即引去。察罕帖木儿追至虎牢，塞成皋诸险而还。拜陕西行省平章政事，仍兼同知行枢密院事。

十九年正月，察罕帖木儿遣枢密院判官陈秉直、八不沙将兵二万守冀宁。秉直分兵驻榆次，招抚太不花溃兵，遣部将屯田于河南。五月，察罕帖木儿率大军次虎牢，游骑出汴梁，南略归、亳、陈、蔡，战舰浮于河，水陆并下。又大发秦兵出潼关，过虎牢，晋兵出太行，逾黄河，俱会汴梁城下。自将铁骑屯杏花营。诸将环城而垒，贼出战辄败，遂婴城固守。乃夜伏兵城南，旦日，遣苗军略城而过。贼易之，倾城以出，伏兵鼓噪起，大败之。又令弱卒立栅城外，以饵贼。贼攻之，弱卒佯走，薄城西，因纵铁骑击之，悉擒其众。贼自是益不敢出。八月，谍知城中食且尽，乃与诸将阎思孝、李克彝、虎林赤、赛因赤、答忽、脱因不花、吕文、完哲、贺宗哲、安童、张守礼、伯颜、孙翥、姚守德、魏赛因不花、杨履信、关关等议，分门攻之。至夜，将士鼓勇登城，斩关而入。刘福通挟其伪主从数百骑出东门遁走，获伪皇后及贼妻子数万、伪官五千，符玺、印章、宝货无算。不旬日，河南悉定。献捷京师，欢声动中外，以功拜河南行省平章政事，兼知河南行枢密院事、陕西行台御史中丞，仍便宜行事，赐御衣、七宝腰带。

先是，中原乱，江南海漕不通，京师苦饥。至是，河南既定，檄文达江浙，海漕复至。又请今年八月乡试河南举人，及他路儒士避乱者，不拘籍贯，依河南定额，就陕西置贡院考试，从之。

二十年正月，河南贼犯杞州，察罕帖木儿讨平之，遣兵复永城县，又复宿州，擒贼将梁绵住。察罕帖木儿既定河南，乃分兵守关陕、荆襄、河洛、江淮，而以重兵屯泽、潞，营垒旌旗千里相望。日修车船，缮兵甲，务农积谷，训练士卒，谋大举以复山东。

先是，山西晋、冀诸州皆察罕帖木儿所定，而答失八都鲁之子孛罗帖木儿以兵驻大同，欲并据晋、冀，遂与察罕帖木儿相争。诏以冀宁畀孛罗帖木儿。察罕帖木儿以用兵数年，惟恃晋、冀两路供军饷，乃屯兵泽、潞以拒之，与孛罗帖木儿战于东胜州，又战于汾州。朝廷使中书平章政事达实帖木儿、参知政事七十，谕二人罢兵。时搠思监当国，与宦者朴不花黩货无厌，视二人赂遗厚薄而左右之。由是构怨日深，兵连不解。八月，诏孛罗帖木儿守石岭关以北，察罕帖木儿守石岭以南，二人始奉诏罢兵。二十一年，察罕帖木儿谍知山东群贼相攻，六月，乃舆疾自陕西抵洛，大会诸将，议师期。发晋宁军出井陉，辽、沁军出邯郸，泽、潞军出磁州，怀、卫军出白马，及汴、洛军，分道并进。察罕帖木儿建大将旗鼓，渡孟津，鼓行而东。七月，复冠州、东昌。八月，师至盐河，遣其子扩廓帖木儿、阎思孝等，会关保、虎林赤，造浮桥以济。拔长清，进捣东平。田丰遣崔世英等拒战，大败之，斩首万余级，直抵城下。察罕帖木儿以田丰据山东久，军民服之，乃遗书谕以逆顺之理，丰及王士诚、俞宝、杨诚等皆降，遂复东平、济宁。时群贼聚于济南，其贼首刘珪屯齐河、禹城以拒官军。察罕帖木儿分遣奇兵，间道出贼后，南略泰安，逼益都，北徇济阳、章丘，中循濒海郡县，自将大军渡河，与贼将战于分齐镇，大败之。进逼济南，齐河、禹城俱送款，南道诸将亦报捷。再败益都兵于好石桥，围济南。三月，刘珪出降。诏拜中书平章政事、知河南山东行枢密院事、陕西行台中丞如故。察罕帖木儿遂移兵围益都，大治攻具，百道并进，复掘重堑，筑长围，遏南洋河以灌城中。

二十二年，山东俱定，独益都犹未下。六月，田丰、王士诚阴结城中贼，图作乱。初，丰等降，察罕帖木儿推诚待之，数独入其营中。丰乃请察罕帖木儿巡营垒，众以为不可往。察罕帖木儿曰：

"吾推赤心待人，安得人人防之？"左右请以力士自卫，又不许。以十一骑从行，至王信营，又至丰营，遂为士诚所刺杀。事闻，帝震悼，京师及四方之士无不恸哭。

先是，有白气如索，长五百余丈，起危宿，扫太微垣。太史奏山东当大水，帝曰："不然，山东必失一良将。"即遣敕使戒察罕帖木儿勿轻举，使未至而及于难。诏赠推诚定远宣忠亮节功臣、开府仪同三司、上柱国、河南行省左丞相，谥献武。及葬，赐赙有加，改赠宣忠兴运弘仁效节功臣，追封颍川王，改谥忠襄，食邑沈丘县，所在立祠，岁时致祭。封其父阿鲁温汝阳王，后又进封梁王。

明太祖闻察罕帖木儿定山东，谓左右曰："田丰为人反复，察罕帖木儿待如腹心，是其闇也。古之名将智谋宏远，使人不可测，察罕帖木儿岂足以知之？"后竟如明祖所料云。察罕帖木儿无子，以甥扩廓帖木儿为嗣。[1]

⊙ 扩廓帖木儿

扩廓帖木儿（？—1375）[2]，蒙古伯也台氏，后徙家颍州沈丘（今安徽临泉县）。生父为赛因赤答忽，察罕帖木儿外甥，后养为子。察罕帖木儿遇刺身亡，扩廓帖木儿继承父业，元亡后屡拒明政府劝降。明太祖洪武八年（1375）卒于漠北。

《新元史》卷二二〇《扩廓帖木儿传》载：

① 柯劭忞撰，张京华、黄曙辉总校：《新元史》，上海：上海古籍出版社，2018年，4258–4263页。
② 相关扩廓帖木儿的研究文章主要有：胡斯振《扩廓帖木儿—王保保—读史札记》（载于《西北师大学报（社会科学版）》1983年第1期，第29–34页）、党宝海《扩廓帖木儿的族源、本名与汉姓》（载于《西北史地》1997年第1期，第59–61页）、李建军、谭莲秀《徐达与扩廓帖木儿关系研究》（载于《广西社会科学》2005年第6期，第121–123页）。

扩廓帖木儿，本王氏，小字保保，惠宗赐名扩廓帖木儿。察罕帖木儿既被刺，诏以扩廓帖木儿为银青光禄大夫、太尉、中书平章政事、知枢密院事、太子詹事，仍便宜行事，总其父兵。扩廓帖木儿受命，即急攻益都，穴地以入，克之，戮田丰、王士诚，剖其心祭察罕帖木儿，而执送益都贼帅陈猱头等二百余人于京师。乘胜使关保东取莒州，山东复定。是时，东自淄、沂，西逾关陕，无一贼。扩廓帖木儿乃驻兵河南，朝廷倚以为重。孛罗帖木儿复以兵争晋、冀。扩廓帖木儿至太原与孛罗帖木儿构兵，相持不解。

二十三年，御史大夫老的沙与知枢密院事秃坚帖木儿得罪于皇太子，奔大同，为孛罗帖木儿所匿。

二十四年，搠思监、朴不花诬孛罗帖木儿、老的沙谋为不轨，下诏罪状，孛罗帖木儿遂与老的沙合秃坚帖木儿兵同犯阙。扩廓帖木儿遣部将白锁住，以万骑卫京师，驻于龙虎台，拒战不利，奉皇太子奔太原，白锁住仍屯保定，为朝廷声援。

二十五年，扩廓帖木儿先以兵捣大同，取之。皇太子乃大举讨孛罗帖木儿，自与扩廓帖木儿率兵抵京师。会孛罗帖木儿伏诛，诏皇太子还京师，扩廓帖木儿亦扈从入朝。九月，拜伯撒里右丞相，扩廓帖木儿左丞相。伯撒里累朝旧臣，而扩廓帖木儿以新进晚出，乃与并相。居两月，不自安，即请南还视师。

是时，中原虽定，而江以南皆非朝廷所有。皇太子累请出督师，帝难之，乃封扩廓帖木儿河南王，总天下兵马，代之行，官属之盛，几与朝廷等。

二十六年二月，扩廓帖木儿自京师还河南，欲庐墓终丧。左右咸谓："受命出师，不可中止。"乃北渡居怀庆，又移居彰德。时明太祖已灭陈友谅，尽有楚地。张士诚据淮东、浙西。扩廓帖木儿知南军强，未可轻进，乃驻军河南，檄关中李思齐、张良弼、脱列伯、孔兴四将会师大举。思齐，故与察罕帖木儿齿位相埒，及是扩廓帖木儿为元帅，思齐心不平，而张良弼等亦各怀异见，得檄皆不听命。扩廓帖木儿使部将讨思齐等，思齐等亦会兵长安以拒之。扩廓帖木儿受命南征，而先攻思齐等，朝廷已疑之。皇太子之奔太原，欲用唐肃宗灵武故事自立，扩廓帖木儿不可。及还京师，皇后奇氏令扩廓帖木儿以重兵拥太子入城，意欲胁帝禅位。扩廓帖木儿知其意，比至京城三十里，即留军城外，自将数骑入朝。皇太子益衔之，至是屡促其南征。扩廓帖木儿乃遣弟脱因帖木儿及部将完哲等率兵东出，而陕西诸将终不用命。帝又下诏为之和解，扩廓帖木儿愤极，杀诏使天下奴等，于是廷臣哗然，言其跋扈。

二十七年八月，帝下诏以皇太子亲总天下兵马，命扩廓帖木儿及思齐、良弼等分道出兵，收江淮、四川，以戢其争。扩廓帖木儿不受分兵之命，皇太子亦止不行。而部将貊高叛，据彰德、卫辉，罪状扩廓帖木儿于朝。先是，关保、貊高为察罕帖木儿军中骁将，扩廓帖木儿之讨李思齐，使貊高从河中渡河，欲出不意覆思齐巢窟。貊高所将多孛罗帖木儿旧部，至卫辉而军变，胁貊高叛扩廓帖木儿。貊高奏至，皇太子乃立抚军院，总制天下兵马，以貊高知枢密院事，兼平章政事，领河北军事，赐号忠义功臣。十月，乃削扩廓帖木儿兵柄，落其太傅、左丞相，以河南王就食邑于汝州，以河南府为梁王食邑，使其弟脱因帖木儿自随，其从行官属悉令还朝。所总诸军在帐前者，隶白锁住与虎林赤；在河南者，隶李克彝；在山东者，隶也速；在山西者，隶沙蓝答儿。扩廓帖木儿受诏，至泽州，其将李景昌、关保亦自归于朝廷，皆封为国公。朝廷知扩廓帖木儿势孤，始诏秃鲁与关中四将东出关，合貊高之军，声罪讨扩廓帖木儿。

二十八年，诏左丞孙景益分省太原，关保以兵戍之。扩廓帖木儿遂遣兵据太原，尽杀朝廷所置官吏。帝下诏尽削扩廓帖木儿爵邑，将吏效顺者免罪。皇太子乃命魏赛因不花及关保，会李思齐等兵，夹攻泽州。二月，扩廓帖木儿退守平阳，关保进据泽、潞二州，与貊高军合。扩廓帖木儿势稍沮，而关中四将以明兵已尽取山东、河南地，察罕帖木儿父梁王阿鲁温又以汴梁降明兵，将入潼关，皆遣使诣扩廓帖木儿谢出师非本意，大掠而归。独关保、貊高进攻平阳，扩廓帖木儿坚壁不战。谍知貊高分军掠祁县，乃夜出师，薄其营，擒关保、貊高，皆杀之。朝廷大震，罢抚军院，尽黜太子所用帖林沙、伯颜帖木儿、李国凤等，以谢扩廓帖木儿。扩廓帖木儿亦上疏自陈，诏复其官爵，令以兵会也速、思齐等南讨。甫一月，明兵陷大都，帝北奔。扩廓帖木儿自太原入援，不及。

十月，进封扩廓帖木儿为齐王。时明兵已定大都，使汤和徇山西，扩廓帖木儿拒之，败明兵于韩店。会帝命扩廓帖木儿收复大都，扩廓帖木儿奉诏北出雁门，将逡居庸以窥大都。明徐达、常遇春乘虚袭太原，扩廓帖木儿还师救之。部将豁鼻马潜约降于明，明兵夜劫其营，众溃，扩廓帖木儿仓卒将十八骑北走。明兵遂乘胜西入陕西，降李思齐等故臣，遗土皆入于明矣。惟扩廓帖木儿拥兵塞上，时时侵略西北边，明人患之。

二十九年正月，帝复拜扩廓帖木儿右丞相，欲以政事委之。十一月，扩廓帖木儿因陕西行省左丞王克勤赴行在，附奏请车驾速幸和林，勿以应昌为可恃之地。弗从。明年，扩廓帖木儿围兰州，斩其援将于光。明将徐达出西安，以捣定西，扩廓帖木儿趋赴之，大败于沈儿峪，全军覆没。扩廓帖木儿独与妻子数人逃，乘断木济河，遂奔和林。

时惠宗已崩，昭宗复以扩廓帖木儿柄国事。明太祖使徐达将十五万兵，分道出塞，击扩廓帖木儿至岭北。扩廓帖木儿逆战，大败之，明师死者数万人，达等皆奔还。自是，明人有戒心，不敢轻出。是年，扩廓帖木儿攻雁门，明人严为之备。

宣光五年，扩廓帖木儿从昭宗徙金山。五月，卒于哈喇那。妻毛氏，自经以殉。

初，明太祖惮察罕帖木儿威名，遣使通好，以介于朝。会其被刺，事遂已。及扩廓帖木儿视师河南，明人复遣使修好，凡七致书，扩廓帖木儿辄留使者不遣。既出塞，又以书招之，亦不应。明祖由是敬其为人。刘基尝言于明祖曰："扩廓未可轻也。"及岭北之败，明祖思其言，恒举以为戒。一日，大会诸将，问曰："方今天下，孰为奇男子？"皆对曰："常遇春，将不过万人，横行天下，可谓奇男子矣！"明祖笑曰："此固吾得而臣之。若王保保者，吾所不能臣，真天下奇男子也！"后册其妹为皇子妃。

扩廓帖木儿弟脱因帖木儿亦屡立战功，官至陕西平章政事。帝之北巡，脱因帖木儿从赴行在，后终于漠北。

史臣曰：察罕帖木儿，明太祖之所畏也。天下祚元，陨身降贼。扩廓帖木儿才不及其父，然崎岖塞上，卒全忠孝，明太祖谓之奇男子，谅矣哉。①

⊙ 邸泽

邸泽（1221—1284），字润之，先祖保定行唐（今属河北）人，占籍曲阳（今属河北）。邸泽年少有为，通读《左氏春秋》，宪宗七年（1257）镇守颍州，击退来兵，后又出任颍州万户，有功于颍。魏初撰有《总押七路兵马邸公（泽）神道碑铭》、姚燧撰有《颍州万户邸公（泽）神道碑》。《新

---

① 柯劭忞撰，张京华、黄曙辉总校：《新元史》，上海：上海古籍出版社，2018年，第4263-4268页。

元史》卷一四四有传。

《新元史》卷一四四《邸泽传》载：

> 邸顺，保定行唐人，占籍曲阳。……琮，顺之族弟。……子泽。泽，字润之。通《左氏春秋》，年十一，袭父职。宪宗七年，城鹿邑，避河流啮，移戍颍州。宋夏贵夜悉锐攻东南壁，泽将射士御之。戒更吏促其漏，丙夜伐五鼓，敌以为旦，遽引去。自此贵不敢复犯颍州。

> 中统四年，尽收诸将符节，泽亦纳金符。明年，制还之。至元初，入觐，赐锦衣、弓矢、鞍勒。……迁庐州蒙古汉军万户，彬州人号泣遮留，如失父母。又改颍州万户，戍无为军。……（至元）二十一年卒，年六十三。子谦元，袭颍州万户。[①]

⊙ 杜遵道

杜遵道（？—1355）[②]，山东人，一说颍州（今安徽阜阳）人。元末随韩山童、刘福通在颍州颍上县宣布起义，为元末农民起义的重要领袖人物之一。遵道曾上书开武举，建议朝廷收智勇之士，丞相马札儿台奇之，补为掾史，不就。后为福通谋主，但亦被其忌杀。《新元史》卷二二五有载。

《中国古代名人分类大辞典·人民起义部》"杜遵道"条载：

> 杜遵道，元末人。白莲教首领韩山童弟子。至正十年，从山童及刘福通等于黄河故道工地鼓动民夫反元，并于颍上白鹿庄聚众起义。事败，山童被捕杀。旋与福通再次起义，占领颍州，攻克安

---

① 柯劭忞撰，张京华、黄曙辉总校：《新元史》，上海：上海古籍出版社，2018年，3084-3086页。

② 相关文章有：张宁《论颍州红巾军"举首"杜遵道》（载于《安徽史学》2004年第5期，第30-32页。）

徽、河南众多州县，有众十余万。十五年，与福通迎山童子林儿至
亳州，立为皇帝，自任丞相。因受宠信，为福通忌杀。[1]

⊙ 教化迪

教化迪，生卒里不详。金仁宗延祐间任太和县达鲁花赤，为官有政声，
民思之。

《乾隆颍州府志》卷六《名宦志》载：

> 教化迪，太和县达鲁花赤，均徭役，清讼狱，捐俸赈饥，祷
> 雨立应治之。东邻失火，将延西舍，被发救之，有反风之应。临
> 邑蝗，独不入境。颍上有□火疑狱，人不决，即与剖析，有《碑
> 记》，见《艺文》。[2]

⊙ 韩山童

韩山童（？—1351）[3]，祖居栾城（今河北赵县），后徙广平永年（今
属河北）。元末，韩山童宣传白莲教，在颍州颍上县（今属安徽阜阳）与刘
福通等聚众起义，头裹红巾，号"红巾军"，韩山童被推为明王，掀起了元
末农民大起义的序幕，事泄，被俘杀害。

---

① 胡国珍主编：《中国古代名人分类大辞典》，北京：华语教学出版社，2009年，第1054页。
② （清）王敛福纂修：《乾隆颍州府志》，《中国地方志集成·安徽府县志辑24》，南京：江苏古籍
出版社，1998年，第283页。
③ 有关韩山童的研究文章主要有：李之勤《白鹿庄在何处？——考韩山童、刘福通开始组织元末
农民大起义的地点》（载于《安徽大学学报》1978年第3期，第18-24页）、邱树森《韩山童、
刘福通首义颍州考》（载于《历史研究》1980年第6期，第150-152页）、韩志远《韩山童 刘福
通白鹿庄起义说辨伪》（载于《史学月刊》1984年第3期，第4页）、王梅枝《白茅堤堵口与韩
山童起义》（载于《水利天地》1991年第5期，第18-29页）。

《中国古代名人分类大辞典·人民起义部》"韩山童"条载：

> 韩山童，祖居栾城。祖父为白莲教主，以"烧香惑众"罪，谪徒广平永年。继祖父传教，倡言"天下大乱，弥勒佛下生"，"明王出世"，徒众遍布河北、河南、江淮一带。弟子刘福通、杜遵道等诈称其为宋徽宗八世孙，当主中原。乘元调民夫开黄河故道，又于工地散布"石人一只眼，挑动黄河天下反"之童谣，并预凿独眼石人，镌其背曰"莫道石人一只眼，此物一出天下反"，埋于故道。民夫掘出，"皆惊诧而谋乱"。布告天下，揭露元朝"贫极江南，富夸塞北"之黑暗统治。至正十一年五月，于颍州颍上白鹿庄，与福通等聚民工起义。有众三千，皆头裹红巾，号红巾军，亦称香军，被推为明王。寻被捕杀。福通后再起，元末农民大起义从此爆发。①

⊙ 归旸

归旸（1304—1367），字彦温，汴梁开封（今属河南）人。旸无师承，但精敏过人，登至顺元年（1330）进士第，授同知颍州事，锄奸击强，人敬佩之。《元史》卷一八六、《新元史》卷二一二有传。

《元史》卷一八六《归旸传》载：

> 归旸字彦温，汴梁人。将生，其母杨氏梦朝日出东山上，有轻云来掩之，故名旸。学无师传，而精敏过人。登至顺元年进士第，授同知颍州事，锄奸击强，人不敢以年少易之。山东盐司遣奏差至颍，恃势为不法，旸执以下狱。时州县奉盐司甚谨，颐指气使，辄奔走之，旸独不为屈。转大都路儒学提举，未上。……（至正）

---

① 胡国珍主编：《中国古代名人分类大辞典》，北京：华语教学出版社，2009年，第1053页。

二十七年卒，年六十三。^①

又《新元史》卷二一二《归旸传》：

> 归旸，字彦温，汴梁开封人。将生，其母杨氏梦日出东山，上有轻云掩之，故名旸。登至顺元年进士第，授同知颍州事，有能名。山东盐司遣奏差至颍，恃势为不法，旸执以下狱。时州县事盐司甚谨，旸独不为屈。转大都路儒学提举，未上。^②

⊙ 李守中

李守中，生卒年不详，字正卿，世为颍州（今安徽阜阳）人。由中书掾出为令、为守，所至有遗爱，民思之。正史不载。守中宦绩可见刘将孙《李运副德政碑记》、苏天爵《归德府新修谯门记（后至元四年六月）》、张起岩《李侯去思碑记》。守中有四子，长子冕，居于颍；仲子藻国子生释褐，赐进士及第，翰林修撰；第三子蘠，泰定丁卯进士第一人起家。

《全元文》卷六二九刘将孙《李运副德政碑记》载：

> 盐筴之利，资于天下之经费，盛于汉，尤盛于唐。国家因前世之旧，立转运司以综其务。两浙转运司理杭州，所统阔远，每岁分官案治诸路。绍兴，东州大郡，列场伍，为盐五万余引。民贫额重，当其任者，尤以尽职为难。元统三年，转运副使李侯分治明越。期年之间，官课趣办，齐民不扰。越之父老，相与称赞侯之功德，疏其实绩，俾为之记，将刻诸石，以示永久。辞不获，则为之言曰：盐课，国家所甚重，故其立法至详至密。奉行得人，官民均

---

① （明）宋濂等：《元史》，北京：中华书局，1976年，第4268—4272页。
② 柯劭忞撰，张京华、黄曙辉总校：《新元史》，上海：上海古籍出版社，2018年，第4160页。

便。其选任常不轻,若李侯,可谓能尽其职,而不负朝廷之选者矣。亭民伐薪樵,具牢盆,日夜力作,而官本之给,或刻减于吏胥之手。亭之长吏,又从而扰之,以耗其力。是以日煎月办,有不能及者。洎侯之来,屏斥驱纵,饮食之资,取于装橐。吏属畏其清严,莫不屏息自励。唱名给本,无毫分之损。亭民感惠,趋事竭作,以赴期程。比至庚伏,而课之登者十八九。官事趣办,非侯之功欤!私鬻罪钦,无赖之徒既抵于罪,诬引于民,以肆其毒,而吏以纵溪壑之欲为幸。民死徒相属,田里萧然。洎侯之来,犯禁者引问面审,立为断遣,不使有所指引。于是无罪之人得安其业。民之不扰,非侯之德欤!夫民,国之本也。民不失业,而食盐者众,则商贾无淹滞之忧,而官课之及额易矣。有德于民,所以有功于国也。嗟夫!侯之能居其职,而不负朝廷之选。益推而广之,岂特盐笑之利而已哉!侯名守中,字正卿,世为颍州人。由中书掾出为令、为守,所至有遗爱。有子四人:仲子藻,国子生释褐;第三子黼,泰定丁卯进士第一人起家,义方之训为然,而亦积善之余庆也。①

又《全元文》卷一二五五苏天爵《归德府新修谯门记(后至元四年六月)》载:

至元三年冬十月,汝阴李侯守中知归德府事,偕监郡鼎安戮力为治。未几,政清讼简,封内无事,所属州四县十有一,莫不趋其约束,安其政令。侯与监郡议修弊立废,郡故有谯门在府治南,岁久将压,侯命改为。同知不答失里、判官孛罗罕、推官梁思温、幕府吴兴祖合议允同,共捐俸金,度材庀工,彻而新之。经始于四年孟春,落成于是岁孟夏。增崇其垣,高二十有五尺,广大其屋,

---

① 李修生:《全元文》,南京:凤凰出版社,2001年,第20册,第271–272页。

为二十有四楹，规模宏伟，克称郡制。宪度政教，布设于斯，宾客士吏，观听于斯。至于伐鼓鸣钟以警朝昏，传更下漏以节昼夜，则又新是数器，陈列于上。董其役者，郡吏秦弼、马德修也。走书京师，请纪其事绩于石。尝闻周官挈壶氏，掌漏刻以正时，朝廷兴居咸中乎节，而鼓角之制，所以严暮警夜，肃齐乎众，郡县尤不可不备也。昔有中使闻鼓更，而知邑令之贤，盖为政者必于事事而致谨焉。然则是役之兴，岂徒然与？夫以内外之官，近民者莫切于郡县，敷政者莫先于守令，有国者尚焉。今海宇承平岁久，法制宽简，郡县之吏，能者舞文以黩货，下者因循以苟禄，故事功隳而廉耻丧。惟君子常思作新其政，而后能有为也。归德为郡，南控江淮，北临大河，境大沃壤，方数千里。侯始下车，爱其土风厚完，民生朴茂，第未学以成其性尔。郡中又多昔贤名人遗迹，足以风砺其人，振起其俗，于是既新学宫，两庑像设，又构三皇祠宇，而微子、张巡、许远，亦茸其庙。招延耆儒，贰其校官，择民之俊秀、吏之开敏者，执经授学。旦望舍菜，侯率同列躬诣学宫，以程其业，而吏舍河防，悉加缮治。侯之在官第数月耳，凡养民化俗，兴利补弊，皆勇为之而不惮也。故因纪谯门之成，并书其事，以高于后人焉。侯为人方正有守，不畏强御，施于为政，子爱其民。历典郡邑，名声流闻，民咸镂石以颂遗爱，不独归德之民始称其善也。虽然，天下之事，岂一人所能为？监郡鼎安、知府李侯，政故善矣，非僚寀幕府同心赞辅，则亦曷能至是乎！呜呼！使列郡为政者皆然，则治化何患乎不兴？斯民何患乎被其泽也哉！四年戊寅六月朔记。[①]

又《全元文》卷一一四二张起岩《李侯去思碑记》载：

---

① 李修生：《全元文》，南京：凤凰出版社，2004年，第40册，第136–137页。

满城尹李公正卿去官之十有五年，当至正辛未春，邑人合辞，告乡之有位于朝者，曰："吾邑，畿县也，民困于赋敛供亿，囊以天灾荐饥，李君来尹，劝分廪，饥民赖以活。功绩之多，不容偏举，前政之善其职者，必以李君称首。我民思之，至今不忘，欲碑其善绩。"……君名守中，正卿其字也。刚果明断，首公敢言，勤于庶务，而行之以恒。居家孝友，由户部以便亲乞外，得知泗州。选为河南行中书省左右司员外郎，以父奉议府君忧，家居于颍。子藻，国子上斋释太常太祀黼，赐进士及第，翰林修撰。家教之有素于此，又可见矣。①

⊙ 李黼

李黼（1298—1352），字子威，工部尚书守中之子，颍州（今安徽阜阳人）。元泰定帝泰定四年（1327）进士第一，授翰林修撰。累官宣文阁监书博士、兼经筵官。至正十年（1350），授江州路总管。十二年（1352），拜江西行省参政，行江州、南康等路军民都总管。天完红巾军破江州，巷战而死，百姓哭声震天，相率具棺椁葬于东门外。谥忠义。《元史》卷一九四、《新元史》卷二一七有传。

《元史》卷一九四《忠义二·李黼传》载：

李黼字子威，颍人也。工部尚书守中之子，守中性下急，遇诸子极严，每一饮酒，辄半月醉不解，黼百计承顺，求宁亲心，终不可得，跪而自讼，往往达旦，无几微厌怠之意。

初补国学生。泰定四年，遂以明经魁多士，授翰林修撰。明年，代祠西岳，省臣谓黼曰："敕使每后我，今可易邪？"黼曰：

---

① 李修生：《全元文》，南京：凤凰出版社，2004年，第36册，第136–137页。

"王人虽微，《春秋》序于诸侯之上，尊君也，奈何后乎！"省臣不敢对。

改河南行省检校官，迁礼部主事，拜监察御史。首言："禴祠烝尝，古今大祭，今太庙唯二祭，而日享佛祠、神御，非礼也，宜据经行之。成均，教化之基，不当隶集贤，宜属省臣兼领。诸侯王岁赐有定额，分封易代之际，陈请恩例，世系戚疏，无成书可考，宜仿先代，修正玉牒。"皆不报。

转江西行省郎中，入为国子监丞，迁宣文阁监书博士，兼经筵官。数与劝讲，每以圣贤心法为帝言之。俄中书命黼巡视河渠，黼上言曰："蔡河源出京西，宋以转输之故，平地作堤，今河底填淤，高出地面，秋霖一至，横溃为灾，宜按故迹修浚。他日东河或有不测之阻，江、淮运物，当由此分道达京，万世之利也。"亦不报。升秘书太监，拜礼部侍郎。奉旨详定中外所上封事。已而廷议内外官通调，授黼江州路总管。

至正十一年夏五月，盗起河南，北据徐、蔡、南陷蕲、黄，焚掠数千里，造船北岸，锐意南攻。九江居下流，实江东、西襟喉之地，黼治城壕，修器械，募丁壮，分守要害，且上攻守之策于江西行省，请兵屯江北，以扼贼冲，庶几大江之险，贼不得共之，不报。黼叹曰："吾不知死所矣。"乃独椎牛飨士，激忠义以作士气，数日之间，纪纲粗立。

十二年正月己未，贼渡江，陷武昌，威顺王及省臣相继遁，舳舻蔽江而下，江西大震。贼乘胜破瑞昌，右丞孛罗帖木儿方军于江，闻之，遁。黼虽孤立，辞气愈奋厉。

时黄梅县主簿也孙帖木儿，愿出击贼，黼大喜，向天沥酒与之誓。言始脱口，贼游兵已至境，急檄诸乡落聚木石于险塞处，遏贼归路。仓卒无号，乃墨士卒面，统之出战，黼身先士卒，大呼陷阵，也孙帖木儿继进，贼大败，逐北六十里。乡丁依险阻，乘高下木石，横尸蔽路，杀获二万余。黼还，谓左右曰："贼不利于陆，必由水道以舟薄我，苟失备御，吾属无噍类矣。"乃以长木数千，冒铁椎于杪，暗植沿岸水中，逆刺贼舟，谓之七星，会西南风急，贼舟数千，果扬帆顺流鼓噪而至，舟遇椿不得动，进退无措，黼帅将士奋击，发火翎箭射之，焚溺死者无算，余舟散走。行省上黼功，请拜江西行省参政、行江州、南康等路军民都总管，便宜行事。

已而贼势更炽，西自荆湖，东际淮甸，守臣往往弃城遁，黼守孤城，提羸旅，斩馘扶伤，无日不战，中外援绝。二月甲申，贼将薄城，分省平章政事秃坚不花自北门遁，黼引兵登陴，布战具，贼已至甘棠湖，焚西门，乃张弩箭射之，贼趑趄未敢进，转攻东门，黼救东门，贼已入，与之巷战，知力不敌，挥剑叱贼曰："杀我！毋杀百姓！"贼自巷背来，刺黼堕马，黼与从子秉昭俱骂贼而死。郡民闻黼死，哭声震天，相率具棺，葬于东门外。黼死逾月，参政之命始下，年五十五。

黼兄冕居颍，亦死于贼。秉昭，冕季子也。事闻，赠黼摅忠秉义效节功臣、资德大夫、淮南江北等处行中书省左丞、上护军，追封陇西郡公，谥忠文。诏立庙江州，赐额曰崇烈。官其子秉方集贤待制。①

又《新元史》卷二一七《李黼传》载：

李黼，字子威，颍州人。父守中，工部尚书。守中遇诸子严，每饮酒，辄半月醉不解。黼百计承顺，跪而自讼，常达旦不寐。

泰定四年，进士及第，授翰林修撰。明年，代祠西岳，公燕，

---

① （明）宋濂等：《元史》，北京：中华书局，1976年，第4392—4394页。

黼坐省臣上，省臣曰："敕使每后我，今可易邪？"黼曰："王人虽微，序于诸侯之上，《春秋》之义也。"省臣不能对。

改河南行省检校官，迁礼部主事。拜监察御史，首言："禘祠丞尝，古今大祭，今太庙惟一祭，而日享佛祠神御，非礼也。宜据经典行之。成均教化之基，不当隶集贤，宜中书省领之。诸侯王岁赐，宜有定额。分封易代之际，陈请恩例，世系亲疏无成书可考，宜仿先代修正玉牒。"皆不报。转江西行省郎中。入为国子监丞，迁宣文阁鉴书博士，兼经筵官。

寻中书省命黼巡视河渠，黼上言曰："蔡河源出京西，宋以转输之故，平地作堤，今河底填淤，高出地面，秋霖一至，横溃为灾。宜按故迹修浚，他日东河或有不测之阻，江淮运物可分道达于京师，此万世之利也。"亦不报。迁秘书太监，拜礼部侍郎。敕详定中外所上封事。已而廷议内外官通调，授黼江州路总管。

至正十一年夏五月，盗起，陷蕲、黄，焚掠数千里，造船江北岸，锐意南攻。江州为大江咽喉之地，黼治城濠，募丁壮，分守要害，且上攻守策。于江西行省请屯兵江北，以扼贼冲，不报。黼叹曰："吾不知死所矣！"

十二年正月，贼将赵普胜渡江，陷武昌，威顺王及省臣相继遁去。贼船蔽江而下，遂陷瑞昌。右丞孛罗帖木儿亦遁。黼虽孤立，然志气愈壮。黄梅县主簿也先帖木儿愿出击贼，黼大喜，向天洒酒与之誓。时贼已至，黼军仓卒无号，墨士卒面以统之，出战。黼身先士卒，也先帖木儿继之，贼大败，逐北六十里，乡丁依险阻遏贼归路，杀获二万余人。黼计贼不利于陆，必由水道来薄，乃冒铁椎于木杪，植沿岸水中，逆刺贼舟，谓之七星桩。会西南风急，贼舟扬帆至，遇桩莫能动，仓惶失措。官军发火箭射之，焚溺无算。行省上黼功，拜江西行省参知政事，江州、南康等处军民都总管，便宜行事。普胜屡败，愤甚，乃益兵环攻之，黼守孤城，提孱兵，无日不与贼战，中外援绝。

二月，贼薄城下，平章政事秃坚不花启北门遁。黼引兵登陴，贼已至甘棠湖，焚西门，乃张弩射之。贼转攻东门，遂入城。黼引兵巷战，挥剑叱贼曰："杀我，无杀百姓。"贼刺黼坠马，黼与从子秉昭、万户黄德隆俱骂贼死，年五十五。

百姓闻黼死，哭声震天，相率具棺椁葬于东门外。事闻，赠摅忠秉义效节功臣、资德大夫、淮南江北等行中书省左丞、上护军，追封陇西郡公，谥忠文。诏立庙江州，赐额曰崇烈。官其子秉方集贤待制。黼兄冕居颍州，亦死于贼。秉昭，冕季子也。①

⊙ 李冕

李冕，生卒年不详，李黼兄，颍州（今安徽阜阳）人。元末红巾军起义，李冕率乡人抗击，被俘不屈而死。

《道光阜阳县志》卷一三《人物二·忠节》载：

李冕，颍州人，至正十年刘福通作乱，以红巾为号，流去乡里。冕率众拒之，被执，骂贼死。子秉绍从叔黼宦江州，骂贼死。②

⊙ 李藻

李藻，生卒年不详，字子洁，颍州（今安徽阜阳）人。李守中次子，李黼之兄、李冕之弟。为官清正，造福一方，民念其恩。

① 柯劭忞撰，张京华、黄曙辉总校：《新元史》，上海：上海古籍出版社，2018年，4217-4219页。
② （清）刘虎文、周天虎修，（清）李复庆等纂：《道光阜阳县志》，《中国地方志集成·安徽府县志辑23》，南京：江苏古籍出版社，1998年，第192页。

《全元文》卷一一四二张起岩《李侯去思碑记》载：

> 君名守中，正卿其字也。……以父奉议府君忧，家居于颍。子
> 藻，国子上斋释太常太祀醮，赐进士及第，翰林修撰。家教之有素
> 于此，又可见矣。①

《安徽历史名人词典》"李藻"条载：

> 李藻，元官员。字子洁，颍州人。由国子生考选入职，曾任馆
> 陶县尹。至正二年，入为秘书监典簿，历监察御史，所至有治绩。
> 九年，升为广东廉访司佥事。次年，廉访使、副使相继以病去职，
> 与佥事周骧代理监察事务。前两江道宣慰副使梁祐，家住广州，自
> 其父以臂力补官以来五十余年，结交官府，掳掠海上船舶，抢夺他
> 人田地、妻女，百姓畏之如虎狼。适值其弟劫夺官府赃钞被拿问，
> 百姓乃状告梁祐违法之事一百二十余件，与周骧督促郡县推问，罪
> 状一一查实，遂将梁祐及其党羽投入监狱，依法处置。数十年积恶
> 铲除，百姓拍手称快，特立《广东佥宪去恶碑》记其事。②

⊙ 李廷铉

李廷铉，生卒年不详，浙江天台人。元末贬谪颍州颍上县（今属安徽阜
阳），为其书斋题名曰"芦轩"。

《全元文》卷一三八二贝琼《芦轩记》载：

> 天台李廷铉之谪颍上也，日读书一室中，泰然自足，复题之曰

① 李修生：《全元文》，南京：凤凰出版社，2004年，第36册，第136-137页。
② 《安徽历史名人词典》编辑委员会：《安徽历史名人词典》，合肥：安徽教育出版社，2008年，
　第354页。

"芦轩"。客有过而诘之者，则曰："吾所居无嘉禾异卉，出门四顾，际天连海，悉弥亘以芦，而不可限也，故以名吾室。客又何怪乎？"客曰："嘻！《江图纪》芦洲至樊口三十里，大抵缘江之地宜芦，未闻颍产之饶也。且河南诸郡素称汝阴，而西湖在其境内。宋欧阳文忠公诚乐其胜概，即老于颍而不复。时苏黄门尝从公游，银缸画烛之诗，至于今人能诵之。则当时人物富庶，甲第相望，连樯巨舰，与波上下者，概可想已。今既刬于兵，千里萧条，一芦洲而已，欲求如公擅西湖之风月，恶乎而可邪？呜呼！东西都之壮丽，计相万于颍也。紫渊丹水，奄为狐兔之区，而金城五千步与连昌绣岭之相蔽亏，亦堕而不存。此古今盛衰之变，奚独兴叹于颍之芦也哉！其取之者，以时之所见特此耳。抑观夫既苞既体，至霜干雨折之余，散花如雪阵，纷糅交错，沙鸥落雁，莫辨其所止，固有无穷秋思，不翅在潇湘洞庭间也。视彼争荣于春，腾芳交荫，曾不及乎一瞬，何以过吾之所谓芦欤！廷铉必有得诸心矣。"因以其说来告余，深善客之知道，遂书以为《芦轩记》。[1]

---

① 李修生：《全元文》，南京：凤凰出版社，2004年，第44册，第416-417页。

⊙ 刘福通

刘福通（？—1363）^①，颍州（今安徽阜阳）人，白莲教领袖。元末，刘福通与韩山童在颍州颍上县宣布起义，韩山童就义后，刘福通继续带领农民军起义，所到之处，官军闻风丧胆。至正二十三年（1363），张士诚部将吕珍攻破安丰县（今安徽寿县），刘福通被杀害。

《中国古代名人分类大辞典·人民起义部》"刘福通"条载：

> 刘福通，颍州人。至正十一年五月，拥白莲教首领韩山童于颍上起义，众至三千。事败，山童被捕杀。寻与杜遵道再起，克颍州、罗山、真阳、确山、汝宁、光州、息州、信阳。所至之处开仓赈济，摧富益贫，声言"杀尽不平方太平"，一时贫者从乱如归，众至十余万。蕲、黄之彭莹玉、徐寿辉，南阳布王三，荆、楚之孟海马；萧县芝麻李，濠州郭子兴等，各率红巾军响应。淮河流域、大江南北，反元烽火四起。十二年，大败御史大夫也先帖木儿于汝宁沙河，元军十余万败溃。十五年二月，迎山童子林儿至亳州，立

---

① 有关刘福通的主要研究论文有：阎瀚生《刘福通坟墓调查小记》（载于《历史教学》1955年第8期，第8页）、赖家度《试论刘福通所领导的反元大起义》（载于《历史教学》1957年第1期，第4-8页）、李之勤《白鹿庄在何处？——考韩山童、刘福通开始组织元末农民大起义的地点》（载于《安徽大学学报》1978年第3期，第18-24页）、邱树森《韩山童、刘福通首义颍州考》（载于《历史研究》1980年第6期，第150-152页）、李则纲《元末农民起义与民族英雄刘福通》（载于《江淮论坛》1980年第1期，第76-82页）、任崇岳《韩林儿、刘福通死难考辨》（载于《江淮论坛》1982年第5期，第58-60页）、韩志远《韩山童 刘福通白鹿庄起义说辨伪》（载于《史学月刊》1984年第3期，第4页）、李海萍、陈频《刘福通之死考辨》（载于《驻马店师专学报（社会科学版）》1994年第1期，第79-81页）、魏嵩山《元末刘福通等起义经过与最初起义之地考实》（载于《中国史研究》1994年第1期，第4页）、杨国宜《刘福通之谜》（载于《安徽师范大学学报（哲学社会科学版）》1997年第1期，第112-118页）、吴海涛《刘福通为何首义于颍州》（载于《安徽史学》2002年第2期，第13-15页）、王玉祥《刘福通结局之我见》（载于《甘肃社会科学》2004年第1期，第174-177页）、刘顺安《刘福通"大宋"政权与开封》（载于《开封教育学院学报》2011年第3期，第1-5页）。

为皇帝，亦号小明王，自任平章。旋杀丞相遵道，改任丞相、太保。继克颍州，攻庐州，败元军于许州长葛，收复亳州。十七年夏，遣军三路北伐，西路白不信、李喜喜、大刀敖入陕，东路毛贵攻大都，中路关先生，破潘入晋、冀，由朔方攻上都。自率军转战河南、安徽，攻克曹州、濮州、卫辉等地。义军军旗大书"虎贲三千，直取幽燕之地；龙飞五千，重开大宋之天"。次年攻占汴梁，并迁都于此。巴蜀、荆楚、江淮、齐鲁、辽海、甘肃各地农民纷起响应。由于力量分散，流动作战，各股义军相继为元军及地主武装击败。十九年，汴梁为察军帖木儿所破，遂护林儿走安丰。二十三年，安丰被张士诚攻破，战死。一说二十六年与林儿俱被元璋部将廖永忠溺死瓜步江中。[1]

⊙ 刘济

刘济，生卒年不详，大名（今属河北）人，英勇善战。元时曾为颍州万户，与父刘晖同镇守颍州，保城安全。事迹见虞集《管军中千户刘侯神道碑》。

《全元文》卷八七九虞集《管军中千户刘侯神道碑》载：

侯讳济，字济川，姓刘氏，世为大名人。在金时，尝显宦，而事佚不传。所可以名知者，义军千户晖而已。义军生权府恩于兵间……至元四年，从守颍州。从军三十余年，大小数十战，年六十二矣。而侯年已二十八，以通书数计策，善战闻于军中，请任之袭其军事。方是时，行省益善其父子二人，不肯偏舍，故两用之。以侯镇其父兵，益以怀孟彰德之卒五百。会攻襄阳，而颍州万

---

① 胡国珍：《中国古代名人分类大辞典》，北京：华语教学出版社，2009年，第1053-1054页。

户，方赴息州聚议，即以其父权万户府事，留镇颍州。宋将夏贵知颍帅已出，乘虚攻其北门，权府设伏败之，遂完城以待侯。[①]

⊙ 刘晖

刘晖，生卒年不详，大名人。刘济之父。元顺帝至元四年（1338）镇守颍州，与子刘济共进退，保颍州安危。事迹见虞集《管军中千户刘侯神道碑》。

⊙ 刘益谦

刘益谦，生卒年不详，字恭甫，颍州太和（今属安徽阜阳）人。刚毅明果，奉公忘私，所至有惠政，民思之。字术鲁翀撰有《镇平县尹刘侯遗爱之铭（后至元三年）》。

《全元文》卷一〇三〇字术鲁翀《镇平县尹刘侯遗爱之铭（后至元三年）》载：

> 至元三年岁次丁丑冬，镇平县刘侯代去。校官朱秉诚、耆旧杨仲贤、梁归英、儒李昌祖等来曰："侯以元统二年冬莅县，审荒芜，课耕垦，税丁户，均差徭，察事情，靖嚣闤，奖士类，隆风化，集流散遂生养，严法令，弭偷剽。始至，决讼百余皆当，恖日稀。簿甲不紊，里社耕学日修。捕逐日谨，穴剽日戢。三皇、宣圣庙庑敝圮，俎豆、诸生废弛者日修举，遂暇无事。他所赴恖宪部府廷者，用侯推决，剖析无滞。农书刻布，民社晓耕植。蠒穀果蓏岁日增，常平义仓之储岁日裕，垦田岁日广，贯户岁日众。宪暨府皆

刻荐廉约清畏。自始及代,无私谒。众日信,将刻石永思,以示不忘。敢请。"予曰:"吾故人也,知其才。惠政如此,其可辞?"侯名益谦,字恭甫,颍州太和人。以薪黄府史入宪,自淮荆三道掌书除万亿宝源提控案牍,擢河南行省理问所知事,秩将仕郎。还充本省掾史,尹县枣阳,秩承事郎。尹是县,刚毅明果,奉公忘私,其天性然也。因摭所闻,系以诗。①

⊙ 貊高

貊高,生卒年不详,颍州太和(今属安徽阜阳)人。元察罕帖木儿部将,精于用兵。事见《新元史》卷二二〇《扩廓帖木儿传》。

《安徽人物大辞典》"太和县"条载:

> 貊高,元太和人。察罕部将。善论兵。察罕死,为库库进据陕西,后见库库不受朝命,列其罪状,闻于朝。赐号忠义功臣,知枢密院兼平章,总河北军事。②

⊙ 聂天骥

聂天骥(?—1233)③,字元吉,代州五台(今属山西)人。金卫绍王至宁元年(1213)进士,调汝阴(今安徽阜阳市)主簿。崔立之变,被创甚,不肯医治而死。史载天骥沉静寡言,为官清甚,敢于直谏,被誉为治世之良臣。元好问撰有《聂元吉墓志铭》。《金史》卷一一五有传。

① 李修生:《全元文》,南京:凤凰出版社,2004年,第32册,第313页。
② 戎毓明主编:《安徽人物大辞典》,北京:团结出版社,1992年,第1021页。
③ 相关研究文章较少,仅见酒烈芳《直言敢谏的聂天骥》(载于《五台山研究》1991年第3期,第48页)。

《金史》卷一一五《聂天骥传》载：

> 聂天骥字元吉，五台人。至宁元年进士，调汝阴簿，历睢州司候、封丘令。兴定初，辟为尚书省令史。时胥吏擅威，士人往往附之，独天骥不少假借，彼亦不能害也。……
>
> 哀宗迁归德，天骥留汴中。崔立变，天骥被创甚，卧一十余日，其女舜英谒医救疗，天骥叹曰："吾幸得死，儿女曹乃为谒医，尚欲我活耶。"竟郁郁以死。舜英葬其父，明日亦自缢，有传。
>
> 天骥沉静寡言，不妄交。起于田亩，能以雅道自将，践历台省若素宦然，诸人多自以为不及也。①

又《全元文》卷三二元好问《聂元吉墓志铭》载：

> 元吉讳天骥，姓聂氏，代之五台人，元吉，其字也。……弱冠，等进士第，释褐汝阴簿，转睢州司候。……车架东迁，公在留中。贼杀二相，兵及元吉，卧创二十许日。医言可治，公誓之以死。死之二日，权厝某所。……初，元吉以卫绍王崇庆二年登科。时雷希颜渊、宋飞卿九嘉、商平叔衡、张正卿天纲、冀京父禹锡。康伯禄锡皆在选中，朝野以为得人。而元吉起田亩，能以雅道自将，践历台阁，若素宦然，诸人多以为不及也。予与元吉同乡里，年相若，仕相及。然元吉重迟，予资下急；元吉耿耿自信，未尝以言下人，予则矫枉过直，率屈己以狥物。"道不同不相为谋"，故虽与只同乡里，年相若，仕相及，而交未尝合也。②

---

① （元）脱脱等：《金史》，北京：中华书局，2020年，第2673-2674页。
② 李修生：《全元文》，南京：凤凰出版社，2005年，第1册，第544-545页。

⊙ 施宜生

施宜生（1091—1163）[①]，字必达。元名逵，字明望，建州浦城（今属福建）人，晚号"三住老人"。北宋末至金朝时期大臣。徽宗政和四年（1114），擢上舍第，试学官，为颍州教授，从赵德麟游。金兵入汴，投顺刘豫，入金为翰林学士。后仕伪齐，复入金，官至翰林讲学士。金世宗大定二年（1162）致仕，次年（1163）六月卒，年七十三。宜生博闻强记，有才学，有文集。

《宋元学案补遗》卷九十九《苏氏蜀学略补遗·赵氏门人》"学士施先生宜生"条引《中州集》载：

> 施宜生子明望，浦城人。宋宣和末为颍州教官，仕齐、仕金，官至翰林学士。自号三住老人，有集行于世。初在颍州，日从赵德麟游，颇得苏门沾丐云。[②]

⊙ 完颜襄

完颜襄（1140—1202），本名唵，昭祖石鲁五世孙，完颜阿鲁带之子。少有志节，善骑射，有勇谋。大定初，平契丹乱有功，授亳州防御使。领颍、寿二州都统伐宋，以功迁拱卫直都指挥使。泰和二年（1202）卒，谥武昭。《金史》卷九四有传。

《金史》卷九四《内族襄传》载：

---

① 关于施宜生的研究文章主要有：景新强《施宜生通敌事件辨正——一个史源学的考察》（载于《西北大学学报（哲学社会科学版）》2007年第3期，第77–79页）、邹春秀《施宜生使宋泄密事件与南宋士大夫的歧议》（载于《江苏大学学报（社会科学版）》2010年第3期，第29–34页）。

② （清）王梓材、冯云濠：《宋元学案补遗》，北京：人民出版社，2012年，第3911–3912页。

丞相襄本名庵，昭祖五世孙也。祖什古乃从太祖平辽，以功授上京世袭猛安，历东京留守。父阿鲁带，皇统初北伐有功，拜参知政事。

襄幼有志节，善骑射，多勇略，年十八袭世爵。……

宋人犯南鄙，襄为颍、寿都统，率甲士二千人渡颍水，败敌兵五千，复颍州，生擒宋帅杨思。……

襄明敏，才武过人，上亲待之厚，故所至有功。其驻军临潢也，有以伪书遗西京留守徒单镒，欲构以罪。书闻，上以书还畀襄，其明信如此。既而果获为伪书者。在政府二十年，明练故事，简重能断，器局尤宽大，待掾吏尽礼，用人各得所长，为当世名将相。大安间，配享章宗庙廷。①

⊙ 王纲

王纲（1233—1287），字政之，其先为淄川（今山东淄博）人，后徙安平（今属河北）。王纲文武双全，为官公正无私，元世祖至元中知颍州，民感其德。《新元史》卷一七四有传。

《全元文》卷四五〇《广东按察副使王纲墓神道碑铭》载：

王公纲……以至元二十四年七月十六日卒旅次……纲其讳也，字政之，先为淄川人。祖讳德，金末官长山令，兵乱徙安平，因家焉。考讳义，丰资乐施，闾里有善人之目。妣苏氏。公少以刀笔试吏，即超出流辈，不骫骳自泊。天兵南下，军需倥迫，界淮而北为尤甚。公从事颍州，首言互市之法，公私均被其利。岁戊辰，辟除漕

---

① （元）脱脱等：《金史》，北京：中华书局，2020年，第2214—2220页。

幕，以干局称。辛未，擢主行工部事。……不幸年止五十四以殁。[①]

又《新元史》卷一七四《王纲传》载：

王纲，字政之，安平人。性倜傥，少为县吏，不骫骳从俗。大军伐宋，亟馈饷，自淮以北，征敛尤重。纲在颍州，首建互市之法，公私赖之。累擢工部主事。世祖建大都……至元十九年，擢奉议大夫山东道提刑按察副使。……二十四年，迁海北广东道提刑按察使。……既至，疾作，还至潭州卒，年五十四。[②]

⊙ 王公孺

王公孺，生卒年不详，字绍卿，王恽之子，汲县（今河南卫辉）人。元仁宗延祐间出知颍州，廉洁安静。

《道光阜阳县志》卷十《宦业》"元朝"条载：

王公孺，汲县人，以奏议大夫知颍州事，安静廉洁。[③]

⊙ 须高

须高，生卒年不详，颍州太和（今属安徽阜阳太和）人，至正间任平章事，顺帝特诏见之。

《乾隆颍州府志》卷八《人物志》载：

---

① 李修生：《全元文》，南京：江苏古籍出版社，2000年，第13册，第148-149页。

② 柯劭忞撰，张京华、黄曙辉总校：《新元史》，上海：上海古籍出版社，2018年，第3582-3583页。

③ （清）刘虎文、周天虎修，（清）李复庆等纂：《道光阜阳县志》，《中国地方志集成·安徽府县志辑23》，南京：江苏古籍出版社，1998年，第161页。

须高，太和人，至正间任平章事。劾扩廓□字罗，屡受特诏，卒于晋宁。①

⊙ 月乃合

月乃合（1215—1263），字正卿，本雍古部，后徙于静州（今内蒙古乌兰浩特）。月乃合幼好学，政事修举，有能名。从元世祖南征中，专供粮饷，途经颍州等地，居民无扰，安居乐业。民德之。《新元史》卷一四九有传。

《新元史》卷一四九《月乃合》载：

> 月乃合，字正卿，本雍古部，后徙于静州……
>
> 月乃合幼好学，每奋而自誓曰："吾父死于国难，吾纾家难可也。"金亡，北渡河，见宪宗于藩邸。帝嘉其端谨，使佐断事官卜儿只。月乃合慨然以治道自任。政事修举，有能名。……中统二年，拜礼部尚书，佩金虎符。
>
> 四年，奏光、颍等州立榷场，岁可得铁一百万七十余斤，铸农器十万件，易粟四万石，官民既便，兼可填服南方。诏以本职兼领已括户三千兴造炉冶，蒙古、汉军并听节制。未行，以疾卒，年四十八。至顺元年，赠推忠宣力翊运功臣、正议大夫、金枢密院事、上轻车都尉，追封梁郡侯，谥忠懿。②

又《道光阜阳县志》卷一三《人物三·寓贤》"元朝"条载：

---

① （清）王敛福纂修：《乾隆颍州府志》，《中国地方志集成·安徽府县志辑24》，南京：江苏古籍出版社，1998年，第376页。
② 柯劭忞撰，张京华、黄曙辉总校：《新元史》，上海：上海古籍出版社，2018年，第3171-3172页。

月乃合，字正卿，从世祖南征，令专馈饷，所过州郡，汴蔡汝
颍间，商农安业，军政修举，月乃合与有力焉。①

⊙ 张汝明

张汝明（1175—1250），字子玉，汶上（今属山东）人。金卫绍王大安
元年（1209）经义进士第，调颍州泰和县（今安徽阜阳太和县）主簿。汝明
为人讲信用，为官刚介有守，廉洁自律，家无余财，人称道之。元好问撰有
《御史张君（汝明）墓表》。

《全元文》卷三二元好问《御史张君墓表》载：

中奉大夫、故治书侍御史、守申州刺史张君讳汝明，子子玉，
世家汶上。……君三岁丧父，母程，故衣冠家，而有贤行，力课君
学，君亦能自树立成人。弱冠，擢大安元年经义进士第，释褐将
仕郎。调颍州泰和县主簿。崇庆元年，换怀州武陟簿。……以庚戌
七月二十有二日构疾，春秋七十有六，终于东平遵化坊私第子正
寝。……君资禀厚重，与人交，敦信义。平居恂恂，似不能言，及
当官而行，刚介有守，论议纯正，人不能夺。仕宦三十年，家无余
资。其他尚多可称，弗著，著不为穷达易节者。②

⊙ 张士傑

张士傑（1265—1333），字汉卿，先世上谷（今北京延庆县）人，后徙
彰德汤阴（今属河南）。约元仁宗朝为颍州同知。在颍时，注重水利，发展

---

① （清）刘虎文、周天虎修，（清）李复庆等纂：《道光阜阳县志》，《中国地方志集成·安徽府县
志辑23》，南京：江苏古籍出版社，1998年，第217页。
② 李修生：《全元文》，南京：凤凰出版社，2005年，第1册，第532—534页。

生产，亲民友顺，颍人德之。许有壬撰有《赠通议大夫大都路都总管上轻车都尉清河郡侯谥庄惠张公（士傑）神道碑铭并序》。

《全元文》卷一一九八许有壬《赠通议大夫大都路都总管上轻车都尉清河郡侯谥庄惠张公神道碑铭并序》载：

> 公讳士傑，字汉卿，先世上谷人。高祖诚，徙彰德汤阴。……公入胄监，习其书，又精其言。甫冠，徙戍北庭，辟帅府蒙古吏，转河南行省，及格，授同知颍州事，官承事郎。未终更，辟中书史……泰定甲子，以嘉议大夫迁德安……至顺癸酉三月日卒官，寿六十九，葬汤阴西百里。……在北庭，适朵唤寇边，从战有功。颍地善涝，治沟洫，岁以稔。修宣圣庙，作两庑。……此其为政之大概，而仁民爱物之实也。论治国者必先于齐家，而仁民必始于亲亲。公事亲孝，待兄弟友爱，宗祖贫弗给者周之，失嫁娶者为嫁娶之，此亲亲之实也。亲亲而仁民，仁民而爱物，有本者如是夫！呜呼，称人之善，必本其父兄师友，名言也。[1]

⊙ 张绍祖

张绍祖，生卒年不详，字子让，颍州（今安徽阜阳）人。绍祖读书勤奋，河南路儒学教授。元末，社会动荡，绍祖与其父被俘，绍祖愿以身代父死，以孝义闻乡里。《元史》卷一九八、《新元史》卷二四〇有传。

《元史》卷一九八《张绍祖传》载：

> 张绍祖字子让，颍州人。读书力学，以孝行闻于朝，特授河南路儒学教授。至正十五年，奉父避兵山间，贼至，执其父将杀之，

---

① 李修生：《全元文》，南京：凤凰出版社，2004年，第38册，第424—426页。

绍祖泣曰："吾父者德善人，不当害，请杀我以代父死。且若等非
父母所生乎，何忍害人父也！"贼怒，以戈击之，戈应手挫钝，因
感而相谓曰："此真孝子，不可害。"乃释之。①

⊙ 章克让

章克让，生卒年不详，颍州颍上（今属安徽阜阳）人，元顺帝元统中进
士，繁昌令，处事果断，廉洁自律，家贫如洗。

《乾隆颍州府志》卷八《人物志》载：

> 章克让，颍上人，元统间进士，任繁昌，明敏果断，谢事归
> 里，四壁萧然。②

⊙ 赵庸

赵庸（1243—1309），陈州（今河南淮阳）人。元成宗时知颍州，所至
兴学校，为政宽简，民感其恩。事迹见吴澄《元故嘉议大夫饶州路总管赵侯
（庸）墓志铭》。

《全元文》卷五一五吴澄《元故嘉议大夫饶州路总管赵侯墓志铭》载：

> 至大二年四月乙丑，嘉议大夫、饶州路总管赵侯卒于官。……
> 父讳来廷，善骑射，上蔡县都统。金失汴，归国朝，从郝元帅经理
> 陈、亳、颍，招抚边民有功，历使三州，迁陈州长官，因家于陈。
> 有旨授颍州节使，终于颍。时候之年甫十有三，魁伟能谋，弓马闲

① （明）宋濂等：《元史》，北京：中华书局，1976年，第4468页。
② （清）王敛福纂修：《乾隆颍州府志》，《中国地方志集成·安徽府县志辑24》，南京：江苏古籍
出版社，1998年，第376页。

习，器局如成人。朝命袭父职，知州事凡五，颍、邳、莒、息、淇也；贰一路凡再，鄂、益都也；长一路凡再，瑞与饶也。初阶武略将军，进武德、宣武、明威，又进怀远大将军，改嘉议大夫。仕五十有三年，寿六十有七。母何氏，外祖某县尹。侯讳庸，外和内刚，与人交，靡不心悦。恬于利欲，知经史大意，所至兴学校为务。听讼必谕以理，俾自悔悟，不尚刑威，故图圄常虚。……生而令人爱，死而令人哀，有以也夫！[1]

⊙ 赵来廷

赵来廷（？—1296），陈州人（今河南淮阳），赵庸之父。元初为颍州节使，终于颍。赵来廷勇猛善战，抚边有功。事迹见吴澄《元故嘉议大夫饶州路总管赵侯（庸）墓志铭》。

---

[1] 李修生：《全元文》，南京：凤凰出版社，2000年，第15册，第493页。

附录：隋初至元末颍州主要官员信息表

序号	姓名	籍贯	官职	任职时间	文献来源
1	皇甫光	安定乌氏人	颍州赞治	隋开皇三年前（583前）	《贞石可凭》〇—〇《皇甫光暨妻辛氏墓志》
2	史云	京兆长安人	颍州刺史	隋	《大隋故宣节校尉史夫君墓志铭并序》
3	姜子建（江子建）	汝阴人	颍州刺史	唐高祖武德二年？（619？）	《太平寰宇记》卷一一《颍州》
4	田瓒	淮安人	颍州刺史	唐高祖武德三年（620）	《新唐书》卷八五《王世充传》
5	卢义恭	范阳涿人	颍州刺史	约唐高祖武德中	《大唐故监察御史卢君墓志铭并序》
6	谢统师	陈郡阳夏人	颍州刺史	唐高祖武德五年—太宗贞观元年（622—627）	《唐故使持节士颍归三州诸军事三州刺史亳州总管湘源郡公谢府君墓志铭并序》
7	崔静	博陵安平人	汝阴县尉	约唐高祖武德末—太宗贞观三年（武德末—629）	《大唐故德州长史崔君墓志铭》
8	杨仲达	不详	颍州刺史	约唐高祖、太宗朝	《唐故冀州刺史姚府君夫人弘农郡君杨氏墓志铭并序》
9	侯仁恺	上谷人	颍州司户参军	唐太宗贞观二十年前后（646前后）	《大唐故天山县令侯府君墓志铭》
10	杨德裔	宏农华阴人	颍州司马	约唐初	《全唐文》卷一九五杨炯《常州刺史伯父东平杨公墓志铭》
11	士巘	河内郡人	颍州司马	约唐初	《唐代墓志汇编》天宝〇四七《大唐故朝散郎试平卢军司马赏绯鱼袋士府君太原郭夫人墓志铭》
12	艾剑客	燕国安次人	颍州司马	约唐初	《大周故五品孙燕国艾君墓志铭》
13	王会	太原人	颍州司马	约唐初	《唐故孟州温县令王君墓志铭》
14	卢登	范阳涿人	汝阴县丞	约唐初中期	《唐太原府司录参军萧遇故夫人范阳卢氏墓志铭并序》
15	柳宝积	不详	颍州刺史	唐高宗永徽中	《新唐书》卷三八《地理志二》

序号	姓名	籍贯	官职	任职时间	文献来源
16	裴弘献	不详	颖州刺史	唐高宗永徽四年（653）	《全唐文》卷一三六长孙无忌《进律疏议表》
17	李信	陇西城纪人	下蔡县令	约唐高宗永辉五年前（约654前）	《唐代墓志汇编》永徽一〇三《唐故颖州下蔡县令李府君墓志铭并序》
18	元怀式	不详	颖州刺史	约唐高宗咸亨二年（约671）	《隋唐五代墓志汇编·洛阳卷》第6册《□□□法曹参军刘君故妻元氏墓志铭并序》
19	刘绍策	不详	颖州刺史	唐高宗朝	《大唐开府仪同三司紫微令梁国公姚夫人沛国夫人刘氏墓志铭并序》（开元五年二月十三日）
20	独孤守义	河南人	颖上县令	唐高宗仪凤三年—武后垂拱元年（678—685）	《唐代墓志汇编》垂拱一〇一三《大唐故颖州颖上县令独孤府君墓志铭并序》
21	李欣	太原人	颖州刺史	武后垂拱中（未任即死）	《大唐故濮恭王妃阎氏墓志铭并序》，《文物》1987年第8期
22	王勖（王遂古）	不详	颖州刺史	武后天授中	《新唐书》卷八三《诸帝公主》
23	袁忠臣	京兆人	颖州刺史	唐睿宗时？	《元和姓纂》卷四《京兆袁氏》
24	张廷珪（张庭珪）	河南济源人	颖州刺史	唐睿宗、玄宗间	《唐故赠工部尚书张公墓志铭并序》，《文物》1980年第3期
25	萧德绪	太原人	颖州刺史	唐玄宗开元中？	《千唐志·唐故天德军摄团练判官太原府参军萧府君墓志铭并序》
26	柳儒	不详	颖州刺史	唐玄宗开元三—四年（715—716）[1]	《大唐故银青光禄大夫行薛王府长史上柱国河东县开国男柳府君（儒）墓志铭并序》
27	朱归浦	武丘人	颖上县尉	约唐玄宗开元五—八年（717—720）	《唐代墓志汇编续集》开元一七四《唐故颖州颖上县尉吴郡朱府君墓志铭》
28	韦岳	雍州万年人	颖州别驾	约唐玄宗开元中	《旧唐书》卷一八五上《韦机传》
29	郭珽之	太原人	颖州录事参军	唐玄宗开元中	《唐代墓志汇编》开元四四五《唐故颖州录事参军郭府君墓志铭并序》

序号	姓名	籍贯	官职	任职时间	文献来源
30	庞敬	冯翊人	下蔡县令	约唐玄宗开元中	《唐代墓志汇编》开元二八三《唐故朝散大夫行歙州休宁县令上柱庞府君墓志铭并序》
31	郭珽之	太原人	下蔡县尉	唐玄宗开元中	《唐代墓志汇编》开元四四五《唐故颍州录事参军郭府君墓志铭并序》
32	史待宾	河间鄭人	汝阴县令	约唐玄宗开元十八年前（约730前）	《唐代墓志汇编》开元三○五《唐故朝散大夫上柱国颍州汝阴县令史（待宾）墓志铭并序》（开元十八年闰六月廿三日）
33	崔尚	郑州人	颍州刺史	约唐玄宗开元末[2]	《大唐故崔府君（尚）墓志铭》（天宝四载十月十三日）
34	裴琨	绛州曲沃县人	汝阴县令	唐玄宗开元二十六年—天宝三载（738—744）	《唐代墓志汇编》天宝○八○《大唐故汝阴郡汝阴县令裴（琨）府君之墓志》（天宝四载十月廿五日）
35	萧炅	不详	颍州刺史	唐玄宗天宝八载（749）	《资治通鉴》卷二一六唐玄宗天宝八载夏四月条
36	苗殆庶	不详	颍州刺史	唐玄宗天宝中	《千唐志·唐故朝议郎守殿中少监兼通事舍人知馆事上柱国赐紫金鱼袋苗公墓志铭》
37	姚希直	陇西人	颍州司法参军	约唐玄宗天宝十二载前（约753前）	《唐代墓志汇编》天宝二三○《唐故汝阴郡司法参军姚（希直）公墓志铭》（天宝十二载十月卅日）
38	徐元偘	高平人	下蔡县令	约唐中期	《唐故朝议郎前行门下省符宝郎上柱国徐府君墓志铭并序》
39	论惟贞	吐蕃族人	颍州刺史	约唐肃宗宝应、唐代宗广德间	《新唐书》卷一一○《论惟贞传》
40	源偝	河南人	汝阴县令	约唐代宗朝前	《唐故河南府伊阙县源君墓志铭》、《唐故濮州濮阳县丞源公墓志铭》
41	徐向	东海郯县人	颍州刺史	唐代宗大历初	《新唐书》卷七五下《宰相世系五下·北祖上房徐氏》

序号	姓名	籍贯	官职	任职时间	文献来源
42	李岵	太原人	颍州刺史	唐代宗大历三年—四年(768—769)	《新唐书》卷六《代宗本纪》
43	姚奭	不详	颍州刺史	唐代宗大历三年（768）（未任即死）	《新唐书》卷一四八《令狐彰传》
44	段晏	陇西郡人	颍州别驾	唐代宗大历七年前（771前）	《唐代墓志汇编续集》大历〇二〇《大唐故段府君墓志铭》
45	崔朝	清河武城人	颍州刺史	唐代宗大历中	《全唐文》卷六八二牛僧孺《崔相国群家庙碑》
46	韦允	山东人	颍州刺史	唐代宗大历中	《元和姓纂》卷二东眷韦氏郧公房
47	李长卿	不详	颍州刺史	唐德宗建中三年（782）	《册府元龟》卷一六五
48	韦勺	不详	颍州刺史	约唐德宗贞元初	《全唐文》卷五〇五权德舆《唐故银青光禄大夫守吏部尚书兼御史大夫充诸道盐铁转运等使上柱国赵郡开国公赠尚书右仆射李公墓志铭并序》
49	郑其荣	荥阳人	下蔡县令	约唐德宗贞元五年前（约789前）	《唐故宣州泾县主簿吴兴姚府君故夫人祁县王氏合祔玄堂记》、《唐故通议大夫守夔王傅分司东都上柱国赐紫金鱼袋吴兴姚府君墓志》
50	裴泾	不详	颍州刺史	约唐德宗贞元七年（约791）	《全唐文》卷七八四穆员《河南少尹裴公墓志铭》
51	庚侹	南阳新野人	颍州刺史	唐德宗贞元中?	《唐故朝散大夫行京兆府功曹参军庾府君墓志铭并序》
52	柳某	不详	汝阴县令	约唐德宗贞元中	《柳宗元集》卷一二一《故宏农令柳府君坟前石表辞》
53	高五立	不详	颍州刺史	约唐德宗朝	《全唐文》卷五二德宗《诛李乃诏》
54	王初	新丰人	颍州别驾	约唐德宗朝	《宝刻丛编》卷七《唐颍州别驾王初墓誌》

序号	姓名	籍贯	官职	任职时间	文献来源
55	高彦昭	不详	颍州刺史	唐德宗贞元十二年—唐宪宗元和中（796—？）	《新唐书》卷二〇五《烈女·高愍女传》
56	李思海	姑臧人	颍州司马	约唐宪宗元和前	《唐代墓志汇编续集》元和〇〇八《唐故陇西郡太夫人李氏墓志铭并序》、《新唐书》卷七二上《宰相世系二上》"李氏姑臧大房"条
57	郑令謩	荥阳人	颍州司功参军	唐宪宗元和八年前（813前）	《唐代墓志汇编续集》元和〇四四《皇唐故太常少卿崔公元妃荥阳郑氏合祔墓志铭》、《新唐书》卷七五上《宰相世系五上》"郑氏"条
58	向说	淮阳人	沈丘县丞	约唐宪宗元和十年前后（约815前后）	《唐代墓志汇编》元和〇八六《大唐故向夫人墓志铭》
59	时元佐（时玄佐）	陈留人	颍州刺史	唐宪宗元和、唐穆宗长庆间？	《元和姓纂》卷二陈留时氏
60	崔利	清河东武城人	颍上县令	约唐文宗朝前	《唐代墓志汇编》大和〇一三《唐故汴州雍丘县尉清河崔府君墓志铭并序》
61	高证	彭城人	颍州刺史	唐文宗时？	《芒洛四编》卷六《唐故盐铁河阴院巡官试左武卫兵曹参军彭城刘府君墓志并序》
62	王某卿	太原人	颍州刺史	约唐文宗大和三—五年（829—831）	《（上阙）司徒□□□使持节颍州诸军事颍州刺史兼御史大夫上柱国太原王公（□卿）墓志铭并序》杨德伦 撰此志时署前□州刺史（下阙）》
63	薛赞	河东人	下蔡县令	约唐文宗大和中	《唐代墓志汇编》开成〇四八《唐故绛州翼城县令河东薛公墓铭》
64	张文规	河东猗氏人	颍州刺史	唐武宗会昌三—四年（843—844）	《唐故登仕郎蔡州司士参军上骑都尉范阳卢府君墓志铭并序》

序号	姓名	籍贯	官职	任职时间	文献来源
65	崔镒	清河郡人	颍州观察推官	唐武宗会昌四年前（844前）	《唐故河南府伊阙县令清河崔府君墓志铭并序》（堂弟前郑滑颍等州观察推官朝散郎监察御史里行镒撰）
66	李公度	陇西成纪人	颍上县令	约唐宣宗大中六年前（约852前）	《唐代墓志汇编》大中〇七三《唐颍州颍上县令李府君墓志铭》、大中〇九一《唐故颍州颍上县令李府君夫人荥阳郑氏合祔玄堂志》、大中一三四《唐故衡州耒阳县尉陇西李府君墓志铭》
67	李廓	陇西成纪人	颍州刺史	唐武宗会昌五年（845）	《旧唐书》卷一六七《李廓传》
68	陆绍	吴郡吴县人	颍州刺史	约唐宣宗大中时	《新唐书》卷七三下《表第一三下·陆氏》
69	杨元孙	中山人	颍州刺史	唐宣宗大中时？	《新唐书》卷七一《表一一下·杨氏越公房》
70	魏中庸	钜鹿人	颍州刺史	唐宣宗大中三—六年（849—852）	《唐故舟济律师墓志铭并叙》（大中四年仲春十二日卒）
71	裴闵	不详	颍州刺史	唐懿宗咸通二年（861）	《旧唐书》卷一九上《懿宗本纪》
72	刘瞻	桂阳人	颍州刺史	唐懿宗咸通八年（867）（未任即死）	《重修承旨学士壁记》
73	宗回	不详	颍州刺史	唐懿宗咸通十三年（872）	《旧唐书》卷一九上《懿宗本纪》
74	张自勉	不详	颍州刺史	唐僖宗乾符四年—五年（877—878）	《资治通鉴》卷二五三唐僖宗乾符四年十一月条
75	段珂	汾阳人	颍州司马	唐僖宗广明中	《道光阜阳县志》卷八《职官·氏表》
76	王敬荛	颍州汝阴人	颍州刺史	唐僖宗中和四年—唐昭宗乾宁四年（884—897）	《旧五代史》卷二〇《王敬荛传》

序号	姓名	籍贯	官职	任职时间	文献来源
77	郑绶	不详	颍上县主簿	约唐僖宗朝	《唐文拾遗》卷四〇崔致远《前颍上县主簿郑绶摄盛唐县丞舅韦绒评事荐》
78	王重师	许州长社人	颍州刺史	唐昭宗乾宁中	《旧五代史》卷二二《王重师传》
79	张存敬	谯郡人	颍州刺史	乾宁三年—光化二年（896—899）	《旧五代史》卷二〇《张存敬传》
80	朱友恭（李彦威，朱温养子）	寿春人	颍州刺史	唐昭宗光化三年—天复三年（900—903）	《旧五代史》卷一九《朱友恭传》
81	高季兴（高季昌）	陕州硖石人	颍州刺史	唐昭宗天祐初	《旧五代史》卷一三三《高季兴传》
82	黄文靖	金乡人	颍州刺史	约唐昭宣帝天祐三年—四年（约906—907）	《旧五代史》卷一九《黄文靖传》
83	毛言	隆平人	汝阴县令	约唐末	《唐故特进检校太保守左金吾卫上将军兼御史大夫上柱国荥阳郡开国侯食邑一千户毛公》
84	□长裕	不详	颍州刺史	唐代	《全唐文》卷七八四穆员《相国崔公墓志铭》
85	郑诚	不详	颍州刺史	唐代	《乾隆颍州府志》卷六《名宦志》
86	卢善祚	范阳涿人	颍州司马	唐代	《新唐书》卷七三上《宰相世系三上》"卢氏"条
87	韦正履	京兆杜陵人	颍州司马	唐代	《新唐书》卷七四上《宰相世系四上》"东眷韦氏"条
88	郑趋庭	荥阳人	颍州司马	唐代	《新唐书》卷七五上《宰相世系五上》"郑氏"条
89	李郢	南阳人	颍州录事参军	唐代	《新唐书》卷七〇上《宗室世系上》"蔡王房"条
90	李文则	赵郡人	颍州司仓参军	唐代	《新唐书》卷七二上《宰相世系二上》"李氏"条
91	刘宝进	宋州宁陵人	汝阴县令	唐代	《宋史》卷二六三《刘熙古传》
92	张实	安定乌氏人	颍州刺史	后梁太祖开平元年（907）	《资治通鉴》卷二六六后梁太祖开平元年十一月条、《册府元龟》卷二〇二《闰位部·祥瑞第二》

续表

序号	姓名	籍贯	官职	任职时间	文献来源
93	张廷蕴	襄邑人	颍州团练使	后唐庄宗同光元年（923）	《道光阜阳县志》卷八《职官》
94	李承约	蓟州人	颍州团练使	后唐明宗天成元年前（926前）	《资治通鉴》卷二七五后唐明宗天成元年冬十月条、《册府元龟》卷六五三《奉使部·称旨》
95	朱罕	不详	颍州团练使	后唐明宗天成元年（926）	《旧五代史》卷三七《明宗本纪第三》
96	孙岳	冀州人	颍州刺史	后唐明宗天成二年（927）	《旧五代史》卷三八《明宗本纪第四》、《册府元龟》卷六七七《牧守部·能政》
97	高行周	幽州人	颍州团练使	后唐明宗天成中	《全唐文》卷八五六"高行周"条、《册府元龟》卷八四六《总录部·善射》
98	高行珪	妫州（治今河北怀来）人	颍州团练使	约后唐明宗时	《新五代史》卷四八《高行周传》
99	孙铎	不详	颍州团练使	后唐潞王清泰元年（934）	《册府元龟》卷八一《帝王部·庆赐第三》
100	苌从简	陈州（治今河南淮阳）人	颍州团练使	约后唐潞王清泰中	《新五代史》卷四七《苌从简传》、《册府元龟》卷七六六《总录部·攀附第二》
101	刘昭	涿州范阳人	下蔡县令	后唐	《宋史》卷二六二《刘载传》
102	何福进	太原人	颍州防御使	后晋出帝天福—开运中	《旧五代史》卷一二四《何福进传》、《资治通鉴》卷二八七后汉高祖天福十二年秋七月条、《道光阜阳县志》卷八《职官·氏表》
103	余谈	不详	观察推官	后晋高祖天福五年前（940前）	《晋故银青光禄大夫检校右散骑常侍右内师府率同正兼御史大夫上柱国郭府君墓志铭并序》（前摄宋亳颍等州观察推官将仕郎试大理评事余谈撰）》
104	郭在微	华州郑县人	颍州司马	约后晋除帝天福八年前后（约943前后）	《晋故承务郎守耀州富平县令太原郭公墓志》
105	冯玉	定州人	颍州团练使	后晋出帝开运中	《新五代史》卷五六《冯玉传》

序号	姓名	籍贯	官职	任职时间	文献来源
106	窦贞固	同州白水人	颍州团练使	后晋出帝开运中	《道光阜阳县志》卷八《职官》
107	郭琼	庐州人	颍州团练使（防御使）	后汉隐帝乾祐三年（950）	《资治通鉴》卷二八九后汉隐皇帝乾祐三年五月条、《旧五代史》卷一一三《太祖本纪第四》、《乾隆颍州府志》卷六《名宦志》
108	高弼	不详	颍上县令	约后汉—后周显德三年前（约后汉—953前）	《大周故开府仪同三司太子太师致仕蔡公赠侍中宋公墓志铭并序（前摄颍州颍上县令高弼撰）》
109	王祚	并州祁县人	颍州刺史	后周世宗显德中	《宋史》卷二四九《王溥传》、《乾隆颍州府志》卷六《名宦志》、《曾巩集》卷四九《本朝政要策·赋税》
110	范再遇	不详	颍州团练使	宋太祖建隆二年前（961前）	《续资治通鉴长编》卷二宋太祖建隆二年夏四月条
111	张颙	桃源人	颍州知州	约宋太祖乾德中	《宋史》卷二《太祖本纪二》、《续资治通鉴长编》卷一一宋太祖开宝三年三月条、《道光阜阳县志》卷八《职官》
112	常晖	不详	颍州刺史	宋太祖开宝二年前（969前）	《宋史》卷二七三《李进卿传》
113	潘美	大名人	颍州团练使	宋太祖开宝中	《道光阜阳县志》卷八《职官》
114	仇兴	不详	颍州龙骑指挥使(军校)	宋太祖开宝中	《道光阜阳县志》卷八《职官》
115	曹翰	大名人	颍州团练使	宋太祖开宝五年前—雍熙初（约972前—984）	《宋史》卷九一《河渠一·黄河上》、卷二六〇《曹翰传》
116	崔宪	清河人	沈丘县尉	宋太宗开宝末—太宗太平兴国中	《徐铉集校注》卷三〇《故唐朝散大夫尚书郎中崔君墓志铭并序》
117	孙崇望	不详	汝阴县令	宋太宗太平兴国末	《宋史》卷二六〇《曹翰传》
118	李虚己	建安人	沈丘县尉	宋太宗雍熙二年（985）[3]	《宋史》卷三〇〇《李虚己传》

序号	姓名	籍贯	官职	任职时间	文献来源
119	郑文宝	汀州宁化人	颍州通判	宋太宗雍熙三年（986）[4]	《宋史》卷二七七《郑文宝传》
120	刘永恭	涿州范阳人	颍州团练副使	宋太宗雍熙四年（987）	《咸平集》卷二八《如京副使刘永德可濠州团练副使崇仪副使刘永恭可颍州团练副使供奉官刘永和可武骑尉唐州长史制》
121	魏廷式	大名宗城人	颍州通判	宋太宗端拱元年—淳化二年（988—991）	《宋史》卷三〇七《魏廷式传》
122	孔守正	开封浚仪人	颍州防御使	宋太宗端拱中	《道光阜阳县志》卷八《职官》
123	郑文宝	汀州宁化人	颍州知州	宋太宗淳化元年（990）[5]	《宋史》卷二七七《郑文宝传》
124	毕士安	代州云中人	颍州知州	宋太宗淳化三年（992）	《武夷新集》卷一一《宋故推忠协谋佐理功臣金紫光禄大夫行尚书礼部侍郎同中书门下平章事兼修国史上柱国太原郡开国公食邑二千户食实封四百户赠太傅中书令谥曰文简毕公墓志铭》、忠肃集》卷一一《毕文简神道碑》、《宋史》卷二八一《毕士安传》
125	万适	陈州宛丘人	颍上主簿	约宋太宗朝	《乾隆颍州府志》卷六《名宦志》
126	张秉	歙州新安人	颍州知州	宋真宗咸平初	《宋史》卷三〇一《张秉传》
127	李建中	京兆人	颍州知州	宋真宗咸平中	《宋史》卷四四一《李建中传》、《武夷新集》卷五《集贤李金部知颍州》
128	陈渐	阆州阆中人	颍州长史	宋真宗咸平中	《宋史》卷二八四《陈尧佐传》
129	吕夷简	寿州人	颍州推官	宋真宗咸平三年—大中祥符元年（1000—1008）[6]	《宋史》卷二六五《吕蒙正传》
130	张茂直	兖州瑕丘人	颍州知州	宋真宗咸平二—四年（999—1001）	《宋会要辑稿》职官三《舍人院》、《宋史》卷二九六《张茂直传》

续表

序号	姓名	籍贯	官职	任职时间	文献来源
131	黄宗旦	泉州惠安人	颍州通判	宋真宗咸平六年（1003）	《续资治通鉴长编》卷五四宋真宗咸平六年三月条、《武夷新集》卷三《大理黄丞宗旦使颍州（募民垦田）》、《大理丞黄宗旦通判颍州》
132	桑赞	不详	颍州知州	宋真宗景德二年（1005）	《续资治通鉴长编》卷五九宋真宗景德二年春正月条
133	王旭	大名莘县人	颍州知州	约宋真宗大中祥符初	《宋朝事实类苑》卷二一《官政治绩·和买绢》、《大明一统志》卷七《中都·凤阳府》、《乾隆颍州府志》卷六《名宦志》
134	俞献卿	歙州歙县人	颍州知州	宋真宗大中祥符中	《续资治通鉴长编》卷八六宋真宗大中祥符九年二月条
135	刘平	开封祥符人	颍州通判	宋真宗大中祥符中	《淮海集》卷三四《录壮愍刘公遗事》、《道光阜阳县志》卷十《宦业》
136	谢绛	杭州富阳人	汝阴知县	宋真宗大中祥符间	《欧阳修集》卷二六《居士集》卷二六《尚书兵部员外郎知制诰谢公墓志铭〈康定元年〉》、《宋史》卷二九五《谢绛传》
137	刁衍	升州人	颍州知州	宋真宗大中祥符六年前（1013前）	《宋史》卷四四一《刁衍传》《武夷新集》卷一《行次颍州值雨留驻数日因贻郡守秘阁刁公》
138	样丹	羌人	颍州知州	宋真宗大中祥符八年（1015）	《王临川全集》卷九〇《彰武军节度使侍中曹穆公行状》
139	张师德	开封襄邑人	颍州知州	宋真宗天禧四—五年前后（1020—1021前后）	《宋史》卷三〇六《张去华传》、《续资治通鉴长编》卷九五宋真宗天禧四年夏四月条、卷九七宋真宗天禧五年二月条
140	吴待问	建州浦城人	万寿县尉	约宋真宗朝	《武夷新集》卷二《戏赠颍州万寿尉吴待问（待问余之故人值雨留愁数日）》
141	穆修	郓州人	颍州文学参军	约宋真宗大中祥符中	《宋史》卷四四二《穆修传》
142	周起	淄州邹人	颍州知州	宋仁宗天圣初	《宋史》卷二八八《周起传》、《王临川全集》卷九〇《赠礼部尚书安惠周公神道碑》

序号	姓名	籍贯	官职	任职时间	文献来源
143	刘筠	大名人	颍州知州	宋仁宗天圣二年（1024）[7]	《宋史》卷三〇五《刘筠传》、《旧闻证误》卷一、《文献通考》卷二三四《经籍考六十一·集（别集）》
144	李士（仕）衡	陇西成纪人	颍州知州	约宋仁宗天圣六年前后（1028前后）	《范文正公文集》卷一三《宋故同州观察使李公神道碑铭》
145	李垂	博州聊城人	颍州知州	约宋仁宗天圣中	《河南先生文集》卷一七《故朝散大夫尚书司封郎中充秘阁校理知均州军事兼管内劝农事上柱国李公墓志铭并序（庆历五年十二月）》、《宋史》卷二九九《李垂传》
146	王素	大名莘县人	颍州通判	约宋仁宗天圣中	《乐全先生文集》卷三七《宋故端明殿学士金紫光禄大夫行工部尚书致仕上柱国太原郡开国公食邑三千八百户实封一千二百户谥懿敏王公神道碑铭并序》、《华阳集》卷三七《王懿敏公素墓志铭》
147	刘涣	筠州人	颍上县令	宋仁宗天圣八年后（1030后）[8]	《宋史》卷四四四《刘恕传》、《全宋文》卷一五七六李常《尚书屯田员外郎致仕刘凝之府君墓志铭并序（元丰三年十二月）》
148	张孝孙	不详	汝阴主簿	宋仁宗天圣九年前（1031前）	《宋会要辑稿》选举一〇《书判拔萃科》
149	李惇裕	真定人	颍州司理参军	宋仁宗天圣九年前（1031前）	《宋会要辑稿》选举一〇《书判拔萃科》
150	王拱辰	开封咸平人	颍州通判	宋仁宗天圣九或十年（1031或1032）	《北宋王拱辰墓志文》、《全宋文》卷一六七八刘挚《王开府行状》
151	楚建中	洛阳人	颍州司法参军	宋仁宗景祐元年（1034）	《欧阳修全集》卷十《居士集》卷十《送楚建中颍州法曹（景祐元年）》

序号	姓名	籍贯	官职	任职时间	文献来源
152	王代恕	咸平人	颍州司法参军	宋仁宗景祐中	《居士集》卷二八《江宁府句容县令赠尚书兵部员外郎王公代恕墓志铭〈庆历四年〉》、《道光阜阳县志》卷八《职官》
153	嵇适	睢阳人	颍州录事参军	宋仁宗景祐中	《乐全先生文集》卷四〇《赠赞善大夫嵇府君墓志铭并序（景祐六年四月）》
154	夏竦	江州德安人	颍州知州	宋仁宗明道二年—景祐元年（1033—1034）	《续资治通鉴长编》卷一一二宋仁宗明道二年夏四月条、《文庄集》卷五《颍州到任谢上表》、《宋史》卷二八三《夏竦传》、《华阳集》卷三五《夏文庄公竦神道碑铭》
155	杨察	成都人	颍州知州	宋仁宗景祐中	《宋史》卷二九五《杨察传》、《大明一统志》卷七《中都·凤阳府》
156	蔡齐	莱州胶水人	颍州知州	宋仁宗宝元元年（1038）	《乐全先生文集》卷三七《推诚保德守正功臣正奉大夫尚书户部侍郎知颍州军州事管内劝农使上柱国汝南郡开国公食邑二千户实封四百户赐紫金鱼袋赠兵部尚书谥文忠蔡公神道碑铭并序》、《宋史》卷二八六《蔡齐传》
157	程琳	永宁军博野人	颍州知州	宋仁宗宝元二年（1039）	《居士集》卷二三《镇安军节度使同中书门下平章事赠太师中书令程公神道碑铭〈嘉祐四年〉》、《续资治通鉴长编》卷一二五宋仁宗宝元二年十一月条、《宋史》卷二八八《程琳传》
158	陆经	越州人	颍州知州	宋仁宗宝元中	《道光阜阳县志》卷八《职官·氏表》、《避暑录话》卷上
159	柳植	真州人	颍州知州	宋仁宗庆历四年前（1044前）	《续资治通鉴长编》卷一四七宋仁宗庆历四年三月条、《宋史》卷二九四《柳植传》

序号	姓名	籍贯	官职	任职时间	文献来源
160	晏殊	抚州临川人	颍州知州	宋仁宗庆历四一六年（1044—1046）	《续资治通鉴长编》卷一五二宋仁宗庆历四年九月条、《宋史》卷二一一《宰辅二》、《梅尧臣集编年校注》卷一六《早至颍上县》、《依韵和晏相公》
161	邵亢	丹阳人	颍州团练推官	宋仁宗庆历四年（1044）	《华阳集》卷三七《邵安简公亢墓志铭》、《宋史》卷三一七《邵亢传》
162	王巩	大名莘县人	颍州通判	宋仁宗庆历中	《道光阜阳县志》卷八《职官》
163	江楫	不详	颍州推官	宋仁宗庆历中	《欧阳修全集》卷七九《外制集》卷一《颍州推官江楫可大理寺丞制》、《乾隆颍州府志》卷六《名宦志》
164	田洵	云中人	颍上主簿	宋仁宗庆历五年前后（1045前后）	《范文正公文集》卷一四《太子右卫帅府率田公墓志铭》
165	杨备	建平人	颍州通判	宋仁宗庆历末	《欧阳修全集》卷九六《表奏书启四六集》卷七《回颍州通判杨虞部书》
166	李愿	不详	颍州知州	约宋仁宗庆历后	《西台集》卷一六《尚书郎赠金紫光禄大夫毕从古行状（代陈知默撰）》
167	雷详	不详	颍上县令	约宋仁宗庆历后	《西台集》卷一六《尚书郎赠金紫光禄大夫毕从古行状（代陈知默撰）》
168	沈士先	颍州汝阴人	颍上县尉	约宋仁宗朝初中期	《全宋文》卷二二七○王固《奉议郎致仕沈公墓志铭》
169	辛有终	许州长社人	沈丘知县	宋仁宗景祐元年后（1034后）	《苏魏公文集》卷五八《职方郎中辛公墓志铭（熙宁元年八月）》
170	张洞	开封祥符人	颍州推官	宋仁宗皇祐初	《全宋文》卷二七四○晁补之《张洞传》、《宋史》卷二九九《张洞传》

序号	姓名	籍贯	官职	任职时间	文献来源
171	欧阳修	庐陵人	颍州知州	宋仁宗皇祐元年一二年（1049—1050）[9]	《全宋文》卷一六九八吴充《故推诚保德崇仁翊戴功臣观文殿学士特进太子太师致仕上柱国乐安郡开国公食邑四千三百户食实封一千二百户赠太子太师欧阳公行状》、《安阳集》卷五〇《故观文殿学士太子少师致仕赠太子太师欧阳公墓志铭》、《宋史》卷三一九《欧阳修传》
172	孙祖德	潍州北海人	颍州知州	宋仁宗皇祐三年前（1051前）	《宋史》卷二九九《孙祖德传》、《欧阳修全集》卷五六《居士外集》卷六《酬孙延仲龙图》《宋会要辑稿》仪制一〇《陈请封赠》
173	范仲淹（未任即逝）	苏州吴县人	颍州知州	宋仁宗皇祐四年（1052）	《宋史》卷三一四《范仲淹传》、《范文正公集》卷二〇《陈乞颍亳一郡状》
174	董传	不详	汝阴知县	宋仁宗皇祐五年（1053）	《梅尧臣集编年校注》卷二三《送董传秀才之汝阴》
175	孙某	不详	汝阴知县	宋仁宗皇祐五年前后（1053前后）	《梅尧臣集编年校注》卷二三《送汝阴宰孙寺丞》
176	裴德舆	开封府人	颍州知州	约宋仁宗朝前期	《全宋文》卷一六二七沈构《洛苑使英州刺史裴公墓志铭（嘉祐二年十月）》
177	李端愿	潞州上党人	颍州知州	宋仁宗至和二年（1055）	《欧阳修全集》卷八四《内制集》卷三《赐镇东军节度观察留后知颍州李端愿赴阙茶药诏（至和二年四月八日）》、《全宋文》卷四五四《赐镇东军观察节度留后知颍州李端愿口宣》
178	章衡	浦城人	颍州知州	宋仁宗嘉祐初、哲宗元祐间	《宋史》卷三四七《章衡传》、《道光阜阳县志》卷八《职官·氏表》

序号	姓名	籍贯	官职	任职时间	文献来源
179	钱象先	苏州人	颍州通判、颍州知州	宋仁宗庆历中、仁宗嘉祐中	《宋史》卷三三〇《钱象先传》、《乐全先生文集》卷四〇《宋故朝散大夫守尚书吏部侍郎致仕上柱国彭城郡开国公食邑三千一百户实封四百户赐紫金鱼袋钱公墓志铭并序》
180	徐宗况	不详	颍州知州	宋仁宗嘉祐二年（1057）	《欧阳修全集》卷八六《内制集》卷五《赐知颍州徐宗况进奉贺兖国公主出降银绢马等敕书（嘉祐二年）》
181	田京（未任即逝）	亳州鹿邑人	颍州知州	宋仁宗嘉祐三年（1058）	《郧溪集》卷一九《右谏议大夫充天章阁待制知沧州兼驻泊马步军部署田公行状》
182	赵宗道	开封封丘人	颍州知州	宋仁宗嘉祐四—五年（1059—1060）	《安阳集》卷四九韩琦《故尚书祠部郎中集贤校理致仕赵君墓志铭（熙宁四年十一月）》、《梅尧臣集编年校注》卷三〇《送赵子渊知颍州》
183	勾谌	不详	颍州通判	宋仁宗嘉祐四年（1059）	《梅尧臣集编年校注》卷二九《送勾谌太丞通判颍州》
184	赵至忠	契丹人	颍州通判	宋仁宗嘉祐中	《宋史》卷三四〇《苏颂传》
185	朱彦博	袁州萍乡人	颍州通判	宋仁宗嘉祐中	《道光阜阳县志》卷八《职官》
186	黄梱	不详	万寿知县	宋仁宗嘉祐中	《乾隆颍州府志》卷五《职官表》
187	沈士龙	颍州汝阴人	颍上县尉	宋仁宗嘉祐中	《全宋文》卷二二七〇王固《奉议郎致仕沈公墓志铭》、《默记》卷下
188	韩宗道	真定人	汝阴知县	宋仁宗嘉祐四年前（1059前）	《全宋文》卷二三八四曾肇《宋故通议大夫充宝文阁待制上柱国南阳郡开国侯食邑一千三百户致仕韩公墓志铭并序（元符二年七月）》
189	张斯立	开封人	万寿知县	约宋仁宗嘉祐四年后—英宗治平二年（约1059后—1065）	《苏魏公文集》卷五八《颍州万寿县张君墓志铭（熙宁二年十月）》、卷六二《万寿县令张君夫人苏氏墓志铭（元丰八年正月）》

序号	姓名	籍贯	官职	任职时间	文献来源
190	满执中	扬州人	万寿县令	宋英宗朝	王安石《扬州进士满夫人杨氏墓志铭》、《民国太和县志》卷七《秩官·名宦》
191	苏颂	泉州南安人	颍州知州	宋仁宗嘉祐六一八年（1061—1063）[10]	《苏魏公文集》卷四八《颍州到任谢二府》、卷六一《少府监致仕王君墓志铭》、《曾文昭公集》卷三《赠苏司空墓志铭（崇年元年十一月）》、《道乡先生邹忠公文集》卷三九《故观文殿大学士苏公行状》、《宋史》卷三四〇《苏颂传》
192	张纶	颍州汝阴人	颍州知州	宋仁宗朝初中期	《宋史》卷四二六《张纶传》
193	张环	滁州全椒人	颍州知州	宋仁宗后期	《宋史》卷三三〇《张环传》
194	吕公孺	寿州人	颍州知州	宋仁宗朝	《宋史》卷三一一《吕夷简传》
195	周起	淄州邹平人	颍州知州	宋仁宗朝	《宋史》卷二八八《周起传》、《王临川全集》卷九〇《赠礼部尚书安惠周公神道碑》
196	鲜于某	不详	颍州	约宋仁宗朝	《苏魏公文集》卷七一《祭故颍州通判鲜于都官》
197	冯承序	不详	颍州团练判官	约宋仁宗朝	《华阳集》卷二八《颍州团练判官冯承序等并转官致仕制》
198	马某	不详	颍州推官	宋仁宗朝	《直讲李先生文集》卷三〇《宋故朝散大夫守尚书屯田郎中上轻车都尉赐绯鱼袋江公墓碑铭并序》
199	李孝基	濮州人	汝阴知县	宋仁宗朝	《宋史》卷三一〇《李孝基传》
200	裴仲孺	不详	汝阴县尉	宋仁宗朝	《乾隆颍州府志》卷五《职官表》"裴仲孺"条
201	张某	真州扬子人	沈丘知县	宋仁宗朝	《王临川全集》卷九二《秘书丞张君墓志铭》
202	汪齐	宣州泾县人	沈丘知县	宋仁宗朝	《嘉庆宁国府志》卷二七《人物志》
203	刘彝	不详	颍州司法参军	北宋中期	《古灵先生文集》卷七《与两浙安抚陈舍人书》

序号	姓名	籍贯	官职	任职时间	文献来源
204	王镒	不详	颍州签判	约宋仁宗或英宗朝	《全宋文》卷二〇〇九张起《宋故朝奉郎尚书虞部员外郎通判滁州军州兼管内劝农事护军赐绯鱼袋王府君墓志铭并序（元祐二年十一月）》
205	燕肃	青州益都人	颍州知州	宋英宗治平中	《宋史》卷二九八《燕肃传》、《道光阜阳县志》卷八《职官》
206	杨褒	华阴人	颍州通判	宋英宗治平中	《欧阳修全集》卷一四《居士集》卷一四《闻颍州通判国博与知郡学士唱和颇多因以奉寄知郡陆经通判杨褒（治平二年）》
207	常谔臣	商河人	汝阴县主簿	约宋英宗或神宗朝	《全宋文》卷二七四三晁补之《朝奉大夫常君墓志铭（建中靖国元年九月）》
208	吕夏卿	泉州晋江人	颍州知州	宋神宗熙宁二—三 年（1069—1070）[11]	《宋史》卷三三一《吕夏卿传》
209	毕仲衍	郑州人	沈丘知县	宋神宗熙宁三年（1070）[12]	《宋史》卷二八一《毕仲衍传》、《西台集》卷一六《起居郎毕公夷仲行状》
210	吕公著	寿州人	颍州通判、知州	宋仁宗皇祐中、神宗熙宁三年—八 年（1070—1075）[13]	《宋史》卷三三六《吕公著传》、《宋会要辑稿》食货五《青苗下》、《苏魏公文集》卷五一苏颂《龙图阁直学士修国史宋公神道碑》、《大明一统志》卷七《中都·凤阳府》
211	李珣	杭州人	颍州知州	约宋神宗熙宁四 — 五年中（1071—1072中）	《宋史》卷四六四《李珣》
212	宋敏求	赵州平棘人	颍州知州	宋神宗熙宁六年前（1073前）	《宋史》卷二九一《宋绶传》、《全宋文》卷八七三范镇《宋谏议敏求墓志》

续 表

序号	姓名	籍贯	官职	任职时间	文献来源
213	孙永	许州长社人	颍州知州	宋神宗熙宁七—八 年（1074—1075）	《苏魏公文集》卷五三《资政殿学士通议大夫孙公神道碑铭》、《续资治通鉴长编》卷二五八宋神宗熙宁七年十二月条
214	杨环	华阴人	颍州团练推官	约宋神宗熙宁六一九年前后（1073—1076前后）	《沈括全集》卷一六《尚书职方郎中通判西京留守司兼畿内牧劝农事专切提举西京内园司课等事上护军赐绯鱼袋杨君墓志铭》、《文思副使张君墓志铭（熙宁九年正月）》
215	高遵裕	亳州蒙城人	颍州知州	宋神宗熙宁十年（1077）	《续资治通鉴长编》卷二八四宋神宗熙宁十年八月条
216	薛昌图	河东人	颍州团练推官	约宋神宗熙宁末	《全宋文》卷二六三〇李复《颍州团练推官将仕郎试秘书省校书郎知河中府虞乡事薛君墓志铭》
217	蔡硕	泉州晋江人	颍州团练推官	宋神宗元丰元年前（1078前）	《续资治通鉴长编》卷二九〇宋神宗元丰元年六月条
218	陈祐甫	不详	颍州团练推官	宋神宗元丰元年（1078）	《续资治通鉴长编》卷二八七宋神宗元丰元年春正月条
219	元绛	杭州人	颍州知州	宋神宗元丰二年（1079）[14]	《宋史》卷三四三《元绛传》《续资治通鉴长编》卷三〇五宋神宗元丰三年六月条、《苏魏公文集》卷五二苏颂《太子少保元章简公神道碑》、《王魏公集》卷八《资政殿学士太子少保致仕赠太子少师谥章简元公墓志铭》
220	罗拯	祥符人	颍州知州	宋神宗元丰二年（1079）	《续资治通鉴长编》二九九宋神宗元丰二年八月条、《宋史》卷三三一《罗拯传》
221	薛向	河中万泉人	颍州知州	宋神宗元丰三年（1080）	《宋史》卷一六《神宗三》、卷三二八《薛向传》；《续资治通鉴长编》卷三〇八宋神宗元丰三年九月条、卷三〇九宋神宗元丰三年闰九月条

序号	姓名	籍贯	官职	任职时间	文献来源
222	游师雄	京兆武功人	颍州团练推官	约宋神宗元丰元年—三年（1078—1080）	《全宋文》卷一八二〇张舜民《游公墓志铭》
223	李坚	不详	颍州团练推官	宋神宗元丰四年前（1081前）	《全宋文》卷一五五五《太中大夫充集英殿修撰张公行状》
224	郭时亮	不详	颍州团练推官	宋神宗元丰四年前后（1081前后）	《续资治通鉴长编》卷三一二宋神宗元丰四年夏四月条
225	吕希绩	寿州人	颍州知州	宋神宗元丰八年（1085）	《续资治通鉴长编》卷三五九宋神宗元丰八年九月条
226	王涣之	衢州常山人	颍上知县	宋神宗元丰八年（1085）	《北山小集》卷三〇《宝文阁直学士中大夫致仕太原郡开国侯食邑一千四百户食实封一百户赠正议大夫王公墓志铭（宣和七年）》、《宋史》卷三四七《王涣之传》
227	章恺	建州浦城人	沈丘县主簿	宋神宗元丰四年前（1081前）	《续资治通鉴长编》卷三一一宋神宗元丰四年三月条
228	陈师锡	建州建阳人	颍州知州	宋神宗元丰中	《宋史》卷三四六《陈师锡传》
229	贾正之	开封人	颍州团练推官	约宋神宗元丰末	《贾正之及其妻蔡氏墓志》
230	田衍	不详	沈丘知县	约宋神宗元丰末	《增广司马温公全集》卷一〇〇司马光《书田谏议碑阴》
231	叶唐稽	延平人	万寿县令	约宋神宗元丰中或哲宗元祐、绍圣中	《北山小集》卷三〇《宋故朝议大夫新知秀州军州事兼管内劝农使武功县开国男食邑三百户赐紫金鱼袋叶公墓志铭（建炎三年）》
232	顾临	会稽人	颍州知州	宋神宗朝	《宋史》卷三四四《顾临传》

序号	姓名	籍贯	官职	任职时间	文献来源
233	黄好谦	蒲城人	颍州通判、知州（未任即逝）	宋神宗熙宁五年（1072）、宋哲宗元祐二年（1087）[15]	《栾城集》卷二九《黄好谦知颍州》、《南涧甲乙高》卷二〇《中奉大夫直敷文阁黄公墓志铭》、《庐陵周益国文忠公集》卷三三《朝请大夫致仕赐紫金鱼袋黄公子游墓志铭（淳熙五年）》、《续资治通鉴长编》卷二三三宋神宗熙宁五年五月条
234	周约	不详	颍州通判	宋神宗熙宁七年（1074）	《续资治通鉴长编》卷二五八宋神宗熙宁七年十二月条
235	范祖述	成都华阳人	监颍州税、司法参军	约宋神宗朝	《宋史》卷三三七《范祖述传》、《乾隆颍州府志》卷六《名宦志》
236	崔公度	高邮人	颍州知州	宋哲宗元祐二年	《栾城集》卷三〇《崔公度知颍州》、《宋史》卷三五三《崔公度传》
237	刘唐聪	河南人	汝阴县尉	约宋哲宗元祐三年前（约1088前）	《范忠宣公文集》卷一四《朝请大夫陈公墓志铭》、《宋故通议大夫致仕上柱国彭城郡开国公食邑二千六百户食实封肆佰户刘公墓志铭并序》
238	楚佃	不详	颍州知州	宋哲宗元祐中	《家世旧闻》上《楚公梅花诗》
239	李抨	不详	颍州知州	宋哲宗元祐中	《道光阜阳县志》卷八《职官·氏表》
240	赵令時	涿郡人	颍州签判	宋哲宗元祐中	《宋诗纪事》卷八五"赵令時"条、《乾隆颍州府志》卷六《名宦志》
241	曾肇	建昌军南丰人	颍州知州	宋哲宗元祐四年（1089）	《宋史》卷三一九《曾巩传》、《续资治通鉴长编》卷四三六宋哲宗元祐四年十二月、《杨龟山集》卷六《曾文昭公行述》
242	陆佃	越州山阴人	颍州知州	宋哲宗元祐五年（1090）	《续资治通鉴长编》卷四四三宋哲宗元祐五年六月条、《全宋文》卷二二〇七陆佃《颍州到任谢二府启》《颍州到任谢蔡州王左丞启》

序号	姓名	籍贯	官职	任职时间	文献来源
243	苏轼	眉州眉山人	颍州知州	宋哲宗元祐六—七年（1091—1092）	《续资治通鉴长编》卷四六三宋哲宗元祐六年八月条、卷四六九宋哲宗元祐七年春正月条、《宋史》卷三三八《苏轼传》、《升庵全集》卷七八《苏堤始末》
244	李直方	婺州东阳人	汝阴县尉	宋哲宗元祐六年前后（1091 前后）	《宋史》卷三三八《苏轼传》
245	韩川	陕人	颍州知州	宋哲宗元祐七年（1092）	《续资治通鉴长编》卷四七四宋哲宗元祐七年六月条《宋史》卷三四七《韩川传》
246	曹评	开封人	颍州通判	宋哲宗元祐九年前后（1094 年前后）	《太史范公文集》卷五一《右监门卫大将军妻仁和县君曹氏墓志铭（元祐九年二月）》
247	陈旸	福州人	颍州节度推官	宋哲宗绍圣元年后（1094 后）	《淳熙三山志》卷二七《人物类二·科名》"绍圣元年制科"、《宋史》卷四三二《陈旸传》
248	盛陶	郑州人	颍州知州	约宋哲宗绍圣末	《宋史》卷三四七《盛陶传》
249	赵令铄	涿郡人	颍州知州	宋哲宗绍圣四年（1097）	《续资治通鉴长编》卷四九〇宋哲宗绍圣四年八月条
250	胡伸	徽州婺源人	颍州教授	宋哲宗绍圣四年（1097）	《新安志》卷七《先达》
251	丰稷	明州鄞人	颍州知州	约宋哲宗绍圣—元符中	《宋史》卷三二一《丰稷传》、《道光阜阳县志》卷十《宦业》
252	王几	不详	颍州知州	宋哲宗元符二年（1099）	《续资治通鉴长编》卷五一五宋哲宗元符二年九月条
253	张耒	楚州淮阴人（一作谯郡人）	颍州知州	宋徽宗建中靖国元年（1101）[16]	《宋史》卷四四四《张耒传》、《能改斋漫录》卷一四《劾张文潜谢表不钦》
254	吕希纯	寿州人	颍州知州	宋徽宗建中靖国元年（1101）	《大明一统志》卷七《中都·凤阳府》、《道光阜阳县志》卷十《宦业》
255	林摅	苏州人	颍州知州	宋徽宗建中靖国元年（1101）	《宋史》卷三五一《林摅传》、《道光阜阳县志》卷八《职官》

序号	姓名	籍贯	官职	任职时间	文献来源
256	皇甫某	不详	万寿县令	约宋徽宗建中靖国元年前后（1101前后）	《柯山集》卷四二《万寿县学记》
257	向□	不详	颍州知州	宋徽宗崇宁元年（1102）	《宋会要辑稿》选举三三《特恩除职一》
258	王襄	邓州南阳人	颍州知州	宋徽宗崇宁二年（1103）	《宋史》卷三五二《王襄传》
259	郑居中	开封人	颍州知州	宋徽宗崇宁间	《宋史》卷三五一《郑居中传》
260	王宁	不详	颍州知州	宋徽宗大观元年（1107）	《北宋经抚年表》卷三
261	穆度	青州人	沈丘主簿	宋徽宗政和四年（1114）	《夷坚志》支癸卷二《穆次裴斗鸡》
262	刘嗣明	开封祥符人	颍州知州	宋徽宗政和五年（1115）	《宋史》卷三五六《刘嗣明传》、《宋会要辑稿》职官二八《国子监》
263	彭诉	庐陵人	颍州知州	宋徽宗政和中	《乾隆颍州府志》卷六《名宦志》
264	周邦彦	钱塘人	颍州知州	宋徽宗重和元年（1118）[17]	《宋史》卷四四四《周邦彦》
265	王铸	不详	汝阴县尉	宋徽宗宣和六年前后（1124前后）	《全宋文》卷三三四九梅执礼《吴彦成墓志铭》
266	施宜生	浦城人	颍州教授	宋徽宗宣和末	《宋元学案补遗》卷九十九《苏氏蜀学略补遗·赵氏门人》"学士施先生宜生"条
267	李夔	邵武人	颍州知州	宋徽宗朝	《杨龟山集》卷六《李修撰墓志铭（宣和四年）》
268	江瞻道	不详	汝阴县尉	约宋徽宗朝	《张耒集》卷二三《送江瞻道之汝阴尉》
269	赵遹	开封人	颍州知州	宋徽宗朝末	《宋史》卷三四八《赵遹传》
270	薛仲儒	绛州人	颍州知州	北宋朝	《全宋文》卷三八四七刘才邵《太硕人薛氏墓志铭（绍兴十六年）》
271	李仲舒	不详	汝阴县尉	北宋朝	《鸡肋编》卷上《虱沾露化青蟲》
272	刘献臣	不详	万寿县令	北宋朝	《古灵先生文集》卷一五《乞原免张尧夫等检断不当状》

序号	姓名	籍贯	官职	任职时间	文献来源
273	嵇适	睢阳人	颍州参军	北宋朝	《宋元学案补遗》卷三《高平学案补遗·戚氏门人》"参军嵇先生适"
274	黄师禧	浦阳人	颍州签判	宋高宗建炎二年前后（1128前后）	《全宋文》卷二九七一姚舜明《文安县开国男黄君墓志铭（建炎二年十二月）》
275	黄子游	奉化人	汝阴知县	宋高宗建炎中	《庐陵周益国文忠公集》卷三三《朝请大夫致仕赐紫金鱼袋黄公子游墓志铭（淳熙五年）》
276	陈宝	不详	顺昌（北宋政和六年升颍州置）知府	宋高宗绍兴二年（1132）	《建炎以来系年要录》卷五三绍兴二年夏四月条
277	汪若海	新安歙人	颍州通判	宋高宗绍兴九年（1139）	《全宋文》卷四四二七汪若容《朝请大夫直秘阁汪公若海行状》、《建炎以来系年要录》卷一三七宋高宗绍兴十年秋七月条
278	陈规	密州安丘人	顺昌知府	宋高宗绍兴九一十年（1139—1140）	《建炎以来系年要录》卷一二七宋高宗绍兴九年夏四月条、卷一三六宋高宗绍兴十年闰六月条，《独醒杂志》卷七《刘锜大败金师》、《苕溪集》卷四〇《陈规知顺昌府制》、《挥麈后录》卷七、《宋史》卷三七七《陈规传》
279	刘锜	德顺军人	顺昌知府	宋高宗绍兴十年（1140）	《建炎以来系年要录》卷一三六宋高宗绍兴十年闰六月条、卷一三七宋高宗绍兴十年秋七月条、《宋史》卷三六六《刘锜传》《鹤林玉露》甲编卷1《守城》
280	熊彦诗	安仁人	顺昌知府	宋高宗绍兴十三年（1143）	《宋会要辑稿》职官二八《国子监》
281	王某	不详	顺昌府	宋高宗绍兴中	《全宋文》卷三八六一沈与求《代颍州王待制谢执政启》

序号	姓名	籍贯	官职	任职时间	文献来源
282	王山	不详	顺昌知府	南宋高宗绍兴中	《建炎以来系年要录》卷一三五宋高宗绍兴十年五月条
283	蔡安持	睢阳人	顺昌知府	宋高宗绍兴中	《南涧甲乙稿》卷二〇韩元吉《中奉大夫直敷文阁黄公墓志铭》
284	黄任荣	许州长社人	太和县主簿、颍上县尉	宋高宗绍兴中	《南涧甲乙稿》卷二〇韩元吉《中奉大夫直敷文阁黄公墓志铭》
285	樊辛	不详	顺昌知府	宋理宗端平中	《后村先生大全文集》卷一四一《杜尚书神道碑》
286	完颜襄	女真完颜部人	颍、寿都统	金世宗大定初	《金史》卷九四《内族襄传》
287	张汝明	汶上人	泰和县主簿	金卫绍王大安中	《全元文》卷三二元好问《御史张君墓表》
288	聂天骥	代州五台人	汝阴县主簿	金卫绍王至宁中（1213）	《金史》卷一一五《聂天骥传》《全元文》卷三二元好问《聂元吉墓志铭》
289	抄思	蛮部人	随、颍等处征镇万户	元太宗朝	《全元文》卷九六三黄溍《答禄乃蛮氏先茔碑》、《新元史》卷一一八《抄思传》
290	邸泽	曲阳人	颍州万户	元宪宗七年（1257）、元世祖至元二十一年前（1284前）	《新元史》卷一四四《邸泽传》
291	邸谦元	曲阳人	颍州万户	元世祖至元二十一年（1284）	《新元史》卷一四四《邸泽传》
292	别的因	蛮部人	寿、颍二州屯田府达鲁花赤	元世祖中统中	《全元文》卷九六三黄溍《答禄乃蛮氏先茔碑》、《新元史》卷一一八《别的因传》
293	刘渊	东平齐河人	颍州副万户	元世祖中统间	《道光阜阳县志》卷八《秩官·年表》"元朝"条
294	李珣	不详	颍州屯田总管	元世祖至元十一年（1274）	《新元史》卷九八《兵一》
295	刘复亨	东平济河人	颍州副万户	元世祖至元二十一年（1284）	《新元史》卷一四三《刘复亨传》

续 表

序号	姓名	籍贯	官职	任职时间	文献来源
296	王纲	安平人	颍州知州	元世祖至元中	《新元史》卷一七四《王纲传》、《全元文》卷四五〇《广东按察副使王纲墓神道碑铭》
297	郝庸	泽州陵川人	颍州知州	元世祖朝	《新元史》卷一六八《郝经传》、《全元文》卷一〇一六郝采麟《世系纪》
298	申必敬	不详	颍州学正	元世祖朝	《全元文》卷四〇六苟宗道《故翰林侍读学士国信使郝公行状》
299	李瑛	不详	太和达鲁花赤	元成宗大德间	《乾隆颍州府志》卷五《秩官表》"元朝"条
300	王达	不详	太和典史	元成宗大德间	《乾隆颍州府志》卷五《秩官表》"元朝"条
301	刘均	不详	颍州知州	元武宗至大间	《道光阜阳县志》卷八《秩官·年表》"元朝"条
302	朱蔚	不详	颍州知州	元武宗至大间	《道光阜阳县志》卷八《秩官·年表》"元朝"条
303	赡思丁	不详	颍州知州	元武宗至大间	《道光阜阳县志》卷八《秩官·年表》"元朝"条
304	李谦	东阿人	颍州知州	元武宗至大间	《道光阜阳县志》卷八《秩官·年表》"元朝"条
305	许好义	不详	颍州知州	元武宗至大间	《道光阜阳县志》卷八《秩官·年表》"元朝"条
306	孙明善	不详	颍州判官	元武宗至大间	《道光阜阳县志》卷八《秩官·年表》"元朝"条
307	刘信	不详	颍州判官	元武宗至大间	《道光阜阳县志》卷八《秩官·年表》"元朝"条
308	苏伯颜	漳州人	颍州判官	元武宗至大间	《道光阜阳县志》卷八《秩官·年表》"元朝"条
309	苏牧武	不详	颍州判官	元武宗至大间	《道光阜阳县志》卷八《秩官·年表》"元朝"条
310	王从善	不详	颍州参佐	元武宗至大间	《道光阜阳县志》卷八《秩官·年表》"元朝"条
311	刘无晦	东平济河人	颍州副万户	元武宗至大元年－仁宗延祐五年(1308-1318)	《新元史》卷一四三《刘复亨传》

序号	姓名	籍贯	官职	任职时间	文献来源
312	刘庸	不详	颍州儒学正	元仁宗皇庆元年（1312）	《全元文》卷一一六二"刘庸"条
313	张荣祖	东昌堂邑人	颍州副万户	元仁宗延祐二年（1315）	《新元史》卷一六五《张荣祖传》
314	教化迪	不详	太和县达鲁花赤	元仁宗延祐间	《乾隆颍州府志》卷五《秩官表》"元朝"条、卷六《名宦志》
315	王公孺	汲县人	颍州知州	元仁宗延祐间	《道光阜阳县志》卷十《宦业》"元朝"条
316	张士傑	彰德汤阴人	颍州同知	约元仁宗朝	《全元文》卷一一九八许有壬《赠通议大夫大都路都总管上轻车都尉清河郡侯谥庄惠张公神道碑铭并序》
317	王都	邢台人	颍州同知	元仁宗延祐—英宗至治中	《全元文》卷五六五陆文圭《总管王公行状》
318	徐亨	不详	太和典史	元英宗至治间	《乾隆颍州府志》卷五《秩官表》"元朝"条
319	董珪	祁州人	颍州知州	元英宗至治元年（1321）	《全元文》卷一四二四"董珪"条
320	帖里	不详	颍州同知	元泰定帝泰定间	《道光阜阳县志》卷八《秩官·年表》"元朝"条
321	翟珣	不详	颍州判官	元泰定帝泰定间	《道光阜阳县志》卷八《秩官·年表》"元朝"条
322	孙仪	不详	颍州学正	元泰定帝泰定间	《道光阜阳县志》卷八《秩官·年表》"元朝"条
323	李汝楫	不详	颍州学正	元泰定帝泰定间	《道光阜阳县志》卷八《秩官·年表》"元朝"条
324	吴从政	不详	颍州训导	元泰定帝泰定间	《道光阜阳县志》卷八《秩官·年表》"元朝"条
325	王振	不详	颍州吏目	元泰定帝泰定间	《道光阜阳县志》卷八《秩官·年表》"元朝"条
326	喻大丁	不详	颍州诸军奥鲁劝农事	元泰定帝泰定间	《道光阜阳县志》卷八《秩官·年表》"元朝"条
327	寻敬	不详	颍州诸军奥鲁劝农事	元泰定帝泰定间	《道光阜阳县志》卷八《秩官·年表》"元朝"条
328	赤马失里	不详	颍州诸军奥鲁劝农事	元泰定帝泰定间	《道光阜阳县志》卷八《秩官·年表》"元朝"条

序号	姓名	籍贯	官职	任职时间	文献来源
329	归旸	汴梁开封人	颍州同知	元文宗至顺元年（1330）	《新元史》卷二一二《归旸传》
330	张珍	东昌堂邑人	颍州翼万户	元顺帝至正中	《新元史》卷一六五《张珍传》
331	董守逊	藁城人	颍州知州	元顺帝至正四年前后（1344前后）	《全元文》卷一一〇五欧阳玄《太傅赵国清献公董士珍神道碑》
332	张鹏	不详	颍州同知	元顺帝至正中	《道光阜阳县志》卷八《秩官·年表》"元朝"条
333	洪天麟	不详	颍州学正	元顺帝至正中	《道光阜阳县志》卷八《秩官·年表》"元朝"条
334	武德	安丰人	颍州训导	元顺帝至正中	《道光阜阳县志》卷八《秩官·年表》"元朝"条
335	孟彧	不详	颍州吏目	元顺帝至正中	《道光阜阳县志》卷八《秩官·年表》"元朝"条
336	解峻	不详	颍州吏目	元顺帝至正中	《道光阜阳县志》卷八《秩官·年表》"元朝"条
337	张克让	不详	颍州知州	元顺帝至正中	《道光阜阳县志》卷八《秩官·年表》"元朝"条

注：

1 陈翔：《〈唐刺史考全编〉拾遗、订正》，《唐史论丛》（第十四辑），西安：陕西师范大学出版社，2012年，第272—283页。

2 客洪刚《〈唐刺史考全编〉拾补》依据《唐故阆州奉国县令郑府君（融）灵志文》（开元十八年六月七日）（吴钢主编《全唐文补遗》第九辑，西安：三秦出版社，2007年，第356—357页）云："毛阳光《〈唐刺史考全编〉新补订》据《大唐故崔府君（尚）墓志铭》（天宝四载十月十三日）已增补《全编》，将崔尚刺颍时间定为开元末，据是志，撰《志》者崔尚，时署颍州刺史，可确知崔尚于开元十八年在颍州刺史任。"（载于《中国国家博物馆馆刊》2014年第1期，第75—83页。）

3 参见刘建：《建阳历代名人著录述略》，《书香建阳》编委会编：《书香建阳：中国闽北千年古县建阳历史文化》，福州：海峡文艺出版社，2008年，第178页。

4 参见毕琳琳：《郑文宝及所著南唐二史研究》，上海：复旦大学硕士学位论文，2012年。

5 参见毕琳琳：《郑文宝及所著南唐二史研究》，上海：复旦大学硕士学位论文，2012年。

6 黄文翰、吕俊海主编：《北宋吕氏八相国》，第84页。

7 参见权雪琴：《刘筠及其诗文研究》，西安：西北大学硕士学位论文，2014年。

8 参见王水照、崔铭著：《欧阳修传》，天津：天津人民出版社，2008年，第211页。

9 参见蔡世明：《欧阳修的生平与学术》，台北：文史哲出版社，1980年，第29页。

10 苏克福等主编：《苏颂与〈本草图经〉研究》，长春：长春出版社，1991年，第10页。

11 参见刘丽：《吕夏卿与〈唐书直笔〉》，上海：上海师范大学硕士学位论文，2008年。

12　参见毕仲游撰、陈斌校点：《西台集》，郑州：中州古籍出版社，2005 年，第 269 页；马玉臣：《北宋毕仲衍论略》，《华北水利水电院学报（社科版）》2007 年第 5 期，第 98—101 页。

13　参见方亚兰：《吕公著研究》，上海：上海师范大学硕士学位论文，2011 年。

14　杨忠民、段绍镒主编：《抚州人物》，北京：方志出版社，2002 年，第 21 页。

15　参见韩会凡主编：《中华书话》，郑州：中州古籍出版社，2010 年，第 233 页。

16　参见湛芬：《张耒学术文化思想与创作》附一《张耒谱系及生平事迹概述》，成都：巴蜀书社，2004 年，第 449 页。

17　参见白敦仁：《周邦彦及其〈清真词〉》（上），《成都大学学报（社会科学版）》1982 年第 2 期，第 33—40 页。

主要参考文献

一、正史文献

[1] （唐）魏徵等：《隋书》，北京：中华书局，2019 年

[2] （后晋）刘昫等：《旧唐书》，北京：中华书局，1975 年

[3] （宋）欧阳修、宋祁：《新唐书》，北京：中华书局，1975 年

[4] （宋）薛居正等撰：《旧五代史》，北京：中华书局，2016 年

[5] （宋）欧阳修：《新五代史》，北京：中华书局，2016 年

[6] （元）脱脱等：《宋史》，北京：中华书局，1977 年

[7] （元）脱脱等：《金史》，北京：中华书局，2020 年

[8] （明）宋濂等：《元史》，北京：中华书局，1976 年

二、其他文献

[9] 柯劭忞：《新元史》，上海：上海古籍出版社，2018 年

[10] （清）董诰等编：《全唐文》，北京：中华书局，1990 年

[11] 曾枣庄、刘琳：《全宋文》，上海：上海辞书出版社，2006 年

[12] 李修生主编：《全元文》，南京：凤凰出版社，2004 年

[13] （宋）李焘：《续资治通鉴长编》，北京：中华书局，2004 年

[14] 上海古籍出版社编：《宋元笔记小说大观》，上海：上海古籍出版社，
2007 年

[15] （明）李贤等：《大明一统志》，西安：三秦出版社，1990 年

[16] （清）穆彰阿、潘锡恩等纂修：《嘉庆重修一统志》，北京：中华书局，
1986 年

[17] （清）王敛福纂修：《乾隆颍州府志》，《中国地方志集成·安徽府县志辑24》，南京：江苏古籍出版社，1998 年

[18] （清）刘虎文、周天虎修，（清）李复庆等纂：《道光阜阳县志》，《中国地方志集成·安徽府县志辑 23》，南京：江苏古籍出版社，1998 年

[19] （宋）罗愿著，肖建新、杨国宜校著：《〈新安志〉整理与研究》，合肥：黄山书社，2008 年

[20] （宋）路振：《九国志》，《五代史书汇编 6》，杭州：杭州出版社，2004 年

[21] （宋）曾巩：《曾巩集》，北京：中华书局，1984 年

[22] （宋）苏轼：《苏轼文集》，北京：中华书局，1986 年

[23] （宋）苏颂：《苏魏公文集》，北京：中华书局，1988 年

[24] （宋）张耒：《张耒集》，北京：中华书局，1998 年，

[25] （宋）欧阳修：《欧阳修全集》，北京：中华书局，2001 年

[26] （宋）王明清：《挥麈录》，上海：上海书店出版社，2001 年

[27] （宋）毕仲游撰，陈斌校点：《西台集》，郑州：中州古籍出版社，2005 年

[28] （宋）王安石：《王安石集》，上海：复旦大学出版社，2017 年

[29] （宋）李昉等编：《太平广记》，北京：中华书局，1961 年

[30] （宋）江少虞：《宋朝事实类苑》，上海：上海古籍出版社，1981 年

[31] （宋）王钦若等编纂，周勋初等校订：《册府元龟》，南京：凤凰出版社，2006 年

[32] （元）马端临：《文献通考》，北京：中华书局，1986 年

[33] （宋）晁公武撰，孙猛校正：《郡斋读书志校正》，上海：上海古籍出版社，2011 年

[34] （清）黄宗羲著、（清）全祖望补修：《宋元学案》，北京：中华书局，1986 年

[35] （清）王梓材、冯云濠：《宋元学案补遗》，北京：人民出版社，2012 年

[36] （元）辛文房撰，周绍良笺证：《唐才子传》，北京：中华书局，2010 年

[37] 傅璇宗等：《宋才子传笺证》，沈阳：辽海出版社，2011 年

[38] （清）厉鹗辑撰：《宋诗纪事》，上海：上海古籍出版社，2013 年

[39] 周绍良主编：《唐代墓志汇编》，上海：上海古籍出版社，1992 年

[40] （唐）段成式撰，曹中孚校点：《酉阳杂俎》，上海：上海古籍出版社，2012 年

[41] 胡国珍主编：《中国古代名人分类大辞典》，北京：华语教学出版社，2009 年

[42] （清）彭蕴璨编，吴心毂补编：《历代画史汇传》，扬州：广陵书社 2015 年

三、研究论著

[43] 戎毓明主编：《安徽人物大辞典》，北京：团结出版社，1992 年

[44] 《安徽历史名人词典》编辑委员会：《安徽历史名人词典》，合肥：安徽教育出版社，2008 年

[45] 李良玉：《阜阳历史文化概观》，合肥：黄山书社，1998 年

[46] 张宁等：《阜阳通史》，合肥：黄山书社，1998 年

[47] 王鑫义等：《安徽通史》，合肥：安徽人民出版社，2011 年

[48] 陈冠明：《李廓行年稽考》，《烟台师范学院学报（哲社版）》1997 年第 2 期，第 38 ～ 44 页

[49] 李宗俊：《唐论惟贞墓志及论氏家族源流事迹再考》，《中国藏学》2017 年第 3 期，第 125 ～ 132 页

[50] 沈琛：《入唐吐蕃论氏家族新探——以〈论惟贞墓志〉爲中心》，《文史》2017 年第 3 辑，第 81 ～ 104 页

[51] 周宝瑞：《浅论"澶渊之盟"的决策人物之一毕士安》，《河南大学学报（哲学社会科学版）》1988 年第 1 期，第 17 ～ 20 页

[52] 李伟国：《〈中书备对〉及其作者毕仲衍》，《上海师范大学学报（哲学社会科学版）》1981 年第 2 期，第 59 ～ 62 页

[53] 刘隆有：《蔡齐：表里皆英伟的北宋状元》，《文史天地》2018 年第 3 期，第 33 ～ 37 页

[54] 袁贝贝：《"汝阴处士"常秩事迹考》，《阜阳师范学院学报（社会科学版）》2012 年第 3 第，第 30 ～ 34 页

[55] 张明华：《欧阳修与常秩交往考论》，《阜阳师范大学学报（社会科学版）》2020 年第 2 期，第 6 ～ 15 页

[56] 徐新照：《论陈规的防御技术思想及其运用》，《安徽史学》2000 年第 1 期，第 30 ～ 32 页

[57] 宁大年：《略论陈师道其人及其诗》，《承德师专学报》1986 年第 3 期，第 33 ～ 39 页

[58] 罗秀洁：《论陈师道的"颍州诗"》，《阜阳师范大学学报（社会科学版）》2020 年第 1 期，第 28 ～ 32 页

[59] 许起山：《黄裳与陈师锡生卒年新考》，《文献》2018 年第 5 期，第 160 ～ 165 页

[60] 郑长铃：《陈旸生平及其人文背景研究》，《中国音乐学》2001 年第 1 期，第 86 ～ 94 页

[61] 廖寅、肖崇林：《北宋程琳事迹辨正》，《河北大学学报（哲学额社会科学版）》2017 年第 1 期，第 33 ～ 40 页

[62] 刘隆有：《丰稷：气节高直、不忘初心的北宋名臣》，《文史天地》2017 年第 2 期，第 38 ～ 43 页

[63] 李艳：《洪皓的籍贯及诗文》，《上饶师专学报（社会科学版）》1985 年第 3 期，第 24 ～ 27 页

[64] 朱玉霞：《胡伸〈尚书解义〉研究》，《新世纪图书馆》2020 年第 6 期，第 79 ～ 84 页

[65] 宋衍申：《刘攽与〈东汉刊误〉》，《古籍整理研究学刊》1988 年第 4 期，第 14 ～ 17 页

[66] 苏凤捷：《刘锜与顺昌之战述评》，《阜阳师范学院学报（社会科学版）》1982 年第 2 期，第 76～81 页

[67] 李兴武：《刘锜与岳飞：顺昌府最后的守臣》，《阜阳师范学院学报（社会科学版）》2016 年第 6 期，第 19～25 页

[68] 谢宇秋：《刘筠生卒年考》，《东北师大学报》1985 年第 4 期，第 75 页

[69] 夏广兴：《陆佃和他的〈埤雅〉》，《辞书研究》1992 年第 6 期，第 121～129 页

[70] 陈志平：《陆经生平新考》，《大学书法》2019 年第 1 期，第 94～99 页

[71] 陈光崇：《吕夏卿事录》，《史学史研究》1985 年第 4 期，第 61～64 页

[72] 陈峰：《试论北宋名相吕夷简的政治"操术"》，《中州学刊》1998 年第 6 期，第 3～5 页

[73] 姚红：《吕公著著述考》，《杭州师范大学学报（社会科学版）》2010 年第 6 期，第 91～96 页

[74] 吴孟复：《梅尧臣事迹考略》，《安徽大学学报》1988 年第 2 期，第 53～61 页

[75] 李之亮：《梅尧臣交游考略》，《文献》2001 年第 4 期，第 109～117 页

[76] 赵耀堂：《论宋初作家穆修》，《山东师大学报（哲学社会科学版）》1984 年第 6 期，第 81～86 页

[77] 赵吕甫：《欧阳修史学初探》，《历史教学》1963 年第 1 期，第 2～13 页

[78] 连小刚、庞艳霞：《邵亢相关问题考述》，《镇江高专学报》2017 年第 3 期，第 6～9 页

[79] 江向东：《宋代藏书家宋敏求》，《图书与情报》1986 年第 3 期，第 87～88 页

[80] 刘奕云：《苏轼知颍州主要政绩考评》，《阜阳师范学院学报（哲学社会科学版）》1986 年第 3 期，第 135～140 页

[81] 王瑞来：《苏颂论》，《浙江学刊》1988 年第 4 期，第 118～123 页

[82] 洛阳地区文物工作队:《北宋王拱辰墓及墓志》,《中原文物》1985年第4期,第16～23页

[83] 李贵录:《宋代王巩略论》,《贵州大学学报(社会科学版)》2003年第1期,第77～82页

[84] 张明华:《王莘考》,《阜阳师范学院学报(社会科学版)》2009年第3期,第4～9页

[85] 房厚信:《王莘交游考》,《阜阳师范学院学报(社会科学版)》2013年第5期,第154～156页

[86] 房厚信、张明华:《王铚著述考》,《东岳论丛》2012年第6期,第64～67页

[87] 吴晓萍:《〈挥麈录〉与王明清的学术成就》,《安徽教育学院学报(哲学社会科学版)》1999年第4期,第3～5页

[88] 燕永成:《试论王明清的补史成就》,《史学史研究》2009年第3期,第49～57页

[89] 张静:《北宋王回兄弟文坛交游考述》,《河北工业大学学报(社会科学版)》2011年第4期,第1～7页

[90] 袁贝贝:《王回考》,《温州大学学报(社会科学版)》2012年第6期,第77～82页

[91] 孙刚:《夏竦年谱简编》,《古籍整理研究学刊》2014年第5期,第56～60页

[92] 鲍新山、张其凡:《北宋名臣谢泌生平及思想述评》,《安徽史学》2005年第3期,第66～71页

[93] 吴毓江:《谢绛与〈公孙龙子〉》,《文史杂志》1998年第4期,第3～5页

[94] 郭志安、王娟:《略论薛向的理财才能——以北宋熙丰年间为例》,《保定师范专科学校学报》2005年第3期,第78～80页

[95] 文心:《晏殊、晏几道父子小传》,《长沙水电师院学报(社会科学版)》

1990 年第 1 期，第 205 页

[96] 薛玉坤：《晏殊年谱补证》，《古籍整理研究学刊》1996 年第 4 期，第 17 ～ 21 页

[97] 朱仰东：《元绛族别考辨》，《中国典籍与文化》2017 年第 1 期，第 73 ～ 76 页

[98] 黄震云：《秦观的卒年和张耒的籍贯、生卒年——〈宋诗选注〉献疑二则》，《青海师范大学学报（哲学社会科学版）》1984 年第 4 期，第 94 页

[99] 周雷：《张耒的家世生平与著述版 》，《安徽大学学报（哲学社会科学版）》1993 年第 4 期，第 105 ～ 109 页

[100]党宝海：《察罕帖木儿的族属、生年与汉姓》，《中国史研究》1998 年第 3 期，第 175 ～ 176 页

[101]胡斯振：《扩廓帖木儿——王保保——读史札记》，《西北师大学报（社会科学版）》1983 年第 1 期，第 29 ～ 34 页

[102]张宁：《论颍州红巾军"举首"杜遵道》，《安徽史学》2004 年第 5 期，第 30 ～ 32 页

[103]李之勤：《白鹿庄在何处？——考韩山童、刘福通开始组织元末农民大起义的地点》，《安徽大学学报》1978 年第 3 期，第 18 ～ 24 页

[104]邱树森：《韩山童、刘福通首义颍州考》，《历史研究》1980 年第 6 期，第 150 ～ 152 页

[105]韩志远：《韩山童 刘福通白鹿庄起义说辨伪》，《史学月刊》1984 年第 3 期，第 4 页

[106]杨国宜：《刘福通之谜》，《安徽师大学报（哲学社会科学版）》1997 年第 1 期，第 112 ～ 118 页

[107]吴海涛：《刘福通为何首义于颍州》，《安徽史学》2002 年第 2 期，第 13 ～ 15 页

后 记

阜阳，古称颍州，历史建置悠久，文化底蕴深厚，也是名人荟萃之地。自古至今，阜阳就吸引了许多风流雅士和文人墨客的驻足与留恋，他们或宦或隐，或寓或葬。如何将这些阜阳历史名人及其宦绩轶事告诉后辈子孙，传播阜阳地方文化文明，是每个从事阜阳历史文化研究者义不容辞的任务。

笔者自2015年博士毕业之后，主要从事安徽区域历史与文化的研究，并发表和出版了一些相关论著。在此基础上，2018年6月，以"阜阳历史名人辑汇（隋唐五代两宋卷）"为题成功申报了阜阳市人文社会科学专项项目。项目立项之后，笔者与课题组成员开始搜集与整理有关这一时期的阜阳历史名人信息。研究过程中，鉴于宋金关系因素，决定扩大研究内容和时段，将金元时期的阜阳历史名人也纳入其中。经过两年多时间的辛苦劳作，最终形成了这本题名为《隋初至元末阜阳历史名人辑汇》的小书。书中的历史名人内容主要由两个部分组成：一是对历史名人的简单介绍，二是将主要的有关名人信息的文献进行辑录，从而客观真实地展现这些阜阳历史名人。

本书在编撰过程中，参考了大量的前贤研究论著，也得到了相关专家学者的指点与纠正，在此衷心感谢。阜阳师范大学马克思主义学院徐涛老师负责编撰了隋唐时期的阜阳历史名人，美术学院的马修兰老师负责编撰了五代与金时期的阜阳历史名人，两位老师并就名人的精择、文献的辑录、文字的编排校对等提出了宝贵的建议。由于知识水平和能力所限，本书在编写过程中难免出现这样或那样的问题和错误，敬请各界专家学者批评指正！

编者

2020年12月